Uwe Topper

Sufis und Heilige im Maghreb

Eugen Diederichs Verlag

Mit zwei Karten des Autors und neun volkstümlichen Kalligraphien.

CIP-Titelaufnahme der Deutschen Bibliothek
Topper, Uwe:
Sufis und Heilige im Maghreb : [mit 9 Kalligraphien und 2 Karten des Autors] / Uwe Topper. – München : Diederichs, 1991
(Diederichs Gelbe Reihe ; 89)
ISBN 3-424-01023-5
NE: GT

Umschlaggestaltung: Zembsch' Werkstatt, München
Produktion: Tillmann Roeder, München
Gesamtherstellung: Friedrich Pustet, Regensburg

ISBN 3-424-01023-5

Printed in Germany

DIEDERICHS
GELBE REIHE

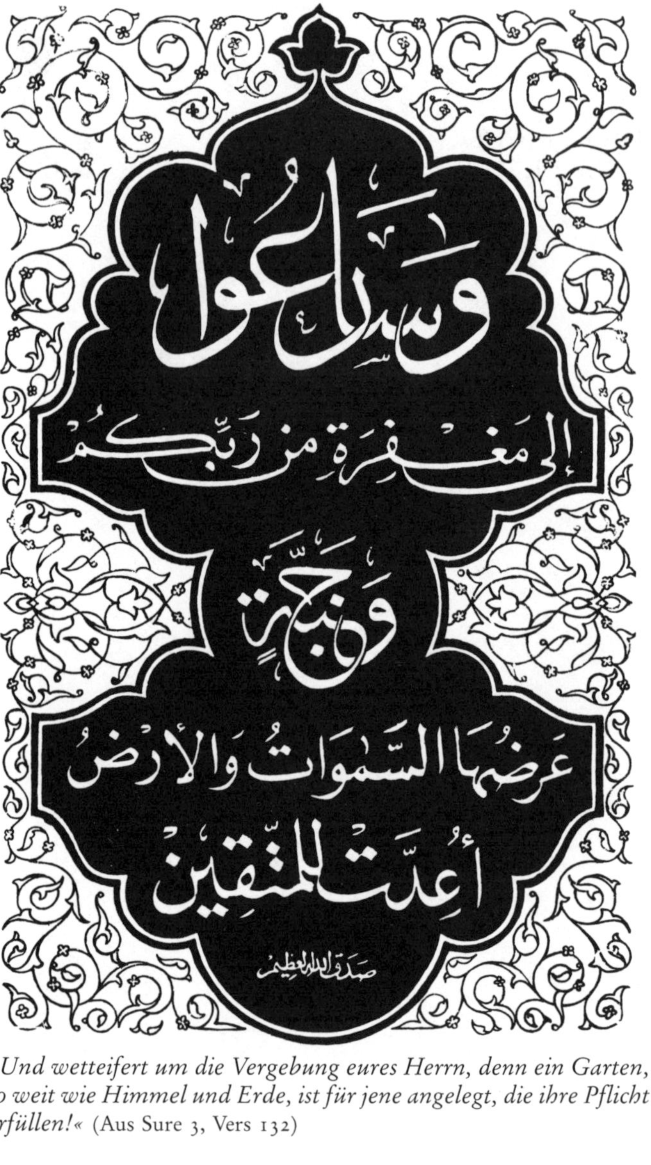

»Und wetteifert um die Vergebung eures Herrn, denn ein Garten, so weit wie Himmel und Erde, ist für jene angelegt, die ihre Pflicht erfüllen!« (Aus Sure 3, Vers 132)

Inhalt

»Zieh die Sandalen aus!« 9

1 Die Grundlagen der Mystik im Okzident 11
Die baraka-*Segenskraft* 11
Die Anfänge 14
Frühe Sufis in El-Andalus 17

2 Der Höhepunkt maghrebinischer Mystik 27
Islamische Berberreiche 27
Zwei Philosophen 33
Das ›goldene‹ 12. Jahrhundert 39
Die Schadhiliya-Bewegung 55
Ibn el ʿArabi, der ›Größte Meister‹ 63
Der Roman des Ibn Ṭufail 100
Die Unterdrückung des Sufismus 116

3 Die Nachfolger von Scheich Schadhili 123
Abu l-ʿAbbas elMursi 123
Scheich Buṣiri 124
Drei Dichter 132
Ausbreitung 142

4 Das Wiedererstarken der Schadhiliya-Bewegung . 151
Sidi Ibn ʿIsa, der ›Vollkommene Meister‹ 154
Die Sprüche des Sidi ʿAbd erRaḥman el Madschdhub 168

5 Die Marabuṭ-Bewegung 181
Sidi Aḥmad u Musa von Tazerwalt 184
Sidi elYusi und die ›Sieben Männer‹ 188
Die Hanṣaliya des Hohen Atlas 192

6 Die dritte Phase der Schadhiliya 195
Aḥmad ibn ʿAdschiba 201
Scheich elḤarraq von Tetuan 217

7 Sonderentwicklungen 225
Sidi Haddi 228
Die Ḥamad-scha und Daghughiya 231
Die Gründer des Tidschaniya-Ordens 234

Epilog 239

Anhang 243
Anmerkungen 243
Worterklärungen 258
Literaturverzeichnis 263
Die Kette der Weitergabe 266/267
Karten 268/269
Register der Eigennamen 270
Ortsregister 272

Meiner Frau gewidmet

Danksagung

An erster Stelle möchte ich zwei deutschen Orientalisten danken, Prof. Dr. Annemarie Schimmel und Prof. Dr. Rudolph Marzolph, für ihre Korrekturen der deutschen Schreibweise islamischer Eigennamen, die ich in meinem Manuskript ursprünglich nach maghrebinischer Aussprache geschrieben hatte. Des weiteren bin ich ihnen für manche Anregung sowie Erwähnung literarischer Quellen zu Dank verpflichtet.

Mein Dank gilt ebenfalls Prof. Dr. Bernd Manuel Weischer, dessen Vorträge und Schriften mir weitere Hinweise gaben.

Zahlreichen Sufis und Derwischen und ihren Schülern danke ich herzlich, denn ohne sie wäre diese Arbeit nicht entstanden.

Und schließlich danke ich meiner Frau, die durch ihre ständige Mithilfe dieses Buch erst möglich machte.

Aussprache

ch wie in »Lachen«
ḍ velarisiertes d
dh gelispeltes, stimmhaftes s
gh Gaumen-r
ḥ gutturales h
q gutturales k
ṣ velarisiertes s
ṭ velarisiertes t
th gelispeltes, stimmloses s
y wie j in »jetzt«
z stimmhaftes s
ẓ velarisiertes, stimmhaftes s
ʿ Knacklaut
ʾ Stimmabsatz

»Zieh die Sandalen aus!«

Als Mose sah, daß der Busch brannte und doch nicht vom Feuer verzehrt wurde, trat er näher hinzu; da rief ihn Gott an und hieß ihn, nicht näherzutreten, sondern die Schuhe von den Füßen abzustreifen, »denn der Ort, auf dem du stehst, ist heiliges Land!«

So kennen wir die Geschichte vom brennenden Busch aus der Bibel. Im Koran (Sure 20, Vers 12) klingt der Befehl Gottes etwas anders: »Wahrlich, Ich bin dein Herr, darum zieh deine Sandalen aus! Wahrlich, du bist im heiligen Tale Ṭuwa.«

Diese Anrede ist freundlich gestimmt, denn die Aufforderung zum Sandalenausziehen bedeutet dem Araber eine Geste des Willkommens, so wie man zu einem Gast sagt: »Bleib hier und mach es dir bequem!« Die übertragene Bedeutung des Sandalenausziehens ist das Ablegen der Sorgen, besonders der Sorgen um die Familie und die Kinder. Das Geheiß Gottes an Mose war also eine Aufforderung, in die Gegenwart Gottes zu treten, sich niederzulassen in seiner Kraft, heimzukehren zu Ihm.

Und dies ist die Aufforderung der Sufis.

Das Ausziehen der Sandalen, Chal enNaʿlain, ist auch der Titel eines Buches, das Ibn Qasi, der Ordensmeister der Muridun, im ›goldenen‹ 12. Jahrhundert verfaßt hat und das den Sufismus maghrebinischer Prägung im gesamten islamischen Gebiet verbreitet hat. Ein halbes Jahrhundert später hat Ibn elʿArabi, der ›Größte Meister‹, einen inspirierten Kommentar dazu verfaßt und auf diese Weise die Botschaft weitergegeben.

Dieses Buch handelt von den sufischen Lehren im Okzident des Islam und ihrer Weitergabe bis in unsere Zeit.

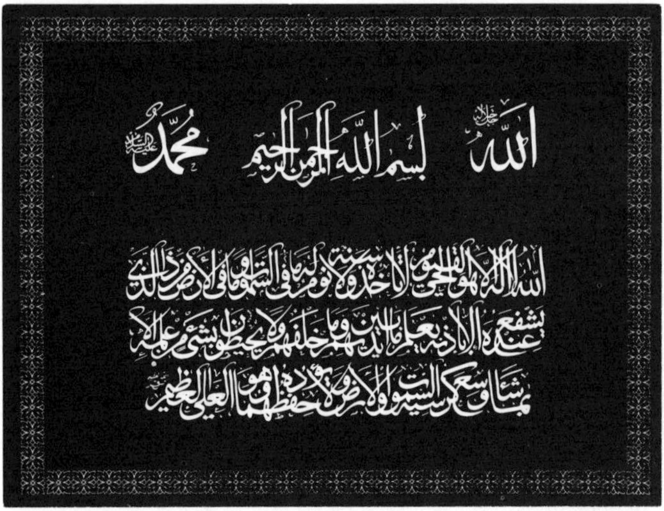

»Gott – es gibt keine Gottheit außer Ihm, dem Lebendigen, dem Beständigen! Weder Schlummer noch Schlaf ergreift ihn; Sein ist alles, was in den Himmeln und was auf der Erde ist. Wer könnte etwas von Ihm erwirken, das Er nicht zuließe? Er weiß, was vor und was hinter ihnen liegt, und sie begreifen nichts von Seinem Wissen, außer dem, was Er ihnen zukommen läßt. Ausgebreitet ist Sein Thron (Seine Weisheit) über die Himmel und die Erde, und Er wird nicht müde, sie zu erhalten. Er ist der Allerhöchste, der Allmächtige.« (Kalligraphie des sogenannten »Thronverses«, Koran, Sure 2, Vers 555)

I

Die Grundlagen der Mystik im Okzident

Die baraka-*Segenskraft*

Ganz Marokko ist mit Heiligengräbern überzogen wie mit einem Geflecht aus Perlen. Könnte man die Gräber als kleine Leuchtpunkte ansehen, dann wäre das Land – aus der Luft betrachtet – auch nachts taghell erleuchtet, so viele sind es! Aber die Gräber geben kein eigenes Licht, nur ihre vergoldeten Kugeln auf der Spitze ihrer Kuppeln spiegeln das Licht der Sonne und des Mondes, und in ihrem Inneren werden sie von vielen kleinen Kerzen erhellt.

Dieses Netz von Heiligtümern, das über das Land geworfen ist, hält die Seele des Volkes gefangen, und in ihm findet sie ihren Halt. Die Heiligtümer regeln, Generatoren vergleichbar, einen unsichtbaren Strom von Kräften, die Nahrung und Heilung und Erleuchtung zugleich bedeuten.

Mit allen Problemen des Alltags wendet sich das Volk an die Gräber und Male seiner Heiligen. Für jede Krankheit und für jeden Unglücksfall ist ein bestimmter Heiliger zuständig. Man ruft ihn an, pilgert zu ihm und verspricht ihm Gaben, zündet Kerzen an und tut ihm Gelübde. Jede wichtige Arbeit, sei es Aussaat oder Ernte, Hausbau oder Reise, wird unter den Schutz eines Heiligen gestellt, indem man einen Satz aus seinem »Schatz« von Sprüchen aufsagt, einen Besuch an seinem Grab vornimmt oder zu seiner Ehre ein Festmahl gibt.

Viele Heiligtümer enthalten kein Grab, sondern sind nur Wahrzeichen eines bestimmten Heiligen, zum Beispiel der Ort, an dem er lange Jahre gewirkt und gelehrt hat, oder wo sich ein Wunder des betreffenden Heiligen vollzogen hat. Die *karama,* also die von Gott dem Heiligen zugeteilten Gaben der Geisteskraft und Ausstrahlung, haben sich an jenen Ort geheftet und können von den Gläubigen durch Berührung oder auch über große Entfernung hinweg durch Anrufung herbeigebeten werden. Diese Segenskraft, die vor Krankheit, Verlust und bösen Gedanken schützt, heißt *baraka;* es ist das im täglichen Wortschatz eines Marokkaners am häufigsten gebrauchte Wort, das Kennzeichen seiner Weltanschauung.

In den Städten, wo sich die *baraka* der Bewohner dadurch schnell verliert, daß man ständig mit unreinen Personen und Gegenständen zusammenkommt, stehen viele Heiligtümer wie Energiespender in unmittelbarer Reichweite der Bürger. In der Außenwand des Heiligtums befindet sich ein kleines Loch oder ein glatter Stein, sodaß man – ohne das Gebäude betreten zu müssen – im Vorbeigehen durch Berühren mit der Hand sich täglich die *baraka* abholen kann.[1]

Diese Gesten haben nichts mit Aberglauben zu tun, auch nichts mit den in Marokko noch lebendigen Formen der Magie, wie zum Beispiel der Besprechung von Gegenständen oder Menschen[2], mit Zauberei, *siḥr* genannt, oder mit der Herstellung von ›schützenden Namen‹, von der unser Wort Talisman abgeleitet ist; es hat auch nichts mit Hellsehen oder Wahrsagerei zu tun. Alle diese Formen des Aberglaubens und der pseudowissenschaftlichen Heilkunst sind auf den Märkten käuflich.

Im Gegensatz dazu ist der *baraka*-Glauben des marokkanischen Volkes ein Ausdruck seiner echten Frömmigkeit, seine nicht von Gesetzen eingeschränkte Hingebung an die unbekannte Gottheit, das lebendige Gegenstück zur *scharīʿa,* der strengen Gesetzesreligion des Islam.

Dabei stoßen wir auf Glaubensformen, die die Vergangenheit des Landes seit der Steinzeit widerspiegeln. Man kann sie auch als ritualisierte Geistesäußerungen ansehen, die allen Menschen gemein sind. So haben wir hier Baumheiligtümer und Quellen, die von einem Geist bewohnt sind, Höhlen im Berg, aus denen ein Orakelgeist spricht, und heilige Tiere, die geschützt und gefüttert werden.

Zu den uralten Bräuchen, die noch heute ausgeführt werden, gehört das Umschreiten des Heiligtums im linksläufigen Sinne, das Opfer eines Hahnes oder Ziegenbocks, der Schlaf im Sakralraum zur Erlangung eines Traumes[3] und das Aufstellen von Votivgaben als Zeichen eines Gelübdes.

Viele Heiligtümer genießen Sonderrechte wie zum Beispiel Asylschutz für Totschläger oder eine freiere Betätigung für Frauen. Je mehr dieser Einzelzüge ein Ort vereinigt, desto größeren Einfluß übt er aus.

Als Beispiel für ein besonders wichtiges Zentrum sei Sidi Yaḥya von Udschda (im Nordosten Marokkos) erwähnt. Neben der heiligen Quelle mit ihrem kostbaren Wasser steht ein Beerenbaum, dessen Früchte heilkräftig sind; daneben befindet sich eine Höhle der *ḥuris,* der schönen Frauen, die die Gläubigen im jenseitigen Paradiesgarten bewirten werden. Im Gewässer leben heilige Schildkröten und Fische, und der Hain bietet Zufluchtsuchenden Asyl. Gläubige, die hier schlafen, sehen nachts geheimnisvolle Lichter und hören Musik von Flöten und kleinen Trommeln, die von unsichtbaren Wesen erzeugt werden. Das Zusammentreffen so vieler Wesensmerkmale und die Tatsache, daß dieser Ort von Anhängern aller drei großen Religionen, von Juden, Christen und Moslems, aufgesucht wird, macht ihn zum Inbegriff synkretistischer Religion. Er erfüllt ein ursprüngliches Bedürfnis des Glaubens, das allen gemeinsam ist.

In diesem Sinne ist auch der geistige Überbau, der den Heiligenkult des Maghreb rechtfertigt, eine synkretistische Erscheinung, allen Religionen gemeinsam. Die Mystiker des Islam, die Sufis, bilden das spirituelle Rückgrat dieser Volksfrömmigkeit. Sufische Meister sind die historische Grundlage für die Heiligenverehrung, und die Lehren der Sufis sind das Bleibende, sind der Geist und die Zielsetzung dieses Glaubens.

So steht am Anfang eines *baraka*-Ortes ein Mann, der sich der Lehre widmete, und am Ende die Überlieferung seiner Lehre, die meist in Gedichtform oder als Buch erhalten ist. Diese Lehre übersteigt bei weitem den lokalen Wert des Heiligtums, sie hat Anspruch auf allgemeine Beachtung, nicht nur im islamischen Bereich, sondern als Zeugnis menschlichen Ringens um die Wahrheit, als Ausdruck des Geistes und als Markstein unseres Weges auf ein Ziel, das uns selbst verborgen ist.

So wollen wir nun einige Heiligtümer aufsuchen und hören, was ihre Urheber zu sagen haben.

Die Anfänge

Die Herkunft des Wortes Sufi ist nicht geklärt. Die weit verbreitete Ableitung des Wortes von dem arabischen *ṣuf*, ›Wolle‹, befriedigt nicht, sondern wirkt wie die nachträgliche Eingemeindung eines unverstandenen oder vielleicht unangenehmen Fremdwortes in die arabische Sprache. Man sagt, *ṣuf* beziehe sich auf die wollene Kutte der Sufis, aber das überzeugt schon darum nicht, weil fast alle Leute in diesem Lande wollene Kutten tragen, während gerade die Sufis jedes Kleidungsstück annehmen, besonders gern die mit unzähligen Flicken besetzte *chirqa* oder *muraqqa'a*.

Der berühmte Sufi Hudschwiri (11. Jahrhundert) leitet das Wort von *ṣafa*, ›rein sein‹, ab, doch so wohlgemeint dieser Versuch auch klingt, er ist nach den strengen Gesetzen der arabischen Sprache falsch.[4] Das Verdienst, die wahre Herkunft des Wortes Sufi wiedergefunden zu haben, kommt dem außergewöhnlichen Kenner des Sufismus, Henry Corbin, zu. Auf eine Notiz bei El Biruni (10. Jahrhundert) zurückgreifend, stellte er fest, daß wohl das griechische Wort *Sophia*, ›Weisheit‹, als Vorlage für das arabische Wort Sufi gedient haben wird.[5] Damit erklärt sich, wie das Wort ins Arabische eindrang, nämlich mit der Aufnahme der griechisch geschriebenen Gnosis und Philosophie, und auch, warum die Bedeutung verschleiert wurde: Während man mit großem Eifer alle wissenschaftlichen

Werke der Griechen übersetzte und verarbeitete, fürchtete man, daß die hellenische Glaubenswelt mit dem Islam in Konkurrenz treten könnte. Tatsächlich sind die sufischen Gedanken, die vieles mit der Gnosis gemeinsam haben, immer wieder an den Rand gedrängt und oft genug als Ketzerei abgeurteilt worden.

Neben der klassischen und späthellenischen Weisheitsliteratur kann man einen zweiten Einfluß erkennen: die Auswirkung des christlichen Mönchtums. Sowohl aus dem syrischen Raum als auch aus dem Ursprungsland der Anachoreten, Ägypten, sind Auswirkungen auf den Islam zu verzeichnen und im Sufismus weiterentwickelt worden.

An einem frühen marokkanischen Sufi, Scheich ʿAbdallah Aḥmad, erkennen wir diese Verbindung mit den christlichen Mönchen. Er ließ sich in der Wüste am Berge Sinai nieder, den die Sufis (nach dem Koranwort in Sure 95, Vers 2) den Berg der Liebe nannten, und lebte in vollkommener Armut, unter Mißachtung des Korantextes in Sure 5, Verse 87 und 88. Seine rein vegetarische Ernährung war völlig ungewöhnlich für einen Moslem. Zu seinen zahlreichen Schülern gehörten Ibrahim Schaiban und Ibrahim Chawwas. Seine Maxime unterscheidet sich nicht von der der ägyptischen Anachoreten: »Wer asketisch lebt, erwirbt soviel Segen wie einer, der jahrelang gute Werke tut.« Als er dort im Jahre 912 im Alter von 120 Jahren starb, wurde ihm ein Grabmal errichtet und sein Andenken geehrt. Farid udDin ʿAṭṭar belegt ihn mit den höchsten Ehrentiteln, nennt ihn einen Meister des Sufismus und den *quṭb*, die ›*Achse*‹ des Jahrhunderts.[6]

Auch andere frühe Sufis lebten vegetarisch und äußerst asketisch, so vor allem ʿAbdak eṣṢufi, der 825 in Baghdad starb und der erste war, der als Sufi bezeichnet wurde; und die allbekannte Frau Rabiʿa elʿAdawiya, die noch heute als Vorbild gilt. Die Liebe zu Gott war ihr zentrales Thema, und auch dies kann als manichäischer und christlicher Einfluß angesehen werden.

Quschairi bringt in seiner *Risala*[7] im Kapitel über die Liebe zwei Aussprüche eines marokkanischen Sufis aus dem 10. Jahrhundert, die uns wie christliche Mystik anmuten. Der Meister hieß Abu Yaʿqub esSusi (er stammte also aus dem Sus, einer fruchtbaren Landschaft in Südmarokko) und sagte:

Die wahre Liebe besteht darin, daß der Diener nichts von Gott verlangt und nicht einmal das Verlangen spürt, etwas von ihm zu wünschen.

Nur das ist wahre Liebe, wenn man die Liebe selbst aus den Augen verliert, um nur noch den Geliebten zu sehen, und wenn man sich seiner Liebe gar nicht mehr bewußt ist.

Der früheste Sufi, dessen Lehre in Marokko bis heute weiterlebt, war ein gewisser Abu Saʿid aus Ägypten. Anfang des 10. Jahrhunderts war er aus seiner Heimat geflohen und hatte sich an der Mündung des Zerga-Flusses (zwischen Lukkos und Sebu) am Atlantik in einer Höhle niedergelassen, weil ihm Gott diesen Ort in einer Vision dazu bestimmt hatte. Dort lehrte er bis zu seinem Tode im Jahre 951. Sein Grabmal ist ein schönes quadratisches Gebäude, das stets von Pilgern aufgesucht wird, besonders aber zum Jahresfest im Frühling, zu dem zigtausend Menschen aus ganz Nordmarokko zusammenströmen.

Das Volk verehrt ihn unter seinem Beinamen *Mulay Bu Salham,* ›der Herr mit dem Umhang‹, als Spender der Fruchtbarkeit für Menschen, Vieh und Äcker. Nahe beim Grab zeigt man die Höhle, in der er gelebt hat: eine Doppelhöhle, in der einst zwei Statuen standen, eine dem Joseph, »Sohn des Aristoteles« geweiht, die andere zu Ehren von Alexander, »dem Widdergehörnten«. Der Zusammenhang mit den Zwillingsgötterkulten der Atlantikküste und mit der griechischen Philosophie ist offensichtlich, doch ältere, wohl berberische Vorstellungen sind unter den sufischen Legenden zu ahnen. Die größere runde Höhlung diente dem Heiligen als Betplatz, vorne befindet sich ein kleines

Becken, in dem das Wasser sich zur Waschung sammelte. Wenn man von der zweiten Höhlung nach außen schaut, sieht man einen Stalaktiten von der Decke herabhängen, an diesem muß man saugen und das Wasser trinken, das hervorquillt, wenn man Fruchtbarkeit erlangen will. In gewissen Augenblicken soll sogar Milch aus dieser ›Zitze‹ austreten ...

Natürlich ist der Jahrmarkt auch ein großes Geschäft, und auch das hat seinen Ursprung in der Frühgeschichte: Im 11. Jahrhundert vor unserer Zeitrechnung hatten die Phönizier hier eine Empore (Handelskontor) errichtet, denn die breite Flußmündung war ein geeigneter Hafen gewesen, der noch zwei Jahrtausende später von den Arabern benützt wurde.[8] So vereinigen sich an diesem Heiligengrab in ganz harmonischer Weise alle jene Grundzüge, die den Sufismus im Maghreb ausmachen: chthonische Fruchtbarkeitsriten, griechische Weisheitslehren, islamische Frömmigkeit und Handelsinteressen.

Frühe Sufis in El-Andalus

In seinen Anfängen war der Sufismus eine asketische Bewegung gewesen, die gewiß ihre Anstöße aus christlichen und buddhistischen Vorbildern erhalten hatte, denn weder der Koran noch das für alle Moslems als unumstößlich geltende Beispiel des Propheten inspirieren zur Askese oder Weltflucht. Im Gegenteil: Durch mehrere Aussprüche des Propheten[9] war festgelegt: »Im Islam gibt es kein Mönchtum!« und »Das Mönchtum meines Volkes ist der Heilige Krieg!«

Darum ist es erstaunlich, daß schon im frühen 9. und 10. Jahrhundert viele Asketen in Andalusien lebten und sogar gewissen Ruhm als islamische Heilige erlangten. Asín Palacios zählt nach alten Quellen 18 von ihnen namentlich auf[10], einige will ich hier erwähnen:

Einer der frühesten war ein gewisser Hafs ben ʿAbd esSalam aus Zaragoza, der nach seiner Rückkehr von der

Orientreise durch den Kalifen El Ḥakim (796–821) im Ramaḍan zum Imam der Moschee von Cordoba bestimmt wurde, »weil er vierzig Jahre lang unter ständiger Einhaltung der strengen Fastenregeln lebte.«

Ein anderer war der Asket Abu l-Channas aus Cordoba, der im Ramaḍan insgesamt nur drei Mahlzeiten zu sich nahm, alle sieben Tage eine.

ʿIsa ben Dinar aus Toledo brauchte sich 40 Jahre lang zum Frühgebet nicht zu waschen, da er noch vom Nachtgebet vorher die rituelle Reinheit besaß, d. h. er verbrachte die Nächte ohne Schlaf. Als er 827 starb, hielt ihn das Volk für einen Heiligen, dessen Fürsprache bei Gott die Erfüllung eines Wunsches sichert.

Auch das Zölibat galt einigen – ebenfalls im Gegensatz zu ausdrücklichen Koranvorschriften – als erstrebenswert: Saʿadun ben Ismaʿil aus Raya (Provinz Malaga) lebte sein ganzes Leben, ohne einer Frau beizuwohnen. Er starb im Jahre 907 in vorbildlicher Reinheit.

Als letzten erwähne ich Muḥammad ibn abi Dalim aus Cordoba (900–982), der seit seiner Kindheit asketisch lebte, ohne Frauen, fastend und in lange Gebete versunken; nie nahm er irgendein Heilmittel ein. »Ihn anzusehen«, sagte man von ihm, »ist wie einen himmlischen Menschen ansehen!«

Nicht nur in den äußeren Lebensformen, sondern auch in den spirituellen Inhalten unterschieden sich die Sufis von der orthodoxen Lehre. Sie hatten sich für die muʿtazilitische Auslegung entschieden, derzufolge der Koran ein Teil der Schöpfung ist, im Gegensatz zur Auffassung, er sei unerschaffen und ewig. Diese Streitfrage, die im 9. Jahrhundert fast alle großen Denker beschäftigte und an die sich viele weitere Schlußfolgerungen knüpften, war nur kurze Zeit unter den frühen ʿAbbasiden in Baghdad offiziell verkündet worden, später galt sie als Ketzerei.[11] Die muʿtazilitische Betonung des freien Willens war durch einige Gelehrte in der Zeit des großzügigen Kalifen ʿAbd erRaḥman III in

Cordoba verbreitet worden, z. B. durch Abu Bakr Faradsch elQurṭubi und durch Abu Wahab ʿAbd elʿAla, der nach seiner Orientreise mit Aufenthalten in Kairo und Tunis im Jahre 975 in Cordoba starb.

Dies alles kann man als Vorspiel für eine Bewegung ansehen, die nachhaltige Wirkung auf den Sufismus im gesamten Islam gehabt hat. Sie wurde durch Ibn Masarra ausgelöst, dessen Person zur Schlüsselfigur der westlichen Sufis wurde. Man hat ihn als Ketzer und auch als Heiligen bezeichnet, zumindest aber als genialen Denker.

Sein Vater, ʿAbdallah ibn Masarra, war ein weitgereister und hochgebildeter Mann von ›normannischer‹ Körpergestalt. Er hatte sich in Basra eingehend mit den Lehren der Sufis beschäftigt und hinterließ seinem Sohn in Cordoba dieses Wissen und eine ansehnliche Bibliothek sowie ein Landgut in den nahen Bergen, als er sich 899 erneut in den Orient begab, wo er in Mekka im selben Jahre starb.

Damals war sein Sohn 17 Jahre alt, doch von so außergewöhnlicher Bildung und Weisheit, daß er schon Schüler um sich scharte. Mit ihnen zog er sich in sein einsames Gehöft in den Bergen zurück, um dort die neuen Ideen, die den Widerspruch der städtischen Theologen auslösten, in Ruhe entwickeln und weitergeben zu können. Nach orientalischem Vorbild verarbeitete er die Lehren des Naturphilosophen Empedokles, des ältesten der fünf großen griechischen Philosophen. Dessen naturverbundenes Allverständnis, das als Hauptkraft die Liebe anbetete, fügte sich gut zur islamischen Frömmigkeit, wie sie von den Sufis gepredigt wurde.[12]

Möglicherweise auf Druck seitens der Herrschaft von Cordoba, vielleicht aber auch nur, um an der Quelle des Wissens, in Mekka, zu trinken, begab sich Ibn Masarra mit zweien seiner Schüler auf die Reise nach Osten; entlang der afrikanischen Nordküste, wo sie die berühmte Schule von Kairuan aufsuchten, erreichten sie Mekka und Medina. Dort lernte Ibn Masarra den Schüler von elDschunaid und eth-Thauri kennen, Abu Saʿid Aḥmad ibn el ʿArabi aus Basra (gestorben 952 in Mekka), der ihm die sufische Lehre von der Erleuchtung mitteilte. Aber Ibn Masarra ging schon damals einen Schritt weiter als sein Lehrer, der ihn in einer Schrift vor diesen Ausweitungen warnte. Dem feurigen Geiste des Ibn Masarra, der Ideen von Plotin und der Gnosis aufgriff[13], war die ›orthodoxe‹ sufische Lehre der Meister in Mekka viel zu kalt.

Seine Inbrunst zeigt die kleine Anekdote, die von ihm aus Medina berichtet wird: Mit großer Rührung betrat er das bescheidene Haus von Miryam, Mutter des Ibrahim, einer Nebenfrau des Propheten Mohammed, und maß es mit der Hand aus, um in der Heimat eine genaue Kopie des Gebäudes anlegen zu können. Vielleicht handelte es sich hier um mehr als nur um die Erinnerung an die historischen Augenblicke aus dem Leben des Propheten, vielleicht hatte er in diesem Gebäude eine Verwirklichung harmonischer Zahlenverhältnisse gefunden, die ja einen Teil seiner Gedanken – und der vieler orientalischer Sufis – ausmachten.[14]

Nachdem ʿAbd erRaḥman III. als Kalif den Thron von Cordoba bestiegen hatte und damit Friede und Toleranz wieder einkehrten, trat Ibn Masarra mit seinen Begleitern die Heimreise an und ließ sich in Cordoba als Lehrer anstellen. Er war nun vorsichtiger geworden. Seine brillante Sprache drückte die Geheimnisse, die er mitteilen wollte, in so vollendeter Weise aus, daß die strengen Gesetzeslehrer keine Handhabe gegen ihn hatten, während die von ihm eingeweihten Schüler den Sinn verstanden.

Dennoch mußte Ibn Masarra sich später wieder in seine Einsiedelei im Gebirge zurückziehen, weil die Ideen, die er verbreitete, allzu stark von der gewohnten Lehre abwichen. So lehrte er zum Beispiel den vollständig freien Willen des Menschen, ähnlich wie sein ägyptischer Zeitgenosse Dhu n-Nun elMiṣri; außerdem hielt er seine Schüler zur täglichen Gewissensbeichte an, was christlich anmutet, ebenso wie seine Forderung des asketischen Lebenswandels. Kennzeichnend für ihn ist jedoch, daß er die Existenz der Hölle leugnete, hierin den ›Sufis der Liebe‹ vergleichbar.

So ungewöhnlich sich viele seiner Lehren und Forderungen ausnahmen, war Ibn Masarra doch keineswegs an den Rand gedrängt, sondern stand oft im Mittelpunkt der Diskussion. Viele Einwohner Cordobas nahmen seine Gedanken auf und vertraten sie mit aller Macht. Die Begeisterten hielten ihn für den begnadeten Imam jenes Zeitalters, während andere ihn als Ketzer verschrieen. Es sind auch Streitschriften von Gelehrten und Sufis des Orients gegen seine Werke bekannt.

Ibn Masarra starb mit knapp 50 Jahren (im Jahre 931) inmitten seiner Schüler in der Einsiedelei bei Cordoba. Manche Schüler hatten große Texte des Meisters auswendig gelernt[15], andere hatten Niederschriften angefertigt[16], und bald kursierten Abschriften von Hand zu Hand bis in den Orient. Durch die spätere Verfolgung ist jedoch das allermeiste wieder verloren gegangen, und heute kennt man nur noch wenige Titel und Sätze im Original. Man kann aber sagen, daß sein *Buch der Buchstaben*[17], eine kabbalistisch-pythagoräische Zahlenmystik, die Grundlage vieler späterer sufischer Werke wurde und damit in Grundzügen weiterbestand.

Am meisten verdanken wir die Weitergabe seiner Ideen dem überragenden Sufi-Meister Ibn elʿArabi, der in seinem Buch *Die mekkanischen Eröffnungen* zahlreiche Sätze von Ibn Masarra zitiert. Ferner hat Ibn Ḥazm einige Sätze überliefert, wie den folgenden, der typisch für die frühe Mystik des Islam ist:

> Der Thron Gottes ist es, der den Kosmos lenkt und beherrscht. Gott ist viel zu erhaben, als daß man Ihm nachsagen könne, Er Selbst handle in der Welt.

Neu an der Lehre Ibn Masarras war, daß der Meister nicht nur ein philosophisch-religiöses System mitteilte, sondern auch eine Einweihung weitergab, die eine bestimmte Lebensweise, einen ›Weg‹, *ṭariqa,* erforderte. Gerade das hatte das Mißfallen und die heimliche Angst von Theologen und Herrschenden ausgelöst. Da die Einweihung als strenges Geheimnis gehütet wurde, sind uns die Formen nicht bekannt.[18] Aus den späteren Sufi-Orden können wir jedoch ablesen, wie diese ersten Anfänge wohl ausgesehen haben mögen.

Im Mittelpunkt steht die Übertragung der persönlichen Segenskraft des Meisters durch Handauflegen oder Handschlag, möglicherweise auch durch Anspucken, wie es noch heute in Marokko üblich ist. Außerdem wurde die Lehre einem oder wenigen auserwählten Schülern anvertraut, die als einzige berechtigt waren, sie weiterzulehren. So entstanden Ketten der Kraftübertragung, die man *silsila* nennt; sie spielen eine elementare Rolle in allen Orden. Sie ziehen sich durch die Jahrhunderte und verbinden die einzelnen Ordensmeister mit einem – meist später rekonstruierten – Anfang, dessen erstes irdisches Glied stets der Prophet Mohammed ist.

Jede *ṭariqa* hat demnach ihre eigene *silsila,* und je mehr berühmte Meister in einer Kette vorkommen, desto größer ist die Autorität, die der Orden beanspruchen kann.

Auf diese Weise war das Überleben der Ideen Ibn Masarras in direkter Linie gesichert. Der Imam an der Spitze des Ordens wachte über die Erhaltung und Geheimhaltung der Lehre und gab die Schlüsselgedanken seinem Nachfolger weiter. Zum berühmtesten Imam dieser *ṭariqa* wurde Isma^cil ibn ^cAbdallah erRu^caini zu Beginn des 11. Jahrhunderts, auch seine Tochter gehörte zu den Gebildetsten des Ordens. Allerdings spaltete sich der Orden damals in zwei Gruppen und verlor so die große Bedeutung, die er besessen hatte. In der Schule von Almeria (s. S. 32) hatte er seine stärkste Nachwirkung. Aus den Aufrufen einzelner Mystiker war nun eine Bewegung geworden, *taṣawwuf,* der Sufismus. Ibn Masarra hatte den Grundstein gelegt, und der Gedanke hatte Flügel bekommen. Aus den Einsiedlern und Asketen des 8. und 9. Jahrhunderts waren Gruppen gewachsen, Gemeinschaften, die feste Formen einhielten.

Außer der charismatischen Gestalt des von Goten oder Normannen abstammenden Ibn Masarra hatte sicher auch die Nähe der christlichen Klöster, sowohl die des Sinai als auch die zahlreichen Klöster Iberiens und Nordafrikas, einen wichtigen Einfluß ausgeübt. Einige Praktiken sind nur aus dieser Sicht verständlich. Bezeichnend ist die Form des Fastens, die außerhalb des vorgeschriebenen Monats Ramaḍan durchgeführt wurde; man hatte dafür sogar den Begriff *arbaʿiniya* geprägt, was ›Vierziger‹ bedeutet, wie das *Quadragesima* der christlichen Kirche.

Die Gemeinschaftsbildung und die Geheimhaltung der Lehre hatte auch griechische Vorbilder, Pythagoras an erster Stelle. Gnostische und neo-platonische Ideen waren übertragen worden. Die Angleichung hatte oft naiven Charakter: Empedokles wurde zum *nabi,* zum Propheten im islamischen Sinne, durchdrungen von der Einheit des göttlichen Seins und der Liebe.

Hinzukamen manichäische Glaubensinhalte, die – zunächst bei den frühen schiitischen Mystikern, später aber im ganzen Islam – eine Mystik des Lichtes auslösten, wie sie schließlich Suhrawardi (in Aleppo 1191 getötet) am schönsten vertreten hat.

Typisch islamisch und überraschend war, daß die meisten Sufis ein Familienleben führten und auch ihre Söhne und Töchter, wenn sie sich eigneten, in die Geheimnisse einweihten. Es gab auch einzelne Frauen, die einen Orden leiteten, weil sie an Wissen und Fähigkeiten alle Männer übertrafen. Nur am Rande erwähnen möchte ich zwei volkstümliche Sufi-Frauen, die inzwischen mehr Legende als historisch faßbar sind: Lalla Zahra bint el Kusch aus Marrakesch und Lalla Maghniya aus dem Gebiet von Tlemcen.[19]

Zu den ältesten Grundbegriffen des Sufismus gehören *ṭariqa* und *maqama.* Beide Wörter stammen aus dem Bereich der Wanderung, sie bedeuten Weg und Wohnung. *Ṭariqa* bedeutete bald mehr als nur Lebensweg oder geistige Entwicklung des Wanderers; mit *ṭariqa* bezeichnete man die Ordensregel eines Meisters, seinen speziellen Plan und Einweihungsvorgang. Das Wort *ṭariqa* ist heute gleichbedeutend mit Orden. Unwillkürlich denkt man dabei an die *Pistis Sophia* der griechischen Gnosis.

Maqama, das andere der beiden Schlüsselwörter, bezieht sich auf die Stationen auf dem Wege zu Gott, die Wohnungen, in denen sich der Geist aufhält.

Ziel des Weges ist die *fana',* die Aufgabe des Selbst und Vereinigung mit dem Ursprung. Daß sie nicht unbedingt am Ende des Lebensweges steht, sondern auch plötzlich zuteil werden kann, gehört zu den wichtigen Erkenntnissen der Sufis.

Das Gemeinschaftsleben konzentrierte sich um einen Meister, den Scheich, der einen Versammlungsort, die *zawiya,* gründete, um dort sein Wissen mitzuteilen. Die *zawiya* konnte eine Höhle sein oder ein Platz unter freiem Himmel, kaum durch Steine gekennzeichnet, eine gebaute Zelle, *chalwa,* oder eine Moschee, selbst ein Grabmal. Die *zawiya* ist typisch für den Maghreb und wurde auch im Orient nachgeahmt. Da sie im Wesentlichen an den Scheich gebunden war und auch oft mit dessen Tode erlosch, sollte man nicht nur an ein Versammlungshaus denken, sondern vor allem an die Bruderschaft der um den Meister gescharten Sufis.

Den Scheich nannte man auch *murschid,* Lehrer oder Lenker. Die Schüler, *muridun,* leisteten dem Scheich bedingungslosen Gehorsam und Unterwerfung unter alle Anordnungen, denn nur so war die Unterweisung durchführbar. Das unbegrenzte Vertrauen in den Scheich zählt darum zu den ersten Tugenden, die ein Sufi mitbringen muß, wenn er sich auf den ›Weg zu Gott‹ macht. Der *murid* legt bei seiner Aufnahme einen entsprechenden Schwur ab, *ahd* genannt, ganz wie die frühen Mönche im Christentum. Dieser

Schwur wurde vom Scheich durch Handschlag oder Umarmung entgegengenommen.

Später wurden das Umhängen des Mantels, *labs elChirqa,* und das Winden des Turbans oder Aufsetzen der Mütze, *ṭaqiya*[20], zu den Zeichen der Aufnahme oder des Erreichens einer höheren Stufe. Ibn elʿArabi schildert anschaulich diese Sitte und ihre Bedeutung (s. S. 69f.).

Die überragende Rolle des Scheichs entsprang nicht so sehr seiner Fähigkeit, andere auf den Weg der Erkenntnis zu bringen, sondern in der Sichtbarmachung von Gottes Nähe und Gnade. Nicht die Lehre selbst oder die Mitteilung intellektueller Geheimnisse machen den Scheich aus, sondern sein Vertrautsein mit der ›Wahrheit‹, *ḥaqq,* Gott. Er ist *wali,* ein Vertrauter Gottes, und seine Eigenschaft, die *wilaya,* macht ihn zum Vorbild und Leiter der Bruderschaft.

Neben dem Wort *ichwan,* ›Brüder‹, wurde es üblich, die Sufis auch als *fuqara'* (sing. *faqir*), ›Arme‹, zu bezeichnen, später auch mit dem persischen Wort *darwisch,* was dasselbe bedeutet, nämlich Bedürftiger. Dabei dachte man nicht nur an die materielle Armut, die meist ein Gesetz der *ṭariqa* ist, sondern an die absolute Bedürftigkeit gegenüber Gott, die Hilflosigkeit und das Angewiesensein auf Gottes Gnade.

In der ersten Zeit wurden die sufischen Ideale und Lebensformen recht spontan entwickelt. Die Meister hatten noch viel Freiraum, in dem sie experimentieren konnten. Die Ursprünglichkeit des mystischen Erlebnisses durchdrang die Gemeinschaften. Heute spielt sich ähnlich frisches Erleben nur noch an den Rändern der islamischen Zivilisation ab: in den höher gelegenen Gebirgen des Atlas oder in einigen Sahara-Oasen, im weiten Sudan und an den kargen Ufern des oberen Nils. Dem Bewußtsein des Historikers ist die schöpferische Frühphase meist entgangen, erst die Zeit der Festigung und Organisierung der Orden dringt in den Blickpunkt der Geschichte.

Darum ist es lesenswert, wie Scheich elQuschairi in seiner berühmten *Risala*[21], ›Brief‹, die Auffassung der frühen Sufis beschreibt:

Nie versuchten sie, den Schleier wegzuziehen (der Gott verhüllt). Alles, was sie wollten, war, ihren Vorbildern folgen und ein beispielhaftes Leben führen. Wenn sie – was vorkam – eine übernatürliche Eingebung hatten, kehrten sie sich davon ab und achteten nicht darauf, ja sie trachteten danach, derartiges zu meiden. Sie dachten, das seien nur Hindernisse und Prüfungen, Empfindungen wie viele andere, und darum also auch zur Welt des Erschaffenen gehörig. Sie glaubten nämlich, daß die Aufnahmefähigkeit des Menschen nicht alle Bereiche des Daseins umfassen könne, und daß jenseits davon ein noch weiteres göttliches Wissen liege, eine größere Schöpfung und ein sichereres Gesetz zur Führung (der Menschen). Darum sprachen sie nicht von ihren übernatürlichen Erfahrungen. Sie erlaubten nicht einmal, daß über diese Dinge diskutiert wurde, und auch nicht, daß diejenigen von ihnen, die den Schleier weggezogen hatten, davon erzählten oder darauf achteten. Sie hielten sich immerzu in der Nachfolge der Heiligen und vertrauten der Führung eines vorbildlichen Lebens, so wie sie es in der Sinneswelt übten, bevor sie den Schleier gehoben hatten; und von allen verlangten sie dieselbe Einstellung.

Nachzutragen ist noch, daß im 11. Jahrhundert der Sufismus auch die jüdischen Synagogen Andalusiens beeinflußte. Salomon ben Gabirol, den Scholastikern als Avicebron bekannt, verarbeitete die Ideen Ibn Masarras in seinem Lehrwerk. Er starb zwischen 1058 und 1070.

Etwa zur gleichen Zeit wirkte Bahya ibn Paquda, dessen arabisch geschriebenes Buch *Hinleitung zu den Pflichten des Herzens* sufische Gedanken in bewundernswerter Reinheit bringt. Einer seiner Nachfolger, Joseph ibn Tibbon, übersetzte es ins Hebräische und gab damit vielen Generationen von jüdischen Denkern die mystischen Erkenntnisse der Sufis weiter.[22]

»Im Namen Gottes, des Gnädigen und Barmherzigen! Bei Tagesanbruch und bei den zehn Nächten und bei den Geraden und Ungeraden! Und bei der Nacht, wenn sie vergeht! Dieses ist ein Schwur für diejenigen, die Verständnis haben.« (Anfang der Koransure 89, Verse 1–5)

2

Der Höhepunkt maghrebinischer Mystik

Islamische Berberreiche

Die Wurzeln der Eigenentwicklung des maghrebinischen Islam liegen offensichtlich im Berbertum, das in sprachlicher und kultureller Hinsicht von den asiatischen Arabern grundverschieden ist, wie zahlreiche Schriftsteller – allen voran Ibn Chaldun – immer wieder bezeugt haben. Ein Abriß über den Einfluß der Berber auf die Islamisierung des Okzidents soll diesen Gedanken etwas ausleuchten.

Der jugendfrische Islam, der im 7. Jahrhundert mit der Schnelligkeit von Reiterheeren bis zum Atlantik getragen wurde, stieß gerade im Maghreb auf große Empfangsbereitschaft. Während die Berber dies auf ihre christliche Vergangenheit zurückführen, da sie den sehnlich erwarteten, von Jesus versprochenen ›Tröster‹ auf den Propheten Mohammed bezogen, haben die Araber ihre eigene Erklärung dazu, die so überliefert wird:

Als ʿOmar ibn elChaṭṭab, der spätere zweite Kalif, bei der Schlacht von Hunain im Jahre 630 angesichts der Schwäche des islamischen Heeres zu weinen begann, tröstete ihn der Prophet mit den Worten: »Weine nicht, ʿOmar! Gott wird dem Islam eine Pforte von der Seite des Sonnenuntergangs her auftun. Er wird ein Volk erwecken, das Ihn rühmen und die Ungläubigen unterwerfen wird, ein Volk von Menschen, die Gott dienen, die die Wahrheit sehen und für das sterben, was sie gesehen haben. Sie besitzen keine Städte, in denen sie wohnen könnten, keine Burgen, in denen sie sich schützen könnten, und keine Märkte, auf denen sie Handel treiben könnten.«

Als nach Mohammeds Tod während der Regierungszeit ʿOmars Abgesandte der Berber nach Medina kamen, erkannte ʿOmar sie nach den ersten Fragen und Antworten als Angehörige jenes Volkes, von dem der Prophet gesprochen hatte. Er weinte ein zweites Mal, nun vor Freude darüber, daß sich die Weissagung erfüllt hatte.[23]

In den Worten Mohammeds ist die Berberzivilisation knapp aber treffend gekennzeichnet. Besonderes Gewicht erhält die Prophezeiung dadurch, daß es gerade dieses Volk war, das mit unvergleichlicher religiöser Leidenschaft den Islam über die atlantischen Küstenländer von den Pyrenäen bis zum Niger verbreitet hat. Im Gegensatz zu den zivilisierten Bewohnern der Städte nahmen die Gebirgsberber den neuen Glauben bereitwillig an und machten ihn sich um so mehr zu eigen, als sie ihn schrittweise ihren heidnischen Vorstellungen anpaßten. Man könnte diesen Vorgang mit der Christianisierung der Iren vergleichen, die auf ihre gälisch-keltische Grundlage aufbauend einen neuen christlichen Glauben formten und ihn mit missionarischem Eifer den Völkern Mitteleuropas weitergaben.

Entsprechendes spielte sich fast gleichzeitig in Nordafrika ab: Kaum hundert Jahre nach dem Tode des Propheten Mohammed entstanden mehrere selbständige, auf die neue Religion sich gründende Berberstaaten. Die ursprüngliche Gestalt des Islam – demokratische Verwaltung, Freiheit und Gleichheit der Frau, verinnerlichte Riten – blieb in diesen Staaten gewahrt, wie überhaupt nur auf Grund der Übereinstimmung in diesen drei Punkten die Übernahme des Islam durch die traditionsbewußten Berber möglich war und so rasch erfolgen konnte.

Die interessanteste dieser Staatengründungen ist wohl die des Ṣaliḥ ibn Ṭarif im Jahre 744, die als Kern den Stamm der Barghawaṭa an der Atlantikküste hatte. Dieser Ṣaliḥ nannte sich selbst Prophet, schrieb den Koran in seiner Berbersprache neu und verkündete die islamischen Gesetze des Fastens und die Nahrungsvorschriften. Die glückliche Verbindung zwischen herkömmlicher Lebensform und erneuerter Glaubenskraft bestand mindestens dreihundert Jahre lang. Der andalusische Historiker elBakri berichtet 1068 davon in seiner *Beschreibung von Nordafrika.*

Ähnliche Staaten entstanden an der Mittelmeerküste, von denen einer besonders überliefert ist: Ein gewisser Prophet Ḥa-Mim und seine Tante gründeten im Gebiet der Ghumara (östlich von Tetuan) ein Reich, in dem entsprechende Ideen verwirklicht wurden.

Von großer Wirkung waren die beiden charidschitischen Staatsgründungen, die mehr als anderthalb Jahrhunderte Politik und Kultur im Maghreb bestimmten. Im Jahre 757[24] wurde die Stadt Sidschilmasa südlich des Hohen Atlas von bekehrten Berbern gegründet oder wiedererbaut. Fortan herrschte dort eine Berberdynastie mit eigener Münze und Steuerhoheit, mit Bergbau und Handel und reichem kulturellem Leben. Die Emire hatten mit dem östlichen Charidschiten-Staat in Tahart rege Beziehungen und schlossen auch Ehen miteinander. Dem Imam von Tahart räumten sie den Vorrang ein.

Das Reich von Tahart in Mittelalgerien war durch den Perser ʿAbd erRaḥman ibn Rustam fünf Jahre nach der Gründung von Sidschilmasa errichtet worden und hatte bis zum Jahre 911 Bestand, als es durch die von Tunis heranrükkenden Faṭimiden zerstört wurde. Der theokratische Staat des Ibn Rustam und seiner Nachfahren vereinigte große Teile nomadisierender und seßhafter Berber und beherrschte fast das ganze Gebirgsland zwischen Rif und Aures, ohne die alten Küstenstädte am Mittelmeer.

Dieser Staat ist oft als vorbildlich angesehen worden. Moslems, Christen und Juden wurden als gleichberechtigte Bürger behandelt, Lehre und Streitgespräche philosophisch-religiösen Inhalts dominierten das Tagesgeschehen. Die Herrschaft des Ibn Rustam war auf den Glauben gegründet, und zwar in einer bemerkenswert strengen und einfachen Weise; Ibn Rustam selbst lebte wie ein Heiliger und kann durchaus als Prototyp des maghrebinischen Sufis gelten.

»Eine aus dem Orient gekommene Gruppe von Gesandten«, erzählt Abu Zakariya, »traf den Herrscher Ibn Rustam oben auf seinem Hause an, als er eigenhändig ein Dach baute, während unten sein Diener ihm den Mörtel anreichte. Er stieg von der Mauer herab und wusch sich die Hände, dann ließ er die Gesandtschaft eintreten und setzte ihnen Brotfladen vor, die er selbst in kleine Stücke brach und mit Butter übergoß.« Seine Genügsamkeit wurde vorbildlich. Geschenke, die man ihm aus dem Orient geschickt hatte, wies er mit den Worten ab, er habe sich von dieser Welt losgelöst und strebe nur das jenseitige Leben an. Einer seiner Besucher beschrieb die Wohnung des Herrschers so: »Es ist der Wohnraum eines Heiligen, der nur damit beschäftigt ist, Gott anzubeten, ohne sich um weltliche Dinge zu sorgen. Er enthält nichts, was ihn selbst schützen oder vor der Kälte bewahren könnte.«

Die Strenge dieser Lebenshaltung erstreckte sich auf den ganzen Staat, auch auf die Krieger: Ihnen war das Plündern verboten. Es gab keine Polizei, nicht einmal eine Leibwache für den Herrscher. Staatskasse und Steuern waren unbekannt. Jeder, der reiten konnte, hielt ein Pferd und Waffen für den Kriegsfall bereit, so erübrigte sich die Unterhaltung eines stehenden Heeres.

Alle Führer wurden in freier und gleicher Wahl vom Volk gewählt, sowohl die Ortsvorsteher als auch die Herrscher der Provinzen und – selbstverständlich - der Imam an der Spitze des Staates, und alle konnten jederzeit durch den Beschluß der freien Männer wieder abgewählt werden. Dieser demokratische Wesenszug wurzelte tief in den Herzen der Berber und wurde durch den Islam, der theoretisch dasselbe predigte, aufs Neue gestärkt. Ähnlich dürfen wir auch andere Wesenszüge dieses bemerkenswerten charidschitischen Staates einschätzen: als Fortsetzung einer alten Tradition, die im rechten Augenblick aufnahmebereite Menschen gefunden hatte. Die Frauen konnten lesen und schreiben, sie waren gebildet und spielten eine bedeutende Rolle im kulturellen Leben. Literatur und Architektur wurden besonders gepflegt.

Im Laufe der Generationen waren diese Berberstaaten durch Handel reich und begehrenswert geworden, die Einwohner bequem und sorglos. So kam es, daß die 911 von Tunesien anstürmenden Heere der Fatimiden wenig Widerstand vorfanden und große Beute machen konnten. Die Überlebenden von Tahart flohen mit ihren Büchern als kostbarstem Schatz in südlichere Oasen, zunächst nach Sadrata und dann weiter zum Mzab, einem wüstenähnlichen Gebiet, das sie im Laufe der Zeit mit viel Fleiß und Geschick bewohnbar machten.

Dort haben sie ihre demokratische Lebensweise und geistige Freiheit bis heute erhalten können.

Das Reich von Sidschilmasa wurde völlig zerstört und hat sich nicht mehr erholt. Zerstört wurde ebenfalls das von einem Araber gegründete schiitische Reich des Idris am Gebirge Zerhun, das seit der Gründung der Stadt Fes im Jahre 808 den ganzen flachen Norden Marokkos beherrscht hatte.

Nach diesen Zerstörungen lebte der Maghreb in Anarchie und Ungewißheit, der kulturelle Verfall war unaufhaltbar. Da übernahmen Berber aus dem fernsten Süden das Erbe und erhoben es zu nie geahnter Größe: die sogenannten Almoraviden (1062–1145).

Im 9. Jahrhundert hatte sich eine Gruppe äußerst kriegerischer Berber in den südwestlichen Sahara-Bergen des Adrar zum sunnitischen Islam malekitischer Prägung bekehrt. Ihnen gelang es im 11. Jahrhundert unter ihrem Führer ʿAbdallah ibn Yasin und seinen Nachfolgern Abu Bakr und Sidi Yusuf ibn Taschfin den gesamten Maghreb und halb Iberien zu erobern. In diesem enorm großen Reich wurde der Islam sunnitischer Prägung zur Staatsreligion, was nicht nur Juden und Christen ins Elend stürzte, sondern auch den freien Formen berberischer Religiosität ein Ende bereitete. Als Gegenbewegung gegen die puritanische und gesetzesstrenge Einstellung der Almoraviden machte das Volk daraufhin die sufischen Formen des Islam zu festen Einrichtungen und erhielt sich auf diese Weise einen Teil innerer Frömmigkeit.

Dies ist die historische Grundlage für das ›goldene‹ 12. Jahrhundert islamischer Mystik.

Im ersten Viertel des 12. Jahrhunderts wurde Almeria zum Mittelpunkt der andalusischen Sufis. Diese mittelmeerische Hafenstadt war eine fast selbständige Republik und garantierte genügend geistige Freiheit, so daß Abu ʿAbbas ibn elʿArif einen neuen Orden mit fester Regel gründen konnte, der die Gedanken Ibn Masarras weitergab. Sein Hauptwerk, *Die Vorzüge der Versammlungen*[25], blieb erhalten. Drei Schüler verbreiteten den Orden: Abu Bakr aus

Mallorca, der in Granada unterrichtete; Ibn Barradschan, der nach Sevilla ging und dort den jungen Ibn elʿArabi anregte. Er wurde später zusammen mit seinem Meister nach Marokko ausgewiesen, wo beide im Jahre 1141 starben. Und Abu l-Qasim ibn Qasi, der im Westen Andalusiens, im Gebiet ›Algarve‹, den Orden der Muridun gründete, den er selbst als Hochmeister zehn Jahre lang, von 1141 bis 1151, leitete.

Diese Muridun waren so etwas wie Mönchsritter – wie die späteren Deutschherren und die Templer – und wandten sich in einem Aufstand gegen die korrupt gewordene Macht der Almoraviden, die ursprünglich dasselbe Ideal streitbarer Mönche, *murabiṭun,* vertreten hatten. Von der Burg Silves am Fluß Arade aus beherrschten sie ein großes Gebiet.

Weitreichender als dieser Eingriff in die Politik war das Buch des Ibn Qasi, das in zahlreichen Abschriften in der gesamten islamischen Welt kursierte: *Vom Ausziehen der Sandalen,* das den im Vorwort erwähnten Koranvers (Sure 20, Vers 12) zum Titel hat. Ibn elʿArabi hat es in Tunis kennengelernt und einen ausführlichen Kommentar dazu verfaßt.

Vierzehn Jahre vor Ibn elʿArabis Geburt starb Scheich Ibn Qasi in seiner Burg, umgeben von seinen Muridun (im Jahre 1151).

Zwei Philosophen

Zwei Philosophen schufen die geistige Grundlage für das Aufblühen der islamischen Mystik im 12. Jahrhundert: Ibn esSid und Ibn Badscha. Der ältere der beiden, Ibn esSid elBatalyusi, ist 1052 in Badajoz am Guadiana geboren, war in Albarracin Sekretär des Emirs ʿAbd elMalik ibn Razin und lebte dann einige Jahre in Toledo. Auch in Saragossa hielt er sich eine Zeitlang auf, denn sein *Buch der Probleme*[26] ist aus einem Streitgespräch mit dem dort lebenden Philosophen Ibn Badscha entstanden. Nachdem er in seinen letzten

Lebensjahren seine Bücher geordnet und herausgegeben und eine große Schülerzahl unterrichtet hatte, starb er 1127 in Valencia.

In seinem wichtigsten Werk, dem *Buch der Kreise*[27], unternimmt er den Versuch, den Ibn Ṭufail und Ibn Ruschd später fortsetzten, Religion und Philosophie miteinander zu versöhnen. Beide lehren dieselbe Wahrheit, schreibt er, nur wenden sie sich an verschiedene Bereiche des Menschen: Die Religion spricht das Herz und das Gemüt an, die Philosophie dagegen den Verstand.

Wie frühere Sufis entwickelte Ibn esSid eine Zahlenwissenschaft, die in ihrem Aufbau der pythagoräischen Lehre nahestand und von der Maxime ausging: Die Zahlen sind Ausdruck der Ordnung im Kosmos. Doch im Gegensatz zu den orientalischen Philosophen (z. B. Imam Dschaʿfar oder später auch elBuni) benützte er das Dezimalsystem als Grundlage für seine Berechnungen.

Während die Eins allen Dingen innewohnt und ihr letztes Ziel darstellt, ist die Grundeinheit für die Zeitdauer aller Erscheinungen die Dekade. In drei Kreisen (daher der Titel des Buches) geht die Veräußerung der Welt vor sich:

1. Die Dekade der Intelligenzen, reiner geistiger Wesen, deren zehnte die aktive Intelligenz ist, das Ursein des Alls.

2. Die Dekade der Seelen, wobei je eine für die neun Himmelssphären steht, während die zehnte aus der aktiven Intelligenz hervorgegangen ist und als allumfassende Kraft wirkt.

3. Die Dekade der materiellen Formen, also der Gestalt, der Materie, der vier Elemente, der drei Naturbereiche und des Menschen als höchste Stufe.

Da das *Buch der Kreise* grundlegend für die Sufis und durch die Übersetzung von Moses ibn Tibbon (gest. 1283) auch für die jüdischen Schriftsteller wurde, zitiere ich einige Ausschnitte aus dem ersten Kapitel.

Ibn esSid legt die These dar, daß die Wesen in einer festen Reihenfolge aus der ursprünglichen *causa* hervorgehen, und daß diese Reihenfolge einem idealen Kreis entspricht und ihr Punkt der Rückkehr zum Anfang der Mensch ist.

In sechs aufeinanderfolgende Stufen teilt er die Seele ein:

1. die pflanzliche Seele, die genußsüchtig ist;
2. die tierische Seele, zum Zorn erregbar;
3. die menschliche Seele, mit Vernunft begabt;
4. die philosophische Seele;
5. die prophetische Seele;
6. die Weltseele.

1. Die pflanzliche Seele

Ihre Eigenschaften sind: Nahrung zu genießen und zu suchen, sich daran zu freuen, wenn sie sie findet, und zu leiden, wenn sie fehlt; Auswählen der Nahrung, die zu ihr paßt und Abweisen des Gegenteils; Erhaltung sowohl des Einzelwesens als auch der Art. Das Einzelwesen erhält sich durch Ernährung, die Art erhält sich durch Fortpflanzung; diese Erhaltung nennt man physische Berichtigung. Die pflanzliche Seele belebt Körper, die nicht aus Fleisch sind, und Glieder, die aus Teilen zusammengesetzt sind, die sich untereinander gleichen. Sie besitzt die Fähigkeiten der Anziehung, des Festhaltens, der Verdauung, des Auswerfens, der Ernährung, des Wachstums und der Gestaltung. Durch Wissen und Gefühl erhält es die Fähigkeit, die sechs Richtungen des Raumes zu unterscheiden – links, rechts, oben, unten, vorne, hinten –, ihre Adern an feuchte Orte zu entsenden, und ebenso Zweige und Nerven dorthin, wo Breite vorhanden ist, und von anderen Orten zu entfernen, wo Enge herrscht.

2. Die tierische Seele

Die Eigenschaften dieser Seele sind Freude am Beischlaf, Scham, Herrschaft und Gewalt. Sie belebt fleischliche und blutige Körper, auch wenn einige Körper ohne Blut sind, und organische Glieder.

Sie ist mit gezielten Bewegungskräften und fünf Sinnen begabt, wenn auch einigen Tierseelen einige davon fehlen. Sie fühlen Freude und Leid, und einige besitzen Vorstellungskraft und Erfindungsgabe.

3. *Die menschliche Seele*

Die Eigenschaften dieser Seele sind: Einsicht, Nachdenken, Liebe, Wissenschaft und Eingebung. Sie belebt aufrechte Körper und handelt mit Voraussicht.

4. *Die philosophische Seele*

Die Eigenschaften dieser Seele sind: Die Hinwendung zu philosophischen Erkenntnissen, und zwar nur zu jenen, die die Erkenntnis des Wesentlichen erforschen; das Verlangen, die Urgründe und Wirkungen der Dinge zu verstehen; das Ableiten der inneren Wirklichkeit aus den äußeren Erscheinungsformen; die (Entwicklungs)stufen der Wesen zu begreifen und inwiefern sie alle aus dem Schöpfer hervorgehen und wie einer nach dem anderen (daraus) hervorgeht und wie in ihn die Einheit Gottes fließt; aus welchem Grunde jedes Wesen seine Eigenheit besitzt und sich von anderen unterscheidet; und schließlich, warum die Gestalt im Ur-Stoff (arab. *hayula* von griech. *hyle*) enthalten ist und in ihm erhalten bleibt, d. h. in der Substanz, in der die Formen der Sphären und der Sterne enthalten sind.

Und (weiterhin ist es eine Eigenschaft dieser Seele) wissen zu wollen, ob die Welt ewig (besteht) oder zeitlich begrenzt ist und was der Unterschied zwischen Ewigkeit und Zeit, zwischen absoluter und relativer Ewigkeit, zwischen Geschaffenem und Gezeugtem ist und wie das Erschaffene halb zwischen Ewigem und Gezeugtem steht; und zu wissen, ob der Schöpfer der Welt nur Einer ist oder mehr als Einer, und mit unwiderlegbaren Schlußfolgerungen zu beweisen, daß Er in Wahrheit nur Einer sein kann und daß Ihm nichts gleicht und Er nicht seinesgleichen hat (Sure 110); was die Grenze der Erkenntnis des Seins der Dinge ist, so wie sie an sich sind; welche Dinge gezeugt und welche geschaffen sind ...

5. *Die prophetische Seele*

Die Eigenschaften dieser Seele sind: göttliche Eingebungen und Offenbarungen zu empfangen; sich mit der wirkenden Einsicht zu vereinigen; die anderen Seelen zu berichtigen, die sich von der Wahrheit entfernt haben; den Menschen zu leiten, damit er tut, was rechtschaffen ist, in der Weise, in der es richtig ist und zu dem Zeitpunkt, zu dem es richtig ist, mit dem richtigen Ziel im richtigen Augenblick; jene Gaben zu vollenden, die bei Geburt noch unfertig sind; ihm Verhaltensregeln zu geben durch Ermahnungen und Hinweise, Versprechen und Drohungen; sich zu erkundigen über das, was die philosophische Seele nicht erlangen kann, denn jener ist nur gegeben, über das Weltall nachzudenken. Deswegen sagt Platon: ›Wir sind unfähig zu verstehen, was die religiösen Gesetze lehren, nur wenig verstehen wir von ihnen und viel ist das, was wir nicht verstehen.‹ ...

Und so kommt es, daß ein Mensch, der schon von Geburt her mit Vollkommenheit begabt ist, ohne gedankliche Rückschlüsse auskommen kann und die Dinge versteht, als wären sie fest in seine Seele eingeprägt. Wir treffen nämlich unter den genialen Menschen solche, die im Zustand höchster Unvollkommenheit – nahe dem Zustand der Tiere – sind, und ebenso sicher treffen wir auch solche, die im Zustand höchster Vollkommenheit – nahe dem der Engel – sind, und diese so begabten brauchen sich nicht von gedanklichen Rückschlüssen leiten zu lassen, sondern ihnen reicht der kleinste Hinweis und die einfachste Erklärung. Diese Begabten hat Gott von Anfang seiner Schöpfung an vollkommen gemacht, um mit ihrer Hilfe die Welt zu lenken, und aus diesem Grunde muß die Gabe der Prophetie von Gott ausgehen und nicht (vom Menschen) verlangt werden.

6. *Die Weltseele*

Der Zustand dieser Seele liegt für die Philosophen – sofern sie es nur zugeben – unterhalb des Horizontes ihres Verstandes, der ihn an allen Seiten umgibt, so wie die Weltseele mit den himmlischen Sphären den Globus umgibt. Nach Meinung der Philosophen kann man sie mit zwei Kreisen und einer geraden Linie beschreiben. Der erste Kreis berührt die äußerste himmlische Sphäre und ist ihre obere Grenze; der zweite Kreis ist ihre untere Grenze, und sein Mittelpunkt ist die Erde, wenn man dies auch nur annähernd so ausdrücken kann, da (unsere) Einsicht nicht in der Lage ist, das Räumliche zu erfassen. Die Philosophen meinen ferner, daß zwischen oberer und unterer Grenze eine Linie liegt, die die (beiden Kreise) verbindet, und sie nennen sie »Leiter des Aufstiegs«. Auf ihr gelangt die reine Seele einer Person zur göttlichen Eingebung, auf ihr steigen die Engel herab und die reinen Geister auf bis zur oberen Welt. Über diese Weltseele sprechen die Philosophen viel, aber ich beschränke mich auf diese Zusammenfassung, denn in diesem Buch habe ich anderes vor.

Der andere Philosoph war Abu Bakr Muḥammad ibn Yaḥya ibn Badscha. Seine Maxime, »Die Seele kann sich mit Gott vereinigen, und das ist ihre höchste Aufgabe und ihr größtes Glück« wurde zum Leitspruch für die gesamte sufische Bewegung des westlichen Islam.

Ibn Badscha sah den Weg des wahren Philosophen als einen stufenweise erfolgenden Aufstieg durch verschiedene geistige Erfahrungen bis hin zur handelnden Einsicht, dem göttlichen Prinzip. Nach platonischem Vorbild sollte dieser Aufstieg durch die Betrachtung der Welt und durch das Nachdenken über ihre Ursachen erreicht werden. Diese Möglichkeit sei nur dem Menschen gegeben.

Wenn sich jeder Einzelne an der ursprünglichen Wahrheit geformt hat und entsprechend handelt, kann der vollkommene Staat entstehen, in dem z. B. Ärzte und Richter überflüssig werden. Da dies gegenwärtig noch nicht durchführbar sei, bleibe der Einzelne ein Einsamer. Höchste Aufgabe der Regierung müsse es daher sein, diese Einzelnen zu schützen und zu fördern, denn durch sie werde eines Tages auch die Vollkommenheit der übrigen bewirkt werden. Deutlich ist hier Platons *Staat* als Vorlage zu erkennen. Auch Abu Naṣr elFarabis *Ideale Stadt*[28] hat sicher auf ihn gewirkt.

Ibn Badscha, im letzten Viertel des 11. Jahrhunderts in Saragossa geboren, mußte 1118 bei der christlichen Eroberung der Stadt fliehen und war dann eine Zeitlang Arzt in

Sevilla und auch in Granada. Später siedelte er nach Fes über. Dort kam er als Minister am Hofe zu hohen Ehren, hatte jedoch viele Neider und wurde schließlich 1138 vergiftet. Abu l-Ḥasan ʿAli aus Granada, einer seiner Schüler, sammelte die Schriften des genialen Philosophen und Wissenschaftlers und gab sie mit einer Einleitung in Fes heraus.

Das Werk, ohne das die weitere maghrebinische Mystik nicht zu denken wäre, heißt *Führung des Einsiedlers.*[29] Sowohl Ibn Sina, der die Figuren des Ḥaiy ibn Yaqẓan und des Absal entwarf, als auch Ibn Ṭufail, der sie weiterentwikkelte, sind seine geistigen Erben.

Im Vorwort zu seinem Roman *Ḥaiy ibn Yaqẓan* zitiert Ibn Ṭufail die folgenden Sätze von Ibn Badscha über die Einheit von menschlicher und göttlicher Einsicht:

> Wenn man den verborgenen Sinn einer Lehre verstanden hat, erkennt man deutlich, daß keine Kenntnis der üblichen Wissenschaften damit vergleichbar ist. Wenn man sich in einer Verfassung befindet, in der man sich von allem, was vorausging, gelöst hat, wird einem die Einsicht in den verborgenen Sinn geschenkt, verbunden mit ganz neuen Anschauungen, die nichts Irdisches an sich haben und zu edel sind, um dem diesseitigen Leben vergleichbar zu sein: ein Zustand der Seligen, die befreit sind vom Zwang irdischen Lebens.
>
> Dieser Zustand ist mit Recht göttlich zu nennen, da Gott ihn denjenigen unter seinen Dienern zukommen läßt, die ihm gefallen.

Und Ibn Ṭufail fügt hinzu:

> Der Zustand, von dem Abu Bakr (Ibn Badscha) hier spricht, wird auf dem Wege des Nachdenkens und der Versenkung erlangt. Er hat sein Ziel nicht verfehlt, sondern zweifellos erreicht.

Das ›goldene‹ 12. Jahrhundert

Die Vereinigung der zahlreichen Einzelstaaten des Maghreb elAqṣa, des ›Äußersten Westlandes‹, zu einem einzigen Berberreich, in dem der Islam oberstes Gebot und Arabisch die Sprache für Verwaltung, Recht und Kultur war, hatte nicht nur negative Auswirkungen, sondern ließ im Laufe der Zeit auf allen Gebieten Aufschwung und Blüte zu. Die Überwindung der Anarchie ermöglichte Handel und Kulturaustausch in einem enorm großen Gebiet, das von Kastilien bis südlich der Sahara und von Lissabon bis Tlemcen und Tunis reichte. Freies und sicheres Reisen ermöglichte Wissenschaftlern und Rechtsgelehrten, die überall verstreuten Universitäten und Bibliotheken aufzusuchen und einen bisher selten erreichten Wissensstand zu erlangen.

Auch für die Sufis wurde das 12. Jahrhundert zum »goldenen« Zeitalter, das bis heute richtungsweisend geblieben ist. Die Hinwendung einer großen Zahl von Menschen aus allen Bevölkerungsschichten zur Mystik wird aus zahlreichen Schriften deutlich, besonders aus dem autobiographischen Buch des Größten Meisters, Ibn elʿArabi, über die Meister seiner Jugendzeit.[30]

Etwa 1220 erschien das auch heute noch vielgelesene Buch *Erwartung der Sufis*[31] von Ibn ezZaiyat, der die Lebensläufe von 260 Sufis beschreibt. Noch ein weiteres Werk legt Zeugnis von dieser beeindruckenden Vielfalt ab: Das *Maqṣad* von ʿAbd elḤaqq aus Bades an der marokkanischen Mittelmeerküste, etwa 1311 erschienen.[32]

Wiederum ist es nicht einfach, die Anfänge zu erkennen. Einer der frühen Meister, ein Vorläufer der Schadhiliya-Bewegung, war Mulay Bu Schaib von Azemmur an der Atlantikküste von Marokko. Seine *zawiya* und sein Grab stehen noch in der Stadt Azemmur, deren Schutzpatron er ist; aber außer einigen *dhikr*-Gebeten, in denen die Liebe zum Propheten Mohammed zum Ausdruck kommt, ist nichts von diesem frühen Glied der Schadhiliya-*silsila* erhalten. Sicher war er Berber und gab seine Lehre nur mündlich weiter.

Sein berühmter Schüler, Mulay Bu ʿAzza, wie er heute genannt wird, wurde zeitweise als größter Heiliger Marokkos angesehen. Mehrere Könige – zuletzt Mulay Yusuf im Jahre 1918 – haben die Pilgerfahrt nach Taghia im Zayan-

Land, wo er begraben liegt, unternommen. Dieses Grab war 1691 durch König Isma'il von Meknes prächtig erneuert worden und ist noch heute eines der besuchtesten Heiligtümer des Landes. Zur Hauptwallfahrt im Frühling kommen hier alljährlich Zehntausende von Pilgern zusammen.

Die Person des Bu 'Azza ist durch zahlreiche Hagiographien näher bekannt, doch läßt sie sich historisch nur unscharf erkennen. Sicher ist, daß er ein einfacher Hirte aus dem Hohen Atlas war, vermutlich vom Stamm der Azmira, wie sein Vatersname ben Mimun ben Abdallah el Azmiri erkennen läßt; mit Vornamen hieß er wahrscheinlich Alannur. Man nimmt an, daß er Mitte des 11. Jahrhunderts geboren ist. Schon als Knabe war er der Askese zugeneigt, aß Pflanzen, die er beim Hüten fand, und schenkte sein Brot einem frommen Mann, der sich dem Koranlesen widmete. Er selbst hat wohl nie lesen oder schreiben gelernt, ja es geht sogar aus den Erzählungen hervor, die im *Taschawwuf* von Yusuf etTadili[33] über ihn enthalten sind, daß er nicht einmal Arabisch sprechen oder verstehen konnte, sondern sich nur in Berberisch ausdrückte. Die Gelehrten von Fes mögen ihn deswegen gering geachtet haben, seiner späteren Ausstrahlung im ganzen ländlichen Marokko dürfte diese Tatsache jedoch förderlich gewesen sein.

Bevor Bu 'Azza sich in Taghia niederließ, das heute seinen Namen trägt, hatte er viele Jahrzehnte lang das Land als reisender Derwisch durchzogen. Etwa zwanzig Jahre lebte er im Hohen Atlas oberhalb von Tinmal (von wo aus Ibn Ṭumart Mitte des nächsten Jahrhunderts seinen Anfang als Mahdi und Gründer der Almohaden-Dynastie nahm). Weitere 18 Jahre lebte er an der atlantischen Küste, bekannt als Bu Wanalkut, benannt nach der Pflanze, die seine Hauptnahrung bildete. In jene Zeit fällt sein Aufenthalt bei Bu Schaib in Azemmur, der als sein einziger Lehrer genannt wird. Ein Jahr lang diente er dessen Frau des Nachts in der Küche, verkleidet als schwarze Dienerin: Er buk das Brot, fegte aus, holte Wasser und Holz – alles im reinen Geist der Askese, während er sich am Tage dem Dienst des Meisters in der Moschee widmete.

Damals gab es noch zahlreiche wilde Tiere in den Wäldern Marokkos, vor allem auch die gefürchteten Berberlöwen, und es gehört zu den Legenden einer ganzen Reihe von Heiligen, daß sie mit diesen Tieren vertrauten Umgang pflegten. Auch von Bu ʿAzza gibt es einige Geschichten, die deutlich machen, daß dieser asketisch magere Mann in dem einfachen Ziegenhaarmantel Macht über die Löwen ausübte. So konnte er sich am Westrand des Zayan-Landes, etwa zwei Tagesreisen südlich von Meknes, in einem besonders von Löwen bewohnten Waldgebiet niederlassen. »Mir zuliebe«, sagte der Heilige später zu seinen Schülern, die sich bald dort um ihn scharten, »ertragen diese Tiere Hunger und Durst und verlassen ihre Wohnplätze.« Leon Africanus hat den Ort Taghia selbst mehrmals besucht, er berichtet über die denkwürdige Aussöhnung des Königs von Fes mit seinem Bruder im Jahre 1514 am Heiligtum von Mulay Bu ʿAzza. Er erwähnt auch den »wunderschönen Wald, in dem sich wilde und grausame Löwen aufhalten«. Bu ʿAzza führte auch als Leiter des Versammlungshauses ein einfaches Leben. Am Tage widmete er sich den vielen Besuchern, die zu ihm strömten, heilte die Kranken und unterrichtete die Wahrheitsuchenden – darunter auch den späteren Bu Madyan, der zeitlebens in höchster Achtung von seinem Meister sprach. Die Heilungen, scheint es, nahm er meist durch Handauflegen vor, auch bei Frauen, was einigen Gelehrten aus Fes anstößig erschien. Bu ʿAzza verteidigte sich, indem er sagte, Ärzte würden dasselbe tun. Seine Einfachheit und sein asketischer Lebenswandel gewannen ihm das Vertrauen des Volkes. Nachts zog er sich in die Wildnis zurück zum Gebet und kehrte erst beim Morgengrauen wieder.

Während einige gelehrte Theologen den einfachen Heiligen verachteten und versuchten, seine große Ausstrahlung als

Aberglauben des Volkes zu entwerten, fühlten sich andere, vor allem Sufi-Meister, zu ihm hingezogen und unternahmen die beschwerliche Reise in die Wildnis, um ihn zu sehen. Außer Bu Madyan und Ibn Hirzim (das ist Sidi Harazm von Fes) kamen einzelne aus so fernen Städten wie Sevilla und Tunis, unter ihnen der berühmte »größte Meister«, Ibn elʿArabi, ferner Abu Ṣabr Ayub, einer der berühmtesten Sufis von Ceuta, der die Lehrschrift des Scheich Kuscheiri im Maghreb eingeführt hat und Schüler aus ganz Andalusien und Nordwestafrika um sich scharte; er fiel als alter Mann in der Schlacht von El ʿUqab (= Las Navas de Tolosa, 1212).[34]

Außer den – gewiß nicht immer authentischen – Legenden, die über ihn geschrieben und erzählt werden, gibt es nur wenig, was seinen großen Ruf als Heiligen erklären könnte. Einige knappe Sätze, die er gesagt haben soll, meist auf Askese und Freigiebigkeit zielend, gehören zum Überlieferungsgut, aber sonst fehlt jede Tradition von höherem Anspruch; er hinterließ weder Gedichte noch Schriften. Es hat sich auch kein Orden aus seinem Versammlungshaus entwickelt, sondern nur jene Kette von Nachfahren, die noch heute das Grab hüten, und deren politischer Einfluß vom 17. Jahrhundert an immer größer wurde.

In der Legende ist Lalla Mimuna, jene andere überaus einfache Heilige[35], die des Arabischen unkundig war und nicht einmal die einfachen Gebetsformeln im Kopf behalten konnte, seine Frau geworden. Das Volk verehrt sie – ebenso wie einen Esel, eine Schlange und einen Löwen – an seinem Grabmahl. In diesem Zusammenhang ist bemerkenswert, daß ʿAzza eine in heidnischer Zeit verehrte Gottheit der Berber war; der als Abu Yaʿza arabisierte Vorname des Heiligen könnte durchaus auf jenen viel älteren Kult zurückgehen.

Ebenfalls Überrest eines heidnischen Brauches ist wohl auch die Verehrung des Heiligen durch die *imdyazen*, die fahrenden Sänger der Berber. Alljährlich auf ihrer Rundreise durch die Dörfer und Zeltlager besuchen sie sein Grab und in ihren Liedern rufen sie ihn stets als freigiebigen Spender der dichterischen Eingebung an. Wer Dichter werden will, muß sich zuerst zu Mulay Bu ʿAzza begeben und nach dem Opfer eines Schafbocks in seinem Heiligtum schlafen. Der Heilige beschenkt ihn dann mit der Kraft, die ihn zum Dichten befähigt.[36]

Unsicher wie die übrigen Daten aus dem Leben des Asketen ist auch sein Todesdatum. In mehreren Texten wird es mit 1175 bis 1177 angegeben. Demnach wäre er rund 130 Jahre alt geworden, was – wenn man Erzählungen heutiger Berber Glauben schenken darf – durchaus noch hin und wieder vorkommt.

Das nächste Glied in dieser Kette ist Abu Madyan, der Stadtpatron des im heutigen West-Algerien gelegenen Tlemcen. Als Schuʿaib ibn Ḥusain wurde er 1126 in Sevilla geboren und war dort schon als Fünfzehnjähriger für seine Klugheit bekannt. Nach den klassischen Studien in Sevilla und Cordoba unternahm er weite Reisen durch Nordafrika, lernte dort Mulay Bu ʿAzza kennen und wurde von ihm in die sufische Mystik eingeweiht.

Es heißt, daß der Sufi Abu ʿAbdallah edDaqqaq aus Sidschilmasa ihm den *chirqa*-Mantel umlegte und dadurch in die Bruderschaft aufnahm. EdDaqqaq war ein angesehener Lehrer in Fes, der für eine Neuerung bekannt ist: Zur Steigerung des mystischen Erlebnisses bediente er sich verschiedener Gesänge, die in endlosen Wiederholungen bis zur Ekstase der Sufis führten.[37]

Von Fes aus reiste Schuʿaib an der afrikanischen Nordküste entlang nach Osten, vollzog die Pilgerfahrt nach Mekka und gelangte schließlich nach Baghdad, wo er erRifaʾi traf, den Gründer eines bis zum Ende des 19. Jahrhunderts bestehenden Ordens. Von diesem Scheich wie auch von der Begegnung mit Derwischen, die aus Indien kamen, erhielt er starke Anregungen, die er später in seiner Weise an die Schüler im Maghreb weitergab. Es heißt, daß er Yoga- und

Atemtechniken lernte, die seinen persönlichen Lebensstil prägten.

Entscheidend für sein Leben wurde das Treffen mit dem überragenden Meister ʿAbd elQadir elDschilani, dessen Freund er wurde. Dieser bis heute in der ganzen islamischen Welt verehrte Sufi, der im Maghreb unzählige Gedenkstätten hat und mit außergewöhnlicher Inbrunst vom Volk geliebt wird – er wird gleich nach dem Propheten Mohammed genannt – ›versiegelte‹ Schuʿaib und gab ihm die Autorität, in seiner Heimat zu lehren.

Doch Schuʿaib konnte aus politischen Gründen nicht nach Andalusien zurückkehren, darum ließ er sich in einem kleinen Dorf in der Nähe von Tlemcen nieder, wo bald so viele Schüler und Derwische sich um ihn scharten, daß man das Dorf von nun an *El-ʿUbbad,* ›die Diener (Gottes)‹ nannte.

Der Scheich hieß nun Abu Madyan und wurde wie ein Heiliger verehrt. Schon seine Schüler nannten ihn *ghauth,* ›Herr der Heiligen‹, und *quṭb,* ›geistige Achse‹ oder ›Pol‹ seiner Zeit. Zahlreiche Wundertaten werden von ihm berichtet und alljährlich von vielen Pilgern zur Wallfahrt aufs neue erwartet.[38]

Aus den Schriften des *wali,* ›Vertrauten Gottes‹, geht allerdings hervor, daß er sich gegen diese Wunder-Erwartungen wehrte und größte Bedeutung dem geistigen Fortschritt zumaß. Ibn elʿArabi, der sich zeitlebens als mystischen Schüler von Abu Madyan ansah, berichtet von der Bescheidenheit und Besonnenheit des Meisters.[39] Seine Lehrsätze, heißt es da auch, bauten auf Widersprüche auf, weil durch diese der Geist aus dem Schlaf gerissen und ›erweckt‹ werden kann. In den schon erwähnten *Mekkanischen Eröffnungen* beschreibt Ibn elʿArabi, wie der siebenjährige Sohn von Abu Madyan in Gegenwart seines Vaters hellseherische Fähigkeiten entwickelte, und dies scheint ein wesentliches Merkmal seiner Ausstrahlung gewesen zu sein: Ohne einen Führungsanspruch zu erheben, erweckte er bei seinen Anhängern eine Kraft, die ungeahnte spirituelle Weiten erreichte.

Seine Gedichte, die noch heute bei den *dhikr*-Übungen der Sufis rezitiert werden, preisen die Einheit der Schöpfung mit dem Schöpfer. Als Beispiel bringe ich drei Lieder aus seinem *Diwan*.[40]

Absage an das Dasein

Sprich: Gott! und verlaß dein Dasein und was dich umgibt, wenn du Vollkommenheit erreichen willst!
Alles außer Gott, so du es recht verstanden hast, ist Nichts, im Einzelnen und im Ganzen.
Wisse wohl: ohne Ihn vergeht die ganze Schöpfung, und du vergehst mit ihr.
Wer nicht in seinem Wesen in Seinem Dasein wurzelt, dessen Dasein ist – ohne Ihn – von der Wurzel her unmöglich.
Die Eingeweihten werden verzehrt. Könnten sie anderes wahrnehmen als den Höchsten, den Erhabenen?
Alles Erschaute, das nicht in Ihm enthalten ist, ist vergänglich in Gegenwart, Vergangenheit und Zukunft.
Denke nach und bedenke, ob du etwas anderes sehen kannst als Folgen von Folgen!
Betrachte Höhe und Tiefe des Daseins mit dem Blick desjenigen, der sich auf Schlußfolgerungen stützt,
und du wirst finden, daß sich alles in direkter oder in gespiegelter Weise auf seine Majestät bezieht.
Vom Höchsten bis zum Tiefsten und ohne daß es Ihm irgendjemand gleichtun könnte, ist Er der Schöpfer, der alle Dinge in Seinen Händen hält.

Du hast meine Vernunft ergriffen

Du hast meine Vernunft ergriffen, meinen Blick, mein Gehör, meinen Geist, meine Eingeweide, mein ganzes Ich.
Ich habe mich verloren in Deiner außergewöhnlichen Schönheit. Ich weiß nicht mehr, wo ich bin im großen Meer der Leidenschaft.
Du hast mir geraten, mein Geheimnis zu wahren, aber meine überströmenden Tränen haben alles enthüllt.

Da meine Geduld nun zerronnen ist, da meine Ergebenheit ein Ende gefunden hat, da ich die Süße des Schlafes in meinem Bett nicht mehr genießen kann,
habe ich mich vor den Richter der Liebe begeben und zu ihm gesagt: Meine Freunde haben mich streng gerügt und meine Liebe des Betrugs beschuldigt.
Doch ich habe Zeugen für meine Liebe, und die Meister unterstützen meine Behauptungen, wenn ich erkläre,
daß ich nicht schlafen kann aus Liebe und Leid, aus Traurigkeit und Verlangen; daß ich abmagere und erblasse und Tränen vergieße.
Welch seltsames Sein, das ich leidenschaftlich allerorten suche, wo es doch bei mir ist!
Meine Augen beweinen es, und es ist doch in ihrer Pupille. Mein Herz beklagt die Trennung, während ich es doch in den Armen halte.
Und wenn es das Recht seiner Liebe von mir fordert, bin ich der Arme, der ihm nichts zu geben hat.
Und wenn es mich verstößt ins Gefängnis der Verlassenheit, werde ich zu Ihm zurückkehren durch die Fürsprache des Fürsprechers.[41]

Mein Geliebter hat mich besucht

Mein Geliebter hat mich besucht, und meine Augenblicke sind süß geworden. Der Geliebte hat mir verziehen.
Er hat mir alle Fehler verziehen, die mir den Zorn des nie schlafenden Wächters zuziehen könnten.
Der, nach dem ich Verlangen habe, hat mich besucht. Er hat mein Übel zerstreut. Er hat die Vereinigung erlaubt.
Er hat meinem Gastmahl beigewohnt; das Glas ging herum; ich habe mein Verlangen gestillt.
Wir haben erlaubten Wein getrunken, und unsere Seelen sind aufgeblüht.
Fülle mein Glas! In ihm liegt meine Freude. Ich trinke. O – Du, der du das verstehen kannst!
Ich bin innig verbunden mit meinem Geliebten. Mein Licht ist mir ganz nahe.
Welch ein Wein! Welch ein Gast! Welch ein Trinkender! Welche Musik! Welch ein Gesang!

Die Blumen im Garten erhellen uns mit ihrem Lächeln, und Vögel auf den Zweigen hielten ihr Gespräch mitten unter uns.
Mein Becher ist voll, mein Krug ist gefüllt, doch ohne frische oder getrocknete Trauben.
O meine Gastfreunde! Versteht meine Anspielungen! Erstaunlich ist mein Zustand!
Rein ist das Glas, süß das Getränk, köstlich der Aufenthalt.
Ich will mich berauschen und lieben. Jeder Tag bringt mir Neues.
Ich erkenne den Nüchternen nicht als Führer an, der zu mir sagt: Bekehre dich!
Dem Zweifler antworte ich: Mein Fall ist ganz überraschend.
Ich kenne Vergangenheit und Zukunft, und derselbe, der mich mit Krankheit schlägt, ist mein Arzt.
In dieser Leidenschaft bin ich das Vorbild meines Zeitalters.
In der Liebe zur Schönheit habe ich mein Leben zerstört. Ich habe das Wissen dargestellt.
Im Dämmerlicht hat mich der Vollmond besucht, den die Augen nicht wahrnehmen können.
Er hat mein Haus und meinen Garten erleuchtet. Meine Vernunft ist verstummt.
In meiner Ruhe ist er anwesend, und in meinen Bewegungen ist er allzeit gegenwärtig.
Das ist mein Weg: dem meine Seele zu opfern, der mein Untergang ist.
Wenn er meinem Gastmahl beiwohnt, erleuchtet sich der Augenblick durch ihn.
Und ich spreche: O mein Vollmond! O meine Sonne! Wann werde ich Ihn treffen?
Er hat mich im Leben besucht. Meine Augenblicke sind süß geworden. Mein Geliebter hat mir verziehen.
Er hat mir alle Fehler vergeben, die mir den Zorn des nie schlafenden Wächters zuziehen könnten.

Schudhi elḤalwi

Dieser kaum beachtete Begeisterte aus Tlemcen steht in der Einweihungskette berühmter Sufis neben elḤalladsch und Abu Madyan. Er war ein seltsamer Heiliger, dieser Abu ʿAbdallah eschSchudhi, der im 12. Jahrhundert in Sevilla geboren wurde, wo er eine hervorragende Ausbildung in allen theologischen Fächern erhielt. Er bekleidete das Amt eines Richters in der Stadt, war angesehen und wohlhabend. Über sein Bekehrungserlebnis ist nichts mehr bekannt, man weiß nur, daß er Frau und Familie, Haus und Güter verließ; vielleicht wurde er sich plötzlich bewußt, daß er als Richter der Hölle näher stand als dem Himmel, wie Dermenghem sich ausdrückt.[42] Er ging auf die Reise und blieb schließlich in Tlemcen, wo er fortan mit einem Holztablett durch die Straßen ging – oder eigentlich tanzte – und den Kindern Süßigkeiten verkaufte. Immer hatte er eine ganze Schlange von Kindern hinter sich, die mit ihm sangen und lachten und seine verrückten Verse wiederholten.

Er lebte wie ein Asket, ernährte und kleidete sich nur mit dem Nötigsten, und schenkte den Erlös seiner Süßigkeiten armen Kindern. Allgemein hielt man ihn für einen Verrückten, einen Begeisterten Gottes, und kümmerte sich nicht um ihn. Man nannte ihn elḤalwi, den Süßigkeitenhändler.

Dennoch verbreitete sich der Ruf seiner Tugend und Einsicht sowohl unter den einfachen Menschen der Stadt als auch unter den Sufis und Gelehrten. Ein gebildeter Andalusier aus Murcia, der zu Besuch in Tlemcen weilte, bemerkte den verrückten Ḥalwi und erkannte sofort an ihm die Zeichen der Gnade; er sah ihn auf der Straße tanzen und Verse über Gottes Liebe singen und wußte, daß er einen Heiligen vor sich hatte. Abu Isḥaq Ibrahim, so hieß dieser Mann, besser bekannt unter seinem Schriftstellernamen Ibn Mara', war in Malaga geboren und hatte sich von Murcia, wo er Theologie lehrte, nach Fes begeben, wo er etwa um 1160 bei Abu l-Ḥasan ibn'Dschubbair lernte und großes Wissen erlangte. Beim Fest des Fastenbrechens in Tlemcen bat er Gott darum, mit dem heiligen Ḥalwi zusammenzutreffen, und plötzlich stand dieser neben ihm. Sie aßen gemeinsam und elḤalwi nahm den Theologen als seinen Schüler an. Er lehrte ihn von nun an zwei Jahre lang in der Moschee an der Quelle elQsur. Als er später das erworbene Wissen an seine Schüler weitergab, sagte er stets: »All mein

Wissen und alle Gnade, die darin enthalten ist, verdanke ich Schudhi elḤalwi.«[43]

Tatsächlich hat Schudhi elḤalwi einen bedeutenden Einfluß auf mehrere große Sufis gehabt, die sich als seine Schüler oder Nachfolger bezeichneten. Ibn Sabʿin, den ich im Anschluß an Ibn elʿArabi kurz erwähnen werde, gehört zu denen, die Schudhis Ideen aufnahmen und weitergaben. Sein Schüler Schuschtari nennt in einem Gedicht am Ende einer langen Kette vornehmster Glieder wie Sokrates, Platon, Aristoteles und elḤalladsch, Schibli, Ibn Sina, Suhrawardi, Abu Madyan, Ibn Ṭufail und Ibn Ruschd den tanzenden Süßigkeitenverkäufer eschSchudhi als das wichtige Bindeglied zu seinem Meister Ibn Sabʿin und ihm selbst.[44] Wie wir im folgenden sehen werden, hat Schuschtari selbst den Weg des tanzenden und singenden Derwischs beschritten.

Auch der Dichter Ibn Chamis aus Tlemcen[45] bringt in seiner Ode *Der Wein der Erkenntnis und die mystische Liebe*[46] eine ähnliche Kette der Einweihung, beginnend mit Hermes und Sokrates, die großen Sufis des Orients verbindend und endend mit Schudhi elḤalwi.

Die schöne Moschee in Tlemcen, die den Namen und das Andenken des verrückten Heiligen wachhält, wurde vom Meriniden-Sultan Abu ʿInan Faras, dem Erbauer der berühmten ʿInaniya-Schule in Fes, im Jahre 1353 errichtet. Das Grabmal des Ḥalwi paßt jedoch eher zu seinem bescheidenen Leben; es liegt außerhalb der Stadt unter einem großen Johannisbrotbaum in einem kleinen Dorf, das seinen Namen trägt.[47]

Die folgenden Verse des Schudhi el Ḥalwi sind Ausdruck seiner Begeisterung:

Wenn das wahre Sein zu sprechen beginnt,
müssen die Menschen seiner Stimme Gehör schenken.

Nichts an dieser Sprache ist unverständlich,
sie ist nur zu fein, als daß sie ein Verstockter verstehen könnte.

Hab Einsicht und sei aufmerksam! Dann wird dich die Stimı ganz aus deiner Nähe rufen.

Besser, du gehörst nicht zu jenen, die man von weitem rufen muß!

Der wohltätige Abu l-ᶜAbbas

Sidi Abu l-ᶜAbbas esSabti stammte, wie sein Zuname besagt, aus Ceuta an der Straße von Gibraltar, wo er 1130 als Sohn eines Töpfers geboren wurde. Nach dem Tode seines Vaters erlernte er das Weberhandwerk, doch einige Zeit später wurde er von Abu ᶜAbdallah elFaḥḥar in Tetuan als Schüler angenommen und erhielt eine vorzügliche Ausbildung in den klassischen Geisteswissenschaften des Islam. Als junger Mann begann er seine Wanderung durch Marokko und siedelte sich dann auf einem öden Hügel vor der Stadt Marrakesch an, wo er vierzig Jahre lang als Sufi lebte und predigte. Zahlreich waren die Zuhörer, die täglich zu ihm hinausgingen. Der große Sultan der Almohaden, Yaᶜqub elManṣur, berief ihn schließlich als Lehrer in die Stadt Marrakesch, wo er fortan eine große Wirkung hatte.

Dennoch gab er sein einfaches Leben nicht auf. Man erzählt, daß er außerhalb der Unterrichtszeit nur mit einer wollenen Hose bekleidet durch die Gassen der Stadt ging und mit einem Knüppel die Leute schlug, wenn sie die Gebetszeiten nicht einhielten. Dabei soll er derbe, ja obszöne Worte gerufen haben, um die in Routine versunkenen Bürger aus ihrem Dämmerschlaf zu reißen. Seine Lehre soll so eindringlich gewesen sein, daß selbst der Sultan Yaᶜqub sich zu ihr bekannte und sich als Schüler von Sidi Abu l-ᶜAbbas bezeichnete.

Sidi belᶜAbbas, wie ihn das Volk nennt, starb 1205 und wurde wie ein großer Heiliger betrauert. Er erhielt ein Grabmal am nördlichen Stadttor Bab Taghzut, um das sich später ein ganzes Wohnviertel bildete. Das heutige Grabgebäude mit der Schule wurde im Geiste marabutischer Erneuerung durch die Saaditen-Sultane des 17. Jahrhunderts errichtet und später vergrößert. Dort hütete man seine Lehre und verkündet sie an eine große Schülerzahl. Aus allen Teilen des Königreiches kommen täglich Pilger zu seinem Grab und bringen Geld und Gaben, die allabendlich an die Armen des Viertels verteilt werden.

Die Aufforderung zur Wohltätigkeit war das wichtigste Anliegen dieses Erziehers. Man erzählt in Marrakesch, daß Sidi belʿAbbas jeden Abend auf das hohe Minarett der Kutubiya steigt und erst wieder herunterkommt, wenn alle armen Blinden der Stadt ein Essen und Nachtlager erhalten haben. Darum rufen ihn alle Blinden um Beistand an.

Die Händler in der Altstadt legen jeden Morgen eine Münze für den ersten Bettler bereit, der im Namen von Sidi bel ʿAbbas um ein Almosen bittet. Diese Münze nennt man ʿAbbassiya.

Von den vielen Anekdoten, die in Marokko erzählt werden, um die Zuhörer zur Nachahmung dieses vorbildlichen Lebens aufzufordern, wähle ich einige besonders eindrucksvolle aus, die ein großer Richter der Stadt, ʿAbbas ibn Ibrahim, in seiner vielbändigen *Geschichte von Marrakesch*[48] mitteilt:

Eines Tages, als Sidi belʿAbbas im Laden seines Freundes Abu Yaʿqub elḤakim saß, kam ein zerlumpter Mann zu ihm und sagte:

»Ich habe Hunger; gib mir etwas.«

Sidi belʿAbbas erwiderte:

»Ich habe nichts bei mir.«

Der Arme bat ihn noch zweimal und Sidi belʿAbbas antwortete in gleicher Weise, dann wandte er sich an seinen Freund, den Händler und fragte ihn:

»Hast du Geld für ein Brot?«

Abu Yaʿqub gab ihm einen Dirham und Sidi belʿAbbas kaufte davon ein Brot und gab es dem Armen. Dann sagte er zu seinem Freund:

»Du solltest dich fragen, wie du je mit diesem Geld in deiner Tasche hättest heimkehren können!«

»Tatsächlich«, sprach der andere, »daran habe ich auch schon gedacht.«

»Wenn er nicht zerlumpt wäre«, nahm Sidi bel-ʿAbbas wieder das Wort, »dann wärest du zerlumpt. Er ist es, der dir das abnimmt, und du kannst den Preis seiner Hilfe nicht ermessen.«

Andere erzählen, wie Sidi belʿAbbas in einer regnerischen Nacht schrecklich fror und bat, daß man ihn zudecke. Aber er fror dennoch weiter und man holte mehr Decken, doch ohne Erfolg. Da erhob er sich und klopfte an die Tür seiner Nachbarn an. Erst nach geraumer Zeit wurde ihm geöffnet.

Als er fragte, warum man solange brauche, antworteten die Nachbarn, daß ihre Kleider naß geworden seien und man dabei sei, sie zu trocknen. Da sprach er:

»Darum habe ich so sehr gefroren!« und ließ ihnen seine Decken bringen. Dann legte er sich mit einer einfachen Decke zur Ruhe und spürte keine Kälte mehr.

Eines Abends, als ihm sein Essen gebracht wurde, verspürte er keinen Appetit.

»Sicher liegt es daran, daß jemand von euch noch nicht gegessen hat,« sprach er zu seinen Hausgenossen, »deswegen habe ich keinen Hunger.«

Aber alle beteuerten, daß sie gegessen hätten. Man durchsuchte das Haus und fand schließlich draußen nahe der Tür eine arme ausgehungerte Frau. Sidi belʿAbbas brachte ihr sein Essen und bereitete ihr ein Bett.

Einer seiner Grundsätze lautete:

»Die Existenz hat nur eine Grundlage: die Wohltätigkeit.« Auch die Gefährten des Propheten Mohammed erreichten ihr Ziel nur durch Mitgefühl, Friedfertigkeit, milde Gaben und Nächstenliebe. Und dazu zitierte er Vers 9 der 59. Sure des Korans:

»Diejenigen, die selbst in der Not noch den Anderen bevorzugen und ihr Herz vor Habgier bewahren, werden selig sein.«

Abu lʿAbbas hat auch einige Bücher verfaßt, von denen die *Ruhmestaten* größere Verbreitung fanden.[49] Noch heute verwendet man täglich seine Weissagetafeln, die schon Ibn Chaldun als Werk des Abu l-ʿAbbas esSabti bezeichnete.[50] Sie haben Ähnlichkeit mit den Tafeln des irakischen Sufis Abu Muḥammad Sahl ibn ʿAbdallah etTuschtari, der der erste Lehrer von Ḥusin El-Ḥalladsch in Wasiṭ am Tigris (9. Jh.) war. Die weissagenden Frauen auf der Dschama el

Fna in Marrakesch berufen sich bei ihrem Handwerk auf Sidi bel-ʿAbbas, denn seine *baraka* begünstigt das Hellsehen und die Voraussagen. Am Grabmal des Heiligen sitzen immer einige schwarze Frauen, die ihren Kunden durch Bleigießen die Zukunft weissagen.[51] Möglicherweise hat Sidi belʿAbbas diese Sitte eingeführt.

Daß sich sogar die vornehmen Leute für die *Tafeln des Universums* von Abu lʿAbbas interessierten, schreibt auch Ibn Chaldun und gibt dann eine kurze Beschreibung: es handelt sich um konzentrische Kreise, die für die verschiedenen Bereiche der Welt stehen, für die Himmelssphären, die Elemente, die Daseinsformen, die Geisteszustände usw. Jeder Kreis ist in Abschnitte eingeteilt, die den einzelnen Tierkreiszeichen entsprechen. Entlang der vom Mittelpunkt bis zum äußersten Kreis verlaufenden Linien stehen Zahlen und Buchstaben geschrieben, die Zahlenwerten entsprechen. Auf der Rückseite der Tafel ist ein Kasten mit 55 waagerechten und 131 senkrechten Abschnitten aufgezeichnet, von denen einige leer, andere mit Zahlen und Buchstaben gefüllt sind. Durch das Kombinieren dieser beiden Bilder entwickelt man ein Kennzeichen, das auf einen bestimmten Vers hinweist, welcher die Antwort auf die gestellte Frage enthält. Ibn Chaldun gibt an, daß er Tafeln sah, auf denen Verse eines der größten marokkanischen Weissager zu lesen waren: des Malik ibn Wuhaib aus Sevilla, der unter den Almoraviden hier lebte. Er zitiert als grundlegend für die Weissagetechnik den folgenden Vers:

»Wenn dir deine Frage wichtig ist, dann hüte die Zweifel, die sich erhoben haben, und nimm deinen Weg wieder auf!«

Ohne weiter auf die Technik dieser Art Bewußtseinsfindung einzugehen, die meines Erachtens der arabischen Wissenschaft des Sandes (Geomantik) und dem chinesischen Brauch des Würfelns oder Stäbchenzählens zum Auffinden eines I-Ging-Spruches verwandt ist[52], gebe ich hier nur die Meinung von Ibn Chaldun wieder, der den engen Zusammenhang zwischen Weissagung und sufischer Übung erklärte.

Es geht um Verknüpfungen, die der Geist mit seiner Umwelt herstellt, der so die in ihm verborgenen Beziehungen erspürt, denn diese sind es, die »die Seele vom Bekannten zum Unbekannten voranschreiten lassen.« Und solches, sagt Ibn Chaldun, wird von denen gesucht, die die spirituellen Übungen lieben; es stärkt ihre geistigen Fähigkeiten.

Die Schadhiliya-Bewegung

Viele Nordmarokkaner, die sich die weite Pilgerfahrt nach Mekka nicht leisten können, pilgern einmal in ihrem Leben ins Gebirge Alam zum Heiligen ʿAbd esSalam. Die Wallfahrt geht vermutlich auf ältere heidnische Bräuche zurück, denn einige Riten, die dabei ausgeführt werden, sind kennzeichnend für die frühgeschichtliche Religiosität der Berber und Iberer. In der Nähe des Grabes befindet sich eine Doppelhöhle, und in einer der beiden hängt ein Tropfstein von der Decke herab, dessen herabtropfendes Wasser die Segenskraft des Heiligen enthält, ganz ähnlich wie in der Höhle des Bu Salham.

Wenn die Frauen ein bestimmtes Lied singen, das nur ihnen bekannt ist, tropft das Wasser stärker; es ist denkbar, daß dies durch Erschütterung des Gesteins ausgelöst wird, bewirkt durch einen bestimmten Rhythmus.

In der anderen Höhle befindet sich ein Einschnitt zwischen zwei Felsen über einem Abgrund. Der Pilger muß hindurchkriechen, um sein Herz von Haß zu befreien. Man sagt, daß dies nur demjenigen gelingt, der die Pilgerfahrt mit reiner Absicht unternimmt. Ähnliche Proben des Hindurchkriechens zwischen zwei Felsen kennt man auch von anderen Orten, ein berühmtes Beispiel ist der Felsen des Santiago bei Padron im spanischen Galizien.

Die sogenannte ›kleine Pilgerfahrt‹ zum ʿAbd esSalam wird am selben Tage ausgeführt, an dem die Pilger in Mekka um die Kaaba schreiten, also während des großen Opferfestes. Es gibt jedoch noch einen zweiten Tag im islamischen Mondkalender, an dem man die kleine Pilgerfahrt vollziehen kann: Am 15. schaʿban, dem sogenannten nis-cha-Tag, an dem die Namen der Menschen, die im kommenden Jahr sterben werden, vom Todesengel Azrael vor Gottes Thron gebracht werden, finden Feiern am Grabe des Heiligen statt.

Der Heilige, ʿAbd esSalam ibn Maschisch, war ganz sicher einer der größten Lehrer des Maghreb. Er gilt als *quṭb,* ›Achse des Jahrhunderts‹, und als Schutzherr des ganzen Dschabala-Gebietes. Die Tatsache, daß sein Grab als Ersatz für die Kaaba angesehen wird und daß ihm zwei Jahresfeste zugeordnet sind, hebt ihn aus der großen Zahl der anderen Sufis heraus.

Im Gegensatz dazu steht der Umstand, daß wir über sein Leben fast nichts wissen und trotz einer bis heute erhaltenen Kette direkter Nachfolger kaum Schriften oder Lieder von ihm besitzen.

Das wenige, was sich mit Klarheit von den Legenden trennen läßt, ist der Name seines sonst nicht weiter bekannten Lehrers, ʿAbd erRaḥman elMadani[53], sowie sein eigenes Todesdatum: 1228.

Das einzige Lied, das als authentisch anzusehen ist, ist die *Taṣliya,* ein Loblied auf den Propheten, das als *Gebet des Maschisch* noch heute in vielen Versammlungshäusern nächtelang rezitiert wird. Ich bringe eine leicht verkürzte Übersetzung nach den Drucken, die in den Städten erhältlich sind:

Das Maschischiya-Gebet

Gott segne den, durch den die Geheimnisse aufgedeckt werden
und durch den das Licht anbricht,
durch den die Wahrheit zusammengefügt
und das Wissen den Menschen herabgebracht wird;

denn die Menschheit war wie gelähmt
und das Verständnis gering geworden,

weil die Vorhergehenden es nicht erhalten hatten,
ebensowenig wie die Späteren.

Wie die Gärten des Himmelreichs,
so rein ist er in der Blüte seiner Schönheit;
das Gefäß der Allmacht strömt über
im Überfluß seines Lichtes.

Alles ist ihm in Auftrag gegeben,
und ganz besonders die Vermittlung des Glaubens,
wie verkündet: »Die Vermittlung des Gebetes ist dir übergeben worden«,
ihm und auch seiner Familie von Dir.

O Gott, wahrlich er ist Dein Geheimnis
und versammelt alle, die Dir zugehören;
er ist Dein Schleier, der vor Dir steht,
und die Macht Deiner beiden Hände.

O Gott, ich halte mich zurück,
daß ich (ihm nicht ungebührend viel) zuschreibe.
Lehre mich seinen Wert
und lehre mich jegliches Wissen!

Befreie mich dadurch von den Quellen der Dummheit
und tränke mich an den Quellen der Gnade,
belade mich mit dem Weg zu Deiner Gegenwart,
mach die Last leicht durch Deine Hilfe!

Reiß von mir das Nichtige, denn es entkräftet,
und stoß mich ins Meer der Einzigkeit,
nimm von mir, was das reine Bekenntnis des einzigen Gottes beschmutzt,
und versenke mich im Urgrund des Meeres der Einsamkeit,

bis ich nicht mehr sehe
und nicht mehr höre
und nicht mehr fühle
außer in ihr (Gottes Gegenwart)!

Und mach, o Gott, daß ich werde
Schleier, Macht, Leben –
mein Geist zu ihrem Geist und Geheimnis,
meine Wirklichkeit zu ihrer Wirklichkeit!

Füge mein Wissen zusammen
durch Verwirklichung der ursprünglichen Wahrheit!
O Erster! O Letzter!
O Erscheinender! O Verborgener!

Höre mein Rufen, wie Du das Rufen
Deines Dieners Zacharias erhörtest,
und hilf mir in Dir für Dich
und stärke mich in Dir für Dich!

Bring zusammen, was in mir und Dir ist,
und mach süß, was in mir und Dir allein ist:

Gott, Gott, Gott!

»Wahrlich Er ist der, der dir den Koran anbefohlen hat,
damit du deiner Bestimmung übergeben wirst.«

Unser Herr, gib uns
das Schöne in dieser Welt
und das Schöne im Jenseits
und bewahre uns vor der Feuerstrafe!

Herr, gib uns von Deiner Barmherzigkeit
und laß unser Handeln rechtgeleitet sein,
bereite mir meine Angelegenheiten zur Freude
und zu (gutem) Ausgang!

Ja, Gott und seine Engel und unser Prophet: sie seien gegrüßt!
O ihr Gläubigen, segnet ihn und grüßt ihn mit dem Friedensgruß!

Der Segen Gottes und sein Frieden und seine Lebensspende
und seine Barmherzigkeit und seine Heilkraft
seien für unseren Propheten Mohammed

...

und die Menge der Worte Gottes, des Vollenders und Segenspenders.
Gepriesen sei dein Herr, der Tröster, und gegrüßt die Gesandten alle!
Und Preis sei Gott, dem Herrn der Welten!

Die Wirkung, die von der Lehre des Scheich Ibn Maschisch ausging, war sehr groß. Über seinen Schüler Abu l-Ḥasan eschSchadhili verbreitete sie sich über ganz Nordafrika und Andalusien und blieb in zahlreichen Orden bis heute erhalten. Nach dem Schüler nennt man diese Richtung des Sufismus ›Schadhiliya‹.

Dem Druck der strengen Herrschaft ausweichend floh Scheich Schadhili nach Ägypten und starb dort 1258. In seinem Gebet *Ḥizb elBarr*, ›Gebet der Erde‹, sind seine Grundgedanken enthalten. Man kann sie so zusammenfassen: Gottes Barmherzigkeit, die in den Gläubigen Hoffnung auslöst, und Gottes Gerechtigkeit, die in ihnen Furcht auslöst, kommen beide in Seiner umfassenden Liebe zum Ausdruck.

Über die Wundergaben der Heiligen hat Schadhili[54] folgendes gesagt:

Es gibt nur zwei Arten von Wundergaben, und in ihnen sind alle anderen enthalten: das Charisma des Glaubens, verstärkt durch die Gewißheit und die erleuchtende Anschauung, und das Charisma des rechten Verhaltens bezüglich der Gebote und Vorbilder, wobei Scheinheiligkeit und Täuschung vermieden werden.

Wer immer diese Gaben empfangen hat und Verlangen nach anderen Gaben empfindet, ist im Unklaren und ein Lügner, vom Wege abgekommen in Wissen und Lebensweise. Er ist wie jemand, der nach dem Erlebnis der Gemeinschaft und Gunst eines Königs lieber unter den Tieren leben wollte, statt in der königlichen Gunst.

In diesen kurzen Sätzen ist die Haltung der wahren Sufis zu den Wundergaben, die ihnen in unzähliger Menge vom Volk angedichtet worden sind, treffend ausgedrückt. Glaube und Tugend sind die größten Wunder, alles andere ist eine Folge davon, und wer sich nach Mirakeln sehnt, ist zurückgefallen auf die tiefste Stufe religiösen Verhaltens, die der Magie und Zauberei.

Ein hervorragender Schüler von Scheich Schadhili war Abu l-Ḥasan eschSchuschtari, der als Dichter überall in

Nordafrika bekannt ist. Von seinem Lebenslauf wissen wir nur einige Stichpunkte; es scheint, daß er die meiste Zeit auf Wanderung war. Er ist 1212 im Ort Sustar bei Guadix im Königreich Granada geboren und war eine Zeitlang Schüler in Meknes in Marokko, wo er vermutlich den Schadhili-Weg annahm. Als fahrender Derwisch durchstreifte er den Norden des Maghreb, wie es in einem kleinen Lied[55] heißt:

Ein kleiner Scheich aus der Gegend von Meknes
zieht singend durch die Ortschaften.
Was schulde ich noch den Menschen?
Und was schulden sie mir?

Höre dieses Gespräch, das ich auf dem Wege auflas: Versteh mich!
Mein Geliebter umfaßt mein ganzes Wesen.
Er ist bei Weißen und bei Negern erschienen,
in den Konsonanten und in den Punkten: Versteh mich!

Aus dem späteren Lebensweg des Schuschtari gibt es einen *Baghdader Brief*[56], in dem er zu der Frage, ob ein Mystiker einen Lehrer oder Orden nötig habe, folgende Antwort gibt:

Der Anfänger kann nicht darauf verzichten, seine Angelegenheiten jemandem anzuvertrauen, der ihm befiehlt, verbietet und über ihn wacht, denn der Weg ist gefährlich; es gibt da nur wenige Reisende und zahlreiche Wegelagerer. Oft glaubt der Reisende, er befinde sich mitten auf dem Wege, während er schon seinem Ziel den Rücken kehrt. Es reicht, daß er sich um Zollbreite vom Wege entfernt, und schon hat er den Weg verlassen und sich verirrt. Denn der Weg ist schmal für den, dessen Geist sich nach alter Gewohnheit seines Körpers frei bedienen will, den er doch verlassen soll! Der Dämon dieses Weges kennt die Stationen und Strekken sehr wohl.

Schuschtaris Lebensform gab Anlaß zu harter Kritik. Er liebte geistige Gespräche mit christlichen Mönchen[57] und verfaßte viele Lieder über den Weinrausch und die Versenkung. Der folgende kurze Vers ist typisch für seine Lebensphilosophie[58]:

Aus der Versenkung stieg ich herauf,
und so bin ich nun zeitlos, aber
ich bin nicht ich;
dennoch – wer bin ich, o ICH,
wenn ich nicht ICH bin?

Wegen seiner berauschend starken Gedichte wurde er von den orthodoxen Lehrern angefeindet und mußte – wie viele vor und nach ihm – in das duldsamere Ägypten ausweichen. Dort ist er 1269 im Ort Damietta gestorben.

Seine Lieder haben vor allem auf die Schadhiliya-Meister der zweiten Phase eingewirkt, auf Ibn ʿIsa und Sidi Haddi. Hier ist eins seiner typischen Rauschlieder[59]:

Mein Liebster hat mich besucht

Mein Liebster hat mich besucht, süß war jeder Augenblick,
er hörte mir zu, mein Geliebter.

Jeden Irrtum verzieh er mir,
und das in Gegenwart der Wächter.

Meine Wollust kam zu mir, aber die Gefahr entwich,
als unsre Liebe bekannt wurde.

Mein Liebster war bei mir, als der Becher herumging
und meine Hoffnungen erfüllt wurden.

Je mehr wir tranken vom erlaubten Wein,
desto süßer wurde unser Lebensatem.

Füll mir das Glas, denn darin liegt mein Glück!
Laß uns trinken, mein helles Herz!

Erfrischung meines Lebens, Du, erleuchtete Nische,
so nahe bei mir.

Der Saft meines Liebsten, sein Wein und der Weinhändler,
seine Freude und sein Gesang
in den Blumengärten
aufblühend und farbig,
wo die Vögel uns von den Kanzeln
der Bäume predigen ...

Mein Glas ist gefüllt, mein Becher,
doch nicht vom Traubensaft, nicht von Reben.

Brüder, Genossen, versteht meine Anspielung:
dieser Augenblick ist wunderbar!

Der Trank war köstlich und wie kristallklar,
in dieser glücklichen Wohnung.

Laß mich trinken und meinen Liebsten lieben
jeden Tag aufs Neue!

Der Verstockte befiehlt mir: Bereue!
während ich auf dem rechten Wege schreite.

Zum Kritiker sage ich, wenn er kommt:
Wunderbar ist jeder Augenblick.

Vergangenheit und Zukunft sind mir bewußt.
Nur Ärzte könnten mir Angst einjagen.

Lehrer meiner Zeitgenossen bin ich,
und ein verrückter Liebender.

In Liebe zu irdischer Schönheit verging mein Leben,
meine Künste verflüchtigten sich.

Mitten in dunkelster Nacht erschien mir der Vollmond,
und niemand hat es gemerkt.

Er beschien meine Wohnung und meinen Hof,
und fast verging mir der Verstand.

Welch wunderbare Ruhe in Dir, Du bist in mir,
Deine Gegenwart schwindet nie.

Als ich Jura studierte, gab ich mich hin
dem, der im Wahnsinn liebt.

In mir bist Du gegenwärtig, in mir lebst Du,
erleuchtest meine Atemzüge.

Ich sage zu ihr: Mein Vollmond, meine Sonne!
wenn ich mit ihr zusammenkomme.

Mein Liebster hat mich besucht, süß war jeder Augenblick,
freigiebig war er jeden Augenblick.

Verzieh mir alle Irrtümer
in Gegenwart der Wächter.

Ibn elʿArabi, der ›Größte Meister‹

Einer der tiefsinnigsten und wirkungsvollsten Sufis aller Zeiten war der Andalusier Ibn elʿArabi, der den ehrenvollen Titel *Muḥiy udDin*, ›Lebensspender der Religion‹, und *eschschaich el akbar*, ›der Größte Meister‹, trägt. Im christlichen Europa ist er als Aben Arabi bekannt und wurde von Scholastikern wie Mystikern zitiert. Groß war sein Einfluß auf die Moslems im Orient, wo der ›Größte Meister‹ noch heute grenzenlose Verehrung genießt und wo seine Schriften immer wieder gedruckt werden.

Tatsächlich war er ungemein sprachgewandt und hat ein enormes Werk hinterlassen, das seinen eigenen Aussagen nach mehr als 400 Titel umfaßte. Viel davon ging verloren, doch Brockelmann gibt in seiner Geschichte der arabischen Literatur noch 150 Titel an. Nur die wichtigsten davon wurden in europäische Sprachen übersetzt.[60]

Abu Bakr Muḥammad ibn ʿAli, genannt Ibn elʿArabi[61], ist im Jahre 1165 in Murcia in Ostandalusien geboren und im Alter von acht Jahren mit seiner Familie nach Sevilla übergesiedelt, wo er eine hervorragende Ausbildung erhielt, da seine Eltern von vornehmer und begüterter Abstammung waren. Schon als Knabe zeigte er visionäre Fähigkeiten, die sich während einer schweren Krankheit, der er beinahe erlag, zu einem Höhepunkt steigerten, der sein ganzes Leben prägte.

Aufgrund seiner adligen Herkunft und guten Ausbildung wurde er schon bald Sekretär in der Verwaltung von Sevilla. Er erhielt eine Tochter aus angesehener Familie zur Gattin, eine fromme Frau, die im Traum göttliche Eingebungen hatte, wie er schreibt[62]:

»Ich sah im Traum«, erzählt sie ihrem Mann, »jemanden, der mich in meinen ekstatischen Visionen zu besuchen pflegte, den ich aber in der Welt der Sinneswahrnehmungen nie gesehen hatte, und dieser fragte mich: ›Willst du den Weg der Vervollkommnung fortsetzen?‹ Ich antwortete: ›Wirklich, das will ich, aber ich weiß nicht wie!‹ Da sprach er zu mir: ›Tu dies mit Hilfe der folgenden fünf Tugenden: völliges Vertrauen in den Willen Gottes, lebendigen Glauben, Geduld, festen Vorsatz und Treue.‹« – Als meine Frau mir diese Vision erzählte, sagte ich zu ihr: »Das ist der Weg der Sufis!«

Um den Lebensweg des jungen Ibn elʿArabi besser zu verstehen, müssen wir uns vor Augen halten, daß jenes Jahrhundert in einem ganz besonders starken mystischen Gefühl lebte und daß in jeder Gemeinde Sufis lebten und lehrten. Selbst die Familie Ibn elʿArabis war durchdrungen davon. Ein Onkel mütterlicherseits war König von Tlemcen gewesen und hatte auf den Thron verzichtet, um sich ganz dem sufischen Wege zu widmen. Ibn elʿArabi erzählt das Bekehrungserlebnis des Königs so[63]:

Als Yaḥya ibn Tughan, König von Tlemcen, eines Tages in der Stadt den heiligen ʿAbdallah aus Tunesien, der im nahen El-ʿUbbad lebte, traf, grüßte er ihn und fragte ihn: »O Meister, ist es rechtens, daß ich dieses Gewand trage, wenn ich das Pflichtgebet spreche?« Der Scheich brach in Lachen aus, ohne zu antworten. »Worüber lachst du?« fragte der König. »Über die Kürze deines Verstandes«, gab jener zurück, »und daß du nicht weißt, in welchem Zustand sich deine Seele befindet. Meines Erachtens gleichst du einem Hunde; er wälzt sich im Blute verwesender Körper und frißt sie ungeachtet ihrer Unreinheit, aber wenn er dann pissen muß, hebt er das Bein, um sich nicht mit Urin zu beflecken. Du bist ein mit Schmutz gefülltes Gefäß und dennoch kümmerst du dich um deinen Mantel, wo du doch verantwortlich bist für alle Ungerechtigkeiten deiner Untertanen.«

Da begann der König zu weinen, stieg vom Pferd und verzichtete sogleich auf sein Reich; fortan widmete er sein Leben der Frömmigkeit im Dienste des Scheichs. Dieser hielt ihn drei Tage bei sich, dann nahm er einen Strick und sprach zu ihm: »O König!

Die drei Tage der Gastfreundschaft sind beendet. Erhebe dich und geh Holz holen!« Und der König schlug Holz und trug es auf seinem Kopf nach Tlemcen, um es auf dem Markt zu verkaufen. Die Leute wunderten sich und weinten. Er verkaufte das Holz, behielt vom Erlös nur das Notwendige für seinen Unterhalt und gab den Rest als Almosen. So lebte er sein ganzes weiteres Leben. Nach seinem Tode wurde er neben dem Grab seines geistigen Meisters bestattet.

Sein Grab wird heute sehr besucht. Wenn die Leute zum Scheich kamen und ihn baten, er möge für sie dies oder das von Gott erbitten, sprach er zu ihnen:

»Erbittet es im Namen des Yaḥya ibn Tughan, denn er war König und hat verzichtet. Wenn Gott mich auf eine solche Probe gestellt hätte wie ihn, hätte ich vielleicht nicht der Welt entsagt.«

Ein anderer Onkel war ein großer Asket, der die Nächte durchwachte, und wenn ihn seine Beine nicht mehr aufrecht halten wollten, schlug er sie mit einem Stock, wobei er sagte: »Ihr verdient mehr Schläge als mein Esel!«

In diesem geistigen Klima wuchs Ibn el-ʿArabi auf und betrat mit kaum zwanzig Jahren den Pfad der Derwische. Als entscheidendes Erlebnis erzählt er[64]:

»Ich war krank und zwar so sehr, daß ich das Bewußtsein verlor und man mich für tot hielt. Dabei sah ich eine Gruppe von Menschen von schrecklichem Aussehen, die mir schaden wollten. Aber ich sah auch eine schöne Gestalt, die einen sehr angenehmen Duft ausströmte und mit Macht den Angriff der anderen zurückwies, bis sie sie besiegte. Da fragte ich sie: »Wer bist du?« Sie antwortete mir: »Ich bin die Sure *Yasin,* die dich verteidigt.« Da erwachte ich aus der Lethargie und bemerkte meinen Vater neben mir, der weinte und gerade die Sure *Yasin* zu Ende betete.«

In jener Zeit wurde in Andalusien gepredigt, die Sure *Yasin*[65] sei das Herz des Koran, und das wurde auf einen Ausspruch des Propheten Mohammed gegründet.[66]

Bezeichnend ist auch die Auffassung von der Körperlichkeit der Suren, die uns bei Ibn el-ʿArabi später noch einmal begegnet.

Auch der Vater, der durch das Beten der Sure *Yasin* die Heilung seines Sohnes erlangte, wird von Ibn el-ʿArabi mit den Kennzeichen der Heiligkeit beschrieben[67]:

Fünfzehn Tage vor seinem Tode kündet er seinem Sohn an, daß er an einem Mittwoch sterben werde, und so geschah es. An seinem Todestage ruft er seinen Sohn ans Krankenbett und sagt zu ihm:

»Mein Sohn, heute ist der Weggang! Heute ist das Treffen mit Gott!«

... »Und plötzlich,« erzählt Ibn el-ʿArabi weiter, »erschien über seinem Haupt ein weißer Glanz, der von der Körperfarbe abstach, ohne ihn zu verunstalten, und dieser Glanz war wie ein flimmerndes Licht. Mein Vater bemerkte es. Allmählich breitete sich das Glänzen über sein Gesicht aus und nach und nach über den ganzen Körper.« ... »Das habe ich wirklich an meinem Vater gesehen, und wir begruben ihn im Zweifel, denn sein Antlitz war wie das eines Lebenden, während andererseits sicher war, daß seine Adern nicht mehr pulsierten und seine Atmung aufgehört hatte, was sichere Kennzeichen des Todes sind.«

Köstlich frisch und lebendig muten jene Erinnerungen an, in denen er seine ersten Lehrjahre bei andalusischen Sufis erzählt, die er später, etwa 1203, in Mekka zusammenfaßt in einem Brief an einen Freund in Tunis. In diesem *Brief aus der heiligen Stadt*[68] beschreibt er in 54 Abschnitten die wichtigsten Persönlichkeiten, die sein Leben damals bestimmt haben. Zusammen mit den Angaben in seinen anderen Werken läßt sich daraus ein genaues Bild von der geistigen Entwicklung dieses Mystikers und seiner Zeit entwerfen. Asketen, Seher, Mystiker und Heiler jeglichen Alters und beiderlei Geschlechts, aus allen Volksklassen und Stämmen Andalusiens, Einsiedler, Mönche, Pilger und Prediger, Glaubenskämpfer und Begnadete mit ihren Übungen des Schweigens und der Nachtwachen, des Fastens und Duldens, und ihren Erfolgen der Gebetserhörung, Erleuchtung und Ekstase, sie alle treten vor unseren Blick, als wäre keine Zeit vergangen.

Nur die wichtigsten Lehrer und Weggenossen können hier Erwähnung finden, und unter diesen muß der Chaḍir oder Chiḍr als erster genannt werden.[69] Traditionellerweise wird die Bezeichnung Chaḍir auf jenen seltsamen Weggefährten des Moses bezogen, der aufgrund seines Wissens, das Gott ihm gab, drei rätselhafte Taten vollbrachte und dann wieder verschwand.[70] Er wurde zum geistigen Führer der Gläubigen, stets anwesend und doch unsichtbar. Ibn elʿArabi hat eine tiefsinnige Deutung der koranischen Episode in seinen *Ringsteinen der Weisheit* gegeben. Die Begegnungen mit dem unsterblichen Chaḍir wurden zu Marksteinen auf dem Lebensweg des großen Meisters. Sein erstes Zusammentreffen mit dem mythischen Lehrer erzählt er so[71]:

Chaḍir war der Begleiter Moses, und Gott hat sein Leben bis heute verlängert – entgegen dem, was gewisse Theologen sagen, die die Aussprüche des Propheten Mohammed nur allegorisch deuten – und ich habe ihn mehrere Male gesehen. Mit ihm hatte ich ein seltsames Erlebnis, als unser Meister Abu lʿAbbas elʿUryani[72] mit mir darüber diskutierte, wen der Prophet Mohammed mit seinem Erscheinen begnadet habe. (Der Lehrer) sprach zu mir: »Es war der und der,« und nannte mir jemanden, den ich nur mit Namen kannte, ohne ihn je gesehen zu haben, obgleich ich seinen Vetter persönlich kannte. Ich zweifelte jedoch und wollte nicht zustimmen, denn ich glaubte, genug Grund dafür zu haben. Zweifellos fühlte sich mein Lehrer dadurch irritiert und beleidigt, jedoch nur in seinem Inneren, denn ich spürte nichts davon, weil es am Anfang meines religiösen Weges war.

Als ich dann nach Hause ging, stieß ich auf der Straße mit jemandem zusammen, den ich nicht kannte, und der mich dennoch sehr freundlich grüßte und zu mir sagte: »O Mohammed! Glaube nur, was dein Lehrer Abu l-ʿAbbās elʿUryani über den und den gesagt hat!« und nannte mir jene Person, von der mein Lehrer gesprochen hatte. Ich antwortete ihm: »Ich werde es tun!« Nachdem er hörte, was er von mir hatte hören wollen, kehrte ich sofort zum Hause meines Lehrers zurück, um ihm zu erzählen, was mir zugestoßen war. Doch schon bei meinem Eintreten rief er mir zu:

»O Abu ʿAbdullah, wird denn jedesmal, wenn du zögerst, eine von mir auf eine Frage gegebene Antwort anzunehmen, der Chaḍir kommen müssen, um dir zu sagen: ›Glaube dem Soundso, der dir das gesagt hat!‹?« Worauf ich antwortete: »Wahrlich, das Tor der Verzeihung steht noch offen!« Und er erwiderte: »Hoffen wir, daß Gott dich annimmt!« Da verstand ich, daß jener Mann der Chaḍir war, und das ohne Zweifel, denn ich fragte meinen Lehrer: »War er es wirklich?« Und er antwortete mir: »Tatsächlich, es war der Chaḍir!«

Ein andermal erschien er mir, als ich auf einem Boot in der Kajüte war, im Hafen von Tunis, und plötzlich Bauchschmerzen spürte. Die Mannschaft schlief. Ich erhob mich und ging zum Bord des Bootes. Als ich aufs Meer hinausschaute, erkannte ich in der Ferne im Mondschein – denn es war die Vollmondnacht – einen Menschen, der auf dem Wasser dahergegangen kam, bis er mich erreichte, und als er vor mir anhielt, hob er einen Fuß hoch, während er auf dem anderen stand. Ich sah ganz deutlich seine Fußsohle, auf ihr war nicht das geringste Anzeichen von Feuchtigkeit. Dann stellte er sich auf diesen Fuß und hob den anderen Fuß hoch, der ebenso trocken war. Dann sprach er mit mir in seiner eigenen Sprache, grüßte mich und ging zu seiner Höhle zurück, die sich in einem Berg am Ufer des Meeres befand, etwa zwei Meilen vom Boot entfernt. Diese Entfernung durchquerte er mit zwei oder drei Schritten. Ich hörte seine Stimme, mit der er vom Inneren der Höhle her das Lob Gottes sang. ... Als ich am nächsten Tag in die Stadt Tunis ging, traf ich einen heiligen Mann, der mich fragte: »Wie erging es dir vergangene Nacht im Boot mit dem Chaḍir? Was hat er dir gesagt und was sagtest du ihm?«[73]

Etwas später, im Jahre 1193, hatte er sein drittes Erlebnis mit dem Chaḍir und knüpft es auch an die vorige Begegnung an[74]:

Ich kam von der Pilgerfahrt an der atlantischen Küste entlang in Gesellschaft eines Mannes, der die Wundertaten der Heiligen leugnete. Mit diesem Reisegenossen trat ich in eine verfallene Moschee ein, um das Mittagsgebet zu sprechen, als plötzlich mit uns zugleich eine Menge Pilger und Einsiedler eintraten, um ebenfalls darin das Mittagsgebet zu verrichten. Unter ihnen befand sich jener Mann, der mir damals auf dem Meer erschienen war und mir gesagt hatte, daß er der Chaḍir sei. Außerdem war unter ihnen ein Mann, der größere Würde als die anderen hatte und mit dem ich von früher her verbunden war. Ich erhob mich, um ihn zu begrüßen, worüber er sich sehr freute. Dann erhob er sich, um als Imām das Gebet für uns zu sprechen. Nach dem Gebet verließ der Imām die Moschee, und gleich nach ihm verließ ich den Gebetsplatz und ging zur Tür, die nach Westen mit Blick auf den Atlantik lag, an jenem Ort, der Beca heißt.[75] Ich begann, mit dem Imām an der Moscheetür zu sprechen, als jener Mann, der mir gesagt hatte, er sei der Chaḍir, eine kleine Gebetsmatte nahm, die in der Nische der Moschee gelegen hatte, sie in der Luft etwa sieben Fuß hoch über dem Boden ausbreitete und darauf in der Luft auf der Matte die beiden Gebete sprach, die man gewöhnlich nach dem Mittagsgebete verrichtet. Da sprach ich zu meinem Reisegenossen: »Siehst du vielleicht, was dieser dort tut?« und er antwortete: »Geh und frag ihn!« Da ließ ich meinen Begleiter stehen und ging hin zu ihm, und da er die beiden Gebete beendet hatte, grüßte ich ihn und rezitierte einige meiner Verse, die sich auf ein solches Wunder beziehen. Er sprach zu mir: »O du, dies habe ich nur getan, um es diesem Zweifler zu zeigen«, wobei er mit dem Finger auf meinen Reisegenossen wies, der die Wunder der Heiligen leugnete, und der nun im Hof der Moschee saß und ihn anschaute. Und er fügte hinzu: »Damit er weiß, daß Gott tut, was er will und mit wem er will!«

Ich kehrte mein Gesicht zu dem Zweifler und sprach zu ihm: »Was sagst du nun?« Er antwortete: »Nachdem ich das gesehen habe, gibt es nichts mehr hinzuzufügen.« Daraufhin kehrte ich zu meinem Freund zurück, der mich von der Tür der Moschee aus beobachtet hatte, und sprach mit ihm eine Weile. Ich fragte ihn: »Wer ist dieser Mann, der die Gebete in der Luft gesprochen hat?« (Ich erzählte ihm nicht, daß ich ihn schon früher getroffen hatte). Er antwortete mir: »Das ist der Chaḍir«. Dann schwieg er, und die Menge der Leute ging hinaus. Auch wir gingen in Richtung Rota, jenem Ort, zu dem die Einsiedler zu pilgern pflegen ...[76]

Einer meiner Lehrer, Scheich Ibn Dschami', erlebte die Vereinigung mit dem Chaḍir. Er wohnte in einem Garten, den er in der Nähe von Mosul besaß. In Gegenwart seines Lehrers hatte ihm der Chaḍir einst den Mantel umgehängt. Und an derselben Stelle im Garten, wo der Chaḍir ihn bekleidet hatte, gab der Scheich ihn später mir, wobei der dieselben Gesten ausführte, die der Chaḍir seinerseits ausgeführt hatte, als er ihn bekleidete.

Die Belehnung mit dem Mantel hatte ich schon früher empfangen, wenn auch weniger direkt, aus den Händen eines Freundes, der ihn selbst von Sadr udDin, dem »höchsten Meister«, in Ägypten empfangen und dessen Großvater ihn einst vom Chaḍir persönlich erhalten hatte.

Von dieser Zeit an begann ich über den Ritus der Belehnung mit dem Mantel zu sprechen und übertrug ihn auch auf mehrere Leute, da ich sah, welchen Wert der Chaḍir dieser Geste beimißt. Vorher hatte ich nicht über diesen Mantel, der heute so bekannt ist, gesprochen. Tatsächlich ist der Mantel für uns ein Sinnbild der Gemeinsamkeit und Bruderschaft, ein Zeichen geistiger Erziehung und des Erwerbens gemeinsamer Eigenschaften und Aneignung desselben Ethos. ...

Wenn ein Meister der Mystik bei einem seiner Schüler eine Schwäche entdeckt und ihn bessern will, indem er ihn auf die eigene Stufe der Vollkommenheit erhebt, nimmt er seinen Mantel, d. h. den Mantel, den er in dem Augenblick am Leibe trägt und in dem er diesen geistigen Zustand verwirklicht, zieht ihn aus und hängt ihn dem Schüler über, wobei er ihn umarmt; dadurch überträgt er ihm jene geistige Vervollkommnung, die ihm noch fehlte. Dies ist die Geste der Belehnung durch den Mantel, wie sie bei uns üblich ist durch die Überlieferung unserer ehrwürdigsten geistigen Lehrer.[77]

Neben der überragenden Bedeutung, die der unsichtbare Lehrer, der ewiglebende Chaḍir, mit seinen unerklärlichen Formen des Auftretens und Eingreifens in die Entwicklung Ibn elʿArabis hatte, sollen die vielen Menschen nicht vergessen werden, die in ihrer Weise den jungen Ibn elʿArabi auf den Weg der Mystik führten. Er hat ja selbst in begeisterten Worten für seine Lehrer und Lehrerinnen Zeugnis abgelegt.

Der Meister, dem Ibn elʿArabi in seinem *Brief aus der heiligen Stadt* die längste Biographie widmet und den er an den ›schönsten‹ Platz, den 14., stellt, heißt ʿAbdullah ibn elUstadh elMaururi. Er stammte aus Morón de la Frontera, nicht weit von Sevilla, und war Lieblingsschüler von Abu

Madyan gewesen. Durch ihn scheint Ibn elʿArabi die meisten Anstöße von Abu Madyan, den er mehr als alle anderen Mystiker schätzte, erhalten zu haben. Nie geklärt wurde die Frage, ob Ibn elʿArabi den verehrten Meister Abu Madyan persönlich getroffen hat – im Geiste hat er wohl mehrmals mit ihm Umgang gepflegt –, doch die Kette der Weitergabe seiner Lehre läuft durch mehrere Schüler zu Ibn elʿArabi, und Abu Madyans Einflüsse im Werk des ›größten Meisters‹ sind klar erkennbar.

Im Auftrag von Abu Madyan reiste Ibn elUstadh von Bugi aus nach Almeria, um dort einen wichtigen Schüler von Ibn elʿArif, den ʿAbdallah elGhazzal, zu treffen; so erhielt auch Ibn elʿArabi später in Morón von seinem Lehrer die wichtigsten Aussagen des Ibn Masarra, die für seine Entwicklung ebenfalls von großer Bedeutung waren.

»Einer der größten Mystiker, die ich traf,« schreibt Ibn elʿArabi[78], »und einer der ersten seines Jahrhunderts, war Musa ibn Imram aus Mértola am Guadiana.... Er folgte der geistigen Regel von elḤarit ibn Asad elMuḥasibi.« Die Regel dieses berühmten Sufis aus Basra (9. Jh.) bestand in der ständigen Gewissensprüfung, und über den Mertolani erhielt auch Ibn elʿArabi jene bis ins winzigste Detail gehende Prüfung der eigenen Taten, Gedanken und Wünsche und hat sie sein ganzes Leben lang geübt.

Andere Scheichs lehrten ihn den Umgang mit den Geistern, so vor allem Abu lḤadschadsch Yusuf aus Schubarbol bei Sevilla, den Ibn elʿArabi mit dem höchsten Ehrentitel *quṭb* belegt: Er war ein bekannter Heiler, konnte auf dem Wasser gehen und hatte familiären Umgang mit den Geistern Verstorbener. Längere Zeit lebte auch der junge Ibn elʿArabi auf einem Friedhof am Stadtrand von Sevilla und sprach mit den Geistern. Als einer seiner Lehrer[79] ihn dort aufsuchte, um ihn wegen seines weltabgewandten Lebenswandels zu kritisieren, konnte er diesem die Reinheit seiner Absicht beweisen, und als er ihm schließlich die entscheidende Frage stellte: »Wer spricht mit den Toten, ich oder du?« mußte der Lehrer zugeben: »Nein, bei Gott, nicht du! Eher noch bin ich es, der mit Toten spricht.«

Auch dieser Lehrer war ein persönlicher Schüler des Abu Madyan gewesen; er folgte der Regel der Malamat, die ein Zurschaustellen der eigenen Heiligkeit verbietet und ganz im Gegenteil vom Sufi verlangt, daß er den Anschein eines Sünders erweckt. In jener Zeit schon gewann Ibn elʿArabi den Ruf eines großen Mystikers, so daß Schüler und sogar angesehene Scheichs zu ihm kamen, wie z. B. Musa elBaidarani, der die Gabe der Geistreise besaß. Ibn elʿArabi erzählt von einem solchen Treffen[80]:

Die Gelegenheit, bei der ich Scheich Musa elBaidarani aus Tlemcen kennenlernte, war folgende: Ich saß in meinem Hause in Sevilla nach dem Abendgebet; das war zu Lebzeiten des Meisters Abu Madyan, und ich hatte plötzlich das Verlangen, ihn zu treffen. Damals wohnte Abu Madyan in Bugi, etwa 45 Tagereisen von Sevilla entfernt. Ich hatte gerade das abendliche Pflichtgebet beendet sowie die zwei kurzen Gebete danach und sprach gerade die Grußformeln am Schluß, als plötzlich Abu ʿImran elBaidarani in mein Zimmer eintrat. Er grüßte mich. Ich bat ihn, Platz zu nehmen und fragte ihn:

»Woher kommst du?«

»Aus dem Hause des Meisters Abu Madyan in Bugi«, antwortete er.

»Wann hast du ihn besucht?« fragte ich weiter.

»Gerade eben, bei Sonnenuntergang, ich habe mit ihm das Abendgebet gesprochen. Und,« fuhr er fort, »nach dem Gebet wandte er mir sein Gesicht zu und sprach: Was denkt Muḥammad ibn elʿArabi in Sevilla jetzt gerade von mir? Dies und das ist ihm in den Sinn gekommen. Geh sogleich zu ihm und sag ihm von mir das und das!«

Und nachdem ich ihm mitgeteilt hatte, wie sehr ich gewünscht hatte, den Meister Abu Madyan zu treffen, fuhr ElBaidarani fort: »Der Scheich Abu Madyan hat mir aufgetragen, dir zu sagen: Die geistige Vereinigung zwischen uns beiden ist schon vollzogen. Das körperliche Treffen hat uns Gott jedoch in dieser Welt verwehrt. Darum beruhige dich: Wir werden zum Treffen gebeten in der Gegenwart Gottes, in der sicheren Wohnung Seiner Barmherzigkeit.« ElBaidarani fügte noch einige weitere Mitteilungen hinzu und kehrte dann zurück zu Abu Madyan.

Die wunderbaren Reisen des Baidarani könnten Bücher füllen, wie Ibn elʿArabi auch selbst sagt, und dieses Beispiel soll hier für viele stehen. Weiterhin ist es ein Ausdruck der Liebe des jungen Ibn elʿArabi zu seinem unbekannten Meister Abu Madyan, denn wenn wir die Aussage selbst ernstnehmen, dann wird er ihn zu Lebzeiten nie getroffen haben. Das Abfassungsdatum des Briefes wie auch der Text bezeugen deutlich, daß dies nach dem Tode von Abu Madyan geschrieben wurde.

Der erste und tiefgreifendste Lehrer von Ibn elʿArabi war Abu Dschaʿfar elʿUryani.[81] Er kam in Sevilla an, als der etwa zwanzigjährige Ibn elʿArabi sich gerade auf den Weg der Derwische begab. Dieses erste Zusammentreffen ist kennzeichnend für die Art, in der ein Scheich seine Schüler ruft. Ibn elʿArabi erzählt es selbst:

Ich trat zum Besuch bei ihm ein und traf einen Menschen, der dem ständigen geistigen Gebet ganz hingegeben war. Ich sagte ihm meinen Namen, und nachdem er erfahren hatte, was ich wünschte, sprach er zu mir:

»Bist du fest entschlossen, den Weg Gottes zu beschreiten?«

Ich antwortete ihm:

»Der Diener hat sich entschieden, aber Gott erteilt die Kraft dazu.«

Daraufhin sagte er zu mir:

»Schließ die Tür, schneide die Bindungen an das Irdische ab und setze dich, um darauf zu warten, daß der großmütige Geber aller Gaben mit dir durch den Vorhang, der alles verhüllt, spricht.«

Ich tat, was er mir geheißen, bis Gott sich mir offenbarte.

Und was uns vielleicht am meisten erstaunen mag in jener Zeit höchster Gelehrsamkeit: dieser Meister war Analphabet, er konnte weder schreiben noch rechnen. Die meiste Zeit verbrachte er mit Fasten. »Stets sah man ihn im geistigen Gebet, gereinigt und in Richtung Mekka sitzend. Allein schon mit seinem Willen legte er die Gedanken fest, als wären sie aufgeschrieben, und mit seinem Wort legte er die Wirklichkeit aller Wesen bloß.«

Weiterhin erzählt Ibn elʿArabi, wie er mit seinem Meister eine Reise nach Nord-Marokko unternahm, um den dortigen Leuten, die dringend um Regen baten, im Auftrage Gottes Regen zu bringen. Durch ihre Ankunft, verborgen, wie es sich ziemt, fiel reichlich Regen auf das Land, ohne daß ein Tropfen auf die beiden Derwische fiel.

Von den zahlreichen Lehrern seiner ersten Jahre will ich nur noch einige ganz besondere erwähnen:

Abu ʿAbdallah aus Elcharafe, der fünfzig Jahre in einer lichtlosen Zelle lebte, lehrte ihn den Sinn des Rückzugs in die Dunkelheit zum Vermeiden jeder Ablenkung.

Und jenen Meister, der ihn zum Wanderderwisch weihte: Ṣaliḥ, der Berber, aus dem Geschlecht der ʿAdawi.[82]

Er war ein meditierender Sufi, der immerzu in Gott und mit Gott lebte. Zu jeder Tages- oder Nachtzeit sah man ihn aufrecht, den Koran rezitierend. Nie besaß er ein eigenes Heim als Wohnung, und nie nahm er irgendein Heilmittel ein. Seine Glaubensregel war jene, die die siebzig Tausend befolgen, die ohne vorherige Prüfung ins Paradies eingehen.[83] Er sprach mit niemandem und nahm an keiner Versammlung teil. ...

... Wenn er an kalten Tagen das Pflichtgebet sprach, zog er sich aus bis auf Hemd und Hose, und schwitzte dennoch wie einer, der ins Dampfbad steigt. ...

... Mehrere Jahre hindurch war ich sein Schüler, und doch kann ich die paar Worte, die er an mich richtete, zählen. Während einiger Jahre verschwand er aus Sevilla immer dann, wenn das Opferfest nahekam.[84] Ein glaubwürdiger Gelehrter dieser Stadt erzählte mir, daß Ṣaliḥ in diesen Jahren an der Pilgerfahrt in Mekka teilnahm, und daß man ihn dort gesehen habe auf dem Berge ʿArafat.

Derartige Teilnahme an der Pilgerfahrt im Geiste wird von mehreren Berbern berichtet.

Von besonderem Interesse sind schließlich auch die beiden geistigen Wegweiserinnen, die Ibn elʿArabi geführt haben: Yasmina aus Marchena de los Olivos, die er viele Male besuchte, eine Asketin von außerordentlicher Hingabe und bemerkenswerten Offenbarungen. In seinem *Brief aus der heiligen Stadt* nennt er sie ›Sonne, Mutter der Derwische‹ und schreibt, daß sie die ›unwandelbare Anwesenheit in der Vollkommenheit‹ erreicht hatte.

Und schließlich als letzte in seinem *Brief* nennt er Faṭima bint Ibn elMuṭṭanna, eine mehr als neunzigjährige Frau aus Sevilla, der er mehrere Jahre als Schüler diente.

Sie aß nur, was die Leute weggeworfen hatten, und selbst davon nur wenig. Ich schämte mich, ihr ins Gesicht zu schauen, so schön waren ihre Züge und so rosig ihre Wangen. Die *Fatiḥa,* die erste Sure des Koran, war ihre bevorzugte, und sie sagte mir einmal: »Gott hat mir die *Fatiḥa* zu eigen gegeben, so daß ich mit ihr tun kann, was mir vorschwebt nach freiem Willen.«

An anderer Stelle erzählt er[85], wie die Sure *Fatiḥa* Gestalt annimmt und mit einem Menschen spricht, ganz ähnlich, wie es Ibn elʿArabi mit der Sure *Yasin* in seiner Kindheit erlebt hatte.

Mit eigenen Händen erbaute er eine Schilfhütte für die Lehrerin und lebte dort mit ihr und zwei weiteren Schülern, um sich ganz von ihrem Geist und ihren Gottesgaben durchdringen zu lassen. Er wurde zu ihrem Lieblingsschüler, wie er stolz berichtet:

»Niemand von denen, die eintreten, um mit mir zu sprechen, gefällt mir besser als dieser«, womit sie auf mich wies. »Und warum das?« fragte man sie. Ihre Antwort war: »Weil jeder von denen, die hereinkommen, um mit mir zu sprechen, nur mit einem Teil seines Wesens eintritt, während er die übrigen Teile seines Wesens draußen läßt, nämlich seine Sorgen um Haus und Familie. Nur Muḥammad ibn elʿArabi, mein geistiger Sohn und Trost meiner Augen, tritt mit seinem ganzen Wesen ein, und das immer, wenn er sich erhebt oder wenn er sich setzt, ohne den geringsten Teil seiner Seele zurückzubehalten. So nur kann der Weg geistigen Lebens sein.«

Von den zahlreichen Anekdoten und Episoden, die aus der Jugend Ibn elʿArabis bekannt sind, will ich noch die eine wiedergeben, die wegen ihrer starken Bildlichkeit von allen Biographen gerne erzählt wird:

Schon als Knabe hatte Ibn elʿArabi den berühmten Arzt und Philosophen Ibn Ruschd (Averroes) kennengelernt, da dieser mit seinem Vater befreundet war. Ibn Ruschd begriff damals, daß er einen Menschen vor sich hatte, dem das Verständnis der Geheimnisse geöffnet ist. Das zweite ›Wiedersehen‹ mit dem großen Denker ereignete sich erst nach dem Tode des Ibn Ruschd, im Jahre 1198: Die Leiche des in Marrakesch gestorbenen Philosophen wurde nach Cordoba überführt, und zwar in einer bemerkenswerten Art: Man hatte ein Tragtier auf der einen Seite mit den sterblichen Resten des Mannes beladen und auf der anderen Seite – sozusagen als Gegengewicht – die von ihm geschriebenen Bücher in die Tragtasche gesteckt. »Wie gerne wüßte ich«, sagte Ibn elʿArabi zu seinem Freund, der mit ihm diesen seltsamen Aufzug sah, »ob er sein Leben als erfüllt ansehen würde!«

In diesem Jahr etwa, besonders anläßlich einer Reise nach Almeria, wo er durch den Schüler des Ibn elʿArif, Abu ʿAbdallah el Ghazzal, die mystische Lehre des Ibn Masarra kennenlernte, wurde Ibn elʿArabi sich der Gefahr bewußt, in der die Sufis Andalusiens schwebten. Die Verfolgung hatte mit Kraft eingesetzt. Darum begab er sich nach Nordafrika. Von seiner zweiten Reise nach Fes berichtet er[86] zwei Erlebnisse, die viel über den jungen Sufi aussagen:

Den mystischen Grad (der Lichtfülle) erlangte ich im Jahre 1197 in der Stadt Fes, als ich das Pflichtgebet des Nachmittags verrichtete; mit einer Gruppe von Leuten befand ich mich in der elAzhar – ›Lichtglanz‹, Moschee, als ich ein Licht sah, das mich dermaßen blendete, daß ich nicht mehr sah, was vor mir war; ich verlor das Bewußtsein räumlicher Zusammenhänge und es war mir, als hätte mein Körper keinen Rücken und keine Vorderseite, denn ich konnte in dieser Vision die beiden Seiten meines Körpers nicht unterscheiden, so daß er mir wie eine durchsichtige Kugel vorkam und ich die Verhältnisse von Vorne und Hinten nur noch als Annahme, nicht mehr als etwas Wirkliches, empfand. Und so, wie ich es sah, so waren die Dinge.

Das andere Erlebnis hatte er im Garten des Ibn Ḥaiyun, wo er sich mit Gleichgesinnten traf, die ihn als Lehrer verehrten und unter seiner Führung den sufischen Weg beschritten. In einer plötzlichen Eingebung zeigte ihm Gott, wer der *quṭb*, die ›Achse‹ des Jahrhunderts, war, doch über dessen Person durfte er keine Aussage machen:

Wir waren zusammen im Garten des Ibn Ḥaiyun in der Stadt Fes. Er befand sich inmitten einer Gruppe von Leuten, die ihn nicht weiter beachteten, denn er war ein Fremder aus der Stadt Bugi. Eine seiner Hände war verdorrt. Bei diesem Treffen waren mit uns einige Meister des Sufi-Weges und Männer Gottes, unter ihnen auch Abu lʿAbbas elḤadhar, und andere ihm ebenbürtige. Alle, die sich dort mit mir trafen, pflegten sich in Fragen des Geistes bei mir zu unterrichten, ja, alles hing von mir ab: außer mir erhob niemand das Wort über die asketisch-mystische Weisheit. Auch wenn sie etwas untereinander besprachen, wandten sie sich am Ende immer zu mir und baten mich um meine Ansicht. Plötzlich fiel das Gespräch auf das Thema des *quṭb*, während jener doch unter ihnen war, und ich sprach zu ihnen:

»Brüder, ich werde euch eine wunderbare Nachricht hinsichtlich des *quṭb* dieser Zeit mitteilen.« Sofort wandte sich jener Mann, den Gott mir im Traum als den *quṭb* unserer Epoche gezeigt hatte und der mich häufig besuchte und mich sehr liebte, mit den Worten an mich:

»Sag ruhig, was Gott dir über ihn gezeigt hat, aber teile nicht den Namen der Person mit, der nur dir in der Vision gegeben worden ist!« Nachdem er das gesagt hatte, lächelte er und sprach: »Gepriesen sei Gott!«

So erzählte ich den Anwesenden alles, was Gott mir über jenen Mann offenbart hatte, ohne jedoch seinen Namen oder seine Person preiszugeben, und die Zuhörer waren ergriffen. Das Treffen nahm seinen weiteren Verlauf und wurde zu den schönsten, die ich im Beisein jener auserlesenen Freunde hatte, bis in den halben Nachmittag hinein, ohne daß ich ihnen zu verstehen gab, daß jener

Mann der *quṭb* war, über den ich gesprochen hatte. Nachdem die Gesellschaft sich aufgelöst hatte, kam der *quṭb* zu mir und sagte:

»Gott vergelts! Recht hast du getan, ihnen nicht den Namen zu sagen, den Gott dir mitteilte. Friede sei mit dir und die Barmherzigkeit Gottes und sein Segen!«

Dieser Gruß war der Abschiedsgruß für mich, obgleich ich mir damals nicht klar darüber war. Ich habe ihn von jenem Augenblick an bis heute nicht mehr in der Stadt gesehen.

In Marrakesch weilte Ibn elʿArabi bei Abu lʿAbbas aus Ceuta, und hatte dort die Vision, die sein weiteres Leben festlegte:

Um die Ecken des Thrones Gottes sah ich schöne Vögel fliegen und mitten unter ihnen einen, schöner als die übrigen, der mich grüßte und mich wissen ließ, wen ich als Gefährten für die Reise nach Osten nehmen solle. Ich fragte ihn:

»Und wer wird dieser Reisegefährte sein?«

Er antwortete mir: »Muḥammad elHasar in der Stadt Fes hat Gott gebeten, er möge ihm die Reise in die Länder des Ostens erlauben. So nimm ihn denn als Gefährten!«

Ich sagte: »Ich höre und gehorche!«

Dann sprach ich zu ihm – denn er selbst war ja der Vogel –:

»Du wirst mein Gefährte sein, wenn Gott will.«

Als ich danach in Fes ankam, fragte ich nach ihm. Er begab sich zu mir, und ich sprach:

»Hast du Gott um etwas gebeten?«

Er antwortete: »Ja, tatsächlich, ich bat, daß Er mich in die Länder des Ostens bringen möge, und Er sprach zu mir: ›Der und der wird dich hinbringen.‹ Seitdem habe ich dich erwartet.«

Da nahm ich ihn als Gefährten an – das war im Jahre 1200 – und reiste mit ihm nach Ägypten, wo er starb.

Auf der Reise nach Osten hielt er sich – da gerade der Fastenmonat war – in Bugi auf, wo er einen bemerkenswerten Traum hatte, ähnlich jener Vision, die Raimundus Lullus später erfuhr: Er feierte mystische Hochzeit mit allen Sternen des Himmels und mit allen Buchstaben des Alphabetes. Ein Traumdeuter der Stadt, dem er durch einen

Freund, wobei er seinen eigenen Namen verschwieg, den Traum erzählen ließ, brach in Staunen aus:

»Dies ist ein Meer des Wissens, dessen Tiefe unerreichbar ist! Wer diesen Traum gehabt hat, dem wird eine solche Menge höchsten Wissens zuteil werden, sowohl von den Geheimnissen als auch von den verborgenen Eigenschaften der Sterne, wie keinem anderen seiner Zeit.« Und nach kurzem Schweigen fügte er hinzu: »Wenn der, der diesen Traum hatte, sich in dieser Stadt aufhält, dann muß es jener junge Andalusier sein, der gerade gekommen ist.«

Nach drei Monaten erreichte er Tunis. Bei der Ankunft entfuhr ihm ein Schrei, der allen Anwesenden und ihm selbst für einen Augenblick das Bewußtsein raubte – ein blitzartiges Eintauchen in Gottes Gegenwart. Neun Monate wohnte er nun im Hause des berühmten Sufis Abu Muḥammad ʿAbd elʿAziz, den er schon acht Jahre vorher kennengelernt hatte und durch ihn in die Lehren Ibn Qasis und sein Werk *Vom Ausziehen der Sandalen* eingeweiht worden war.[87] Durch die Begegnung inspiriert begann Ibn elʿArabi ein eigenartiges Buch[88], in dem er mittels geometrischer Figuren wie Kreis und Quadrat den verborgenen Sinn einer mathematischen Weltordnung mitteilt.

Wegen seiner großen Sehnsucht, möglichst bald die heilige Stadt Mekka zu erreichen, brach er die Arbeit ab und führte sie erst viel später zu Ende.

Noch im selben Jahr 1201 kam er nach kurzem Aufenthalt in Kairo und Alexandria endlich in Mekka an, wo er bald schon den Ruf eines vergeistigten Lehrers erlangte. Im Hause eines gebildeten persischen Meisters, Ẓahir ibn Rustam aus Isfahan, fand er die Harmonie, nach der er sich lange gesehnt hatte. Dies war seine glücklichste Zeit: zwischen dem Heiligtum der Kaaba mit ihrer unbegreiflichen Ausstrahlung und dem Kreise mystischer Glaubensgenossen im Hause seines Gastgebers erlangte er die Kraft, die ihn zu seiner schönsten Dichtung befähigte: *Übersetzer des Liebesverlangens*[89], erotische Verse, in denen die Vereinigung des Menschen mit Gott bildlich dargestellt wird. Am meisten aber beflügelte ihn zu diesem Werk die Tochter seines Gastgebers, die an natürlicher Schönheit und geistiger Bildung alles übertraf, was ihm je begegnet war. In überschwenglichen Worten besingt er in diesen Versen die ›Harmonie‹ und den ›Glanz der Frauen‹, wie er die Tochter von Rustam im Vorwort nennt:

Tugendsam, weise, fromm und bescheiden verkörperte sie in sich das verehrungswürdige Alter des ganzen Heiligen Landes und die erfindungsreiche Jugendfrische der großen Stadt, die dem Propheten die Treue hält. Bezaubernd war die Ausstrahlungskraft ihrer Augen und begeisternd die Grazie, mit der sie sprach; wenn es ausführlich war, sprudelte es hervor, und wenn es genau war, dann von künstlerischer Kraft, und wenn erklärend, dann deutlich und offensichtlich.

Jederzeit beobachtete ich aufmerksam die edlen Begabungen, die ihre Seele schmücken, und nahm sie als Anlaß für die Eingebungen, die die Lieder dieses Buches zur Folge haben – erotische Dichtung in wohlgeformten und eleganten Formulierungen mit süßem Inhalt, obgleich ich in ihnen nur einen kleinen Teil von dem ausdrücken konnte, was meine Seele erlebte und was das Zusammensein mit ihr in meinem Herzen bewirkte, einen kleinen Teil nur von der überschäumenden Liebe, die ich für sie fühlte, von dem Gedenken, das ihre fortwährende Freundschaft in meiner Erinnerung hinterließ, von der Großzügigkeit ihres Geistes, dem keuschen und züchtigen Verhalten dieser jungfräulich reinen Gestalt, dem Gegenstand meiner Wünsche und geistigen Begierden.

Dennoch habe ich einige dieser Gefühle aufwallender Liebe, die mein Herz wie einen Schatz hütet, in Verse gefaßt, und einige der Wünsche meiner verliebten Brust ausgedrückt mit Worten, die meine Zärtlichkeit und tiefe Verehrung, die mich in jener Zeit bewegte und die ich in Erinnerung an ihr edles Verhalten noch heute spüre, wiedergeben. So bedeutet also jeder Name, den ich in diesem Büchlein erwähne, ihren Namen, und jede Wohnung, die ich besinge, ihr Haus. Außerdem aber spiele ich mit diesen Versen immerzu auf göttliche Bilder an, auf geistige Offenbarungen, auf Beziehungen zu den Wesen der Himmelsräume, wie es in unserem allegorischen Stil üblich ist, denn die Dinge des Jenseits sind uns weit wichtiger als die des Augenblicks, und sie wußte auch sehr wohl um den verborgenen Sinn meiner Verse.

Deutlich spricht dieses Vorwort zu den Gedichten von der seltsamen Einheit, die der Mystiker zwischen den Wesen und der Gottheit empfindet – vor allem von jener unbegreiflichen Sinngebung, die in der Liebe zwischen Mann und Frau ausgedrückt wird. So wurde die Gestalt der Tochter Rustams für Ibn elʿArabi die *Sophia,* der lebendige Ausdruck göttlicher Weisheit, wie Henry Corbin in seinem unvergleichlichen Werk[90] sich ausgedrückt hat.

Von dieser Zeit an, schreibt Miguel Asín Palacios[91], entwickelte sich die literarische Tätigkeit Ibn elʿArabis in ganz außerordentlichem Maße. Im folgenden Jahr veröffentlichte er sein Buch *Die Nische des Lichtes,* in dem er vierzig Aussprüche des Propheten vereinigt, die sich auf die Offenbarung beziehen. Auf Bitten zweier Sufi-Freunde, ʿAbdullah Badr des Äthiopiers, und Ibn Chalid eṣṢadiqi, schrieb er in Ṭaʾif bei Mekka eine Abhandlung über *Die Schönheit der vollkommenen Mystiker.*[92]

Doch Ibn elʿArabi blieb den Grundsätzen der Derwische treu und durchreiste weiterhin die Welt des Islam. 1204 erreichte er Bagdad, doch er blieb nur 12 Tage, um den Weg nach Mosul aufzunehmen, wo er von ʿAli ibn Dschamiʾ willkommen geheißen wurde, dem Verehrer des Chaḍir, von dem schon berichtet wurde.

Zwei Jahre später legte er in Kairo mit einer Gruppe von Sufis, hauptsächlich Andalusiern, die alles gemeinsam besaßen und ihre Erfahrungen austauschten. In nächtlichen Übungen erlebten sie, wie ihre Körper Lichtstrahlen aussandten, die das Dunkel erhellten. Interessant ist, daß wir hier wieder jenen Namen begegnen, die wir schon von Andalusien her kennen: Muḥammad, der Schneider; ʿAbdallah aus Morón; Muḥammad elHaschimi u. a.:

In dieser Versammlung trat plötzlich ein Wesen mit herrlichem Gesicht ein und sprach mit ausgewählten Worten:

»Ich bin der, den Die Wahrheit euch schickt.«
Ich frage ihn:
»Und was ist die Nachricht, die du uns bringst?«
Er antwortete:
»Wisset, daß das Gute im Sein ist und das Üble im Nichtsein! Durch Seine Freigiebigkeit erhält der Mensch sein Sein und durch Ihn erlangt er die Ekstase, die außerhalb seines Seins ist.«
In diesen wenigen Worten ist der Grund aller sufischen Erkenntnisse enthalten.

Immer wieder betont er die überragende Bedeutung des Erlebnisses, die alle anderen Formen der Bildung des Geistes verdrängt. Schon in seinem Buch *Die Standorte der Sterne*[93], das er in Gegenwart von Abu lʿAbbas ibn elʿArif in Almeria sechs Jahre vorher verfaßt hatte, betonte er, daß dieses Buch jeden Lehrer ersetze und daß das Erlebnis der Gottnähe wichtiger sei als jeder Scheich, wie er später noch einmal zusammenfassend sagt:

Alle Gottesgaben, Erleuchtungen, Stufen, Geheimnisse und göttlichen Bilder haben wir in unserem Buch *Die Standorte der Sterne* beschrieben, und ich glaube nicht, daß vor mir schon jemand dieses Thema mit diesem Vorsatz bearbeitet hat. ... Mit diesem Buch kann der neu auf den Pfad des Lebens Tretende jeglichen Lehrers entbehren. Eher sollte ich sagen: Für den Lehrer ist es unumgänglich wichtig!

Indem er nun diese Gedanken weiterverfolgte, entfernte er sich immer mehr vom orthodoxen Glauben und auch von den üblichen Schulen der Sufis, die eine Einweihung seitens bevollmächtigter Lehrer für nötig hielten.

Dies schloß jedoch nicht aus, daß er selbst einen Schüler zum Meister weihte: Im Jahre 1210 auf seinen unsteten Wanderungen gelangte er nach Konya in Anatolien, wo er zwei Schriften verfaßte, *Erkenntnis der Geheimnisse* und *Die Schrift von den Lichtern*[94], worin er die Erleuchtungen beschreibt, mit denen Gott die Suchenden belohnt. In dieser Stadt näherte sich ihm der Sufi Ṣadr udDin, der im selben Jahre wie er starb (1273). Ṣadr udDin wurde zum bedeutendsten Schüler des ›größten Meisters‹, denn er gab die Lehre an wichtige Personen weiter, die sie schließlich nach Persien und Indien ausbreiteten.[95] Man kann sagen, daß erst durch diesen Schüler Ibn elʿArabi seine volle Größe erlangt hat.

Der Druck, der von den Gelehrten und Richtern ausging, hatte auch bei den Sufis seine Wirkung nicht verfehlt: es entstand eine dagegen gerichtete Bewegung, die sich in offener Kritik an den selbstherrlichen Gelehrten Luft machte.

Ibn elʿArabi war noch einen Schritt weitergegangen; in seinem *Brief aus der heiligen Stadt*[96], den er bald nach seiner Ankunft in Mekka verfaßt hatte, wandte er sich scharf gegen die Sufis Arabiens und ihre prätentiöse Lebensform. Dem stellte er die aufrechte Haltung der andalusischen Sufis als Vorbild entgegen.

Ich besuchte einen geistigen Meister, den man Meister aller Meister nannte, – wie er selbst mir auch sagte – und stellte fest, daß er ein ausgeglichener Mensch war, gerecht gegen sich selbst, soweit es seine Besucher betraf. Dieser Meister meinte, daß in den Ländern des Westens Gott niemanden auf dem Wege zu Sich geführt habe und daß es nicht einmal jemand versucht habe, diesen Weg zu gehen. Zuerst wollte ich ihm nicht ins Wort fallen, aber dann hielt ich es doch für eine Ungeheuerlichkeit und begann darum, ihm eine gewisse Kenntnis von den Gaben zu berichten, mit denen Gott dich[97] beschenkt hat; dann teilte ich ihm auch die Stufen der Einweihung mit, die unser Herr Abu Madyan, der Inbegriff der Heiligkeit, erlangte. Der Mann war höchst erstaunt, als er das hörte, und rief aus:

»Nie hätte ich gedacht, daß es im Maghreb so etwas geben könnte!« Daraufhin stellte ihm einer meiner Schüler eine Frage, die das Jenseits und die Schöpfung der Hölle betrifft, und – bei Gott, ich schwöre dir – er wußte nichts darauf zu sagen, sondern nur: »Davon weiß ich nichts!«

Und wahrlich, indem er dies sagte, war er ehrlich vor sich selbst, denn er erkannte seine eigene Unfähigkeit, und seine Redegewandtheit erschöpfte sich und sein Feuer erlosch.

Da sprach ich zu ihm: »Wenn dir das schon mit mir so ergangen ist, der ich in den geistigen Dingen doch noch unvollständig bin, daß ich kaum unter die Zahl der Sufis des Westens zu rechnen wäre, was würdest du erst sagen, wenn du mit eigenen Augen die Großen, die Fürsten, die erleuchteten Meister des Maghreb sehen würdest?«

In diesen Worten teilt Ibn elʿArabi die Tatsache mit, daß in den Ländern des Ostens die Lehren vom Jenseits unbekannt waren. Dieses Wissen ist es nämlich, das die Sufis des Westens auszeichnete.

Den Gegensatz zwischen westlichen und östlichen Sufis stellt er noch an anderer Stelle heraus: Es war Brauch im Westen des islamischen Weltreiches, daß jeder Meister seinem Schüler den Weg vorschrieb, wie *er* es für richtig hielt, während sich im Orient die Formen des Zusammenlebens nach festen Regeln richteten, und diese waren teilweise noch von den christlichen Vätern der Wüste übernommen. Die östlichen Klosterregeln bei Moslems, Christen und Buddhisten waren etwa gleich, aber im Westen herrschte ein ganz anderer Geist, denn Meister und Schüler waren durch ein Band der gegenseitigen Liebe miteinander verbunden, so daß sich geschriebene Regeln erübrigten.[98] Darum hat man im Orient die Sufis des Westens oft der Zuchtlosigkeit gerügt, völlig zu Unrecht.

Seine letzten Jahre verbrachte er in Damaskus in Syrien, dem Land seiner Wünsche. Diese Altersjahre waren noch einmal besonders fruchtbar, denn er schrieb eine enorme Anzahl von Büchern in jener Zeit. Das Buch mit dem Titel *Mekkanische Eröffnungen*[99] ist wohl das wichtigste, denn es hat seinen Ruhm im ganzen islamischen Weltreich verbreitet. Daneben haben die *Ringsteine der Weisheit*[100] große Verbreitung gefunden, sie gehören auch heute zu den am häufigsten übersetzten Texten des Meister. Man kann sie als Vermächtnis seiner Lebenserfahrung ansehen. In 27 Kapiteln, die jedes einem islamischen Propheten von Adam bis Mohammed gewidmet sind, und unter Bezugnahme auf koranische Worte erklärt er die wichtigsten esoterischen Vorstellungen. In der Einführung definiert er den im Islam so wichtigen Begriff des Schicksals[101]:

Qadar: Dies ist die zeitlich begrenzte Weisheit eines Dinges, und sie ist festgelegt durch das Ding selbst. Sie ist der Grund für das Geschehen jeden Dinges. Denn die Seele bestimmt ihr Schicksal selbst, wie schon im Koran gesagt wird.

Wie wir sehen, ist für Ibn elʿArabi alles Seiende eine Einheit; die Trennung in eine Welt vor dem Schleier und eine andere Welt hinter dem Schleier, die in seiner Zeit viele Theologen für richtig hielten, erkennt er nicht an.

»Wie könnte man denn von den Dingen sagen, daß sie eine eigene Seinsform haben, die von der Einzigen Seinsform, Gott, verschieden ist?« Diese Frage stellt er in den *Ringsteinen der Weisheit*[102] und beantwortet sie sinngemäß so, daß alles Seiende außerhalb Gottes nur eine fortlaufende Reihe von Zusammenstößen sein kann, die keine andere Beständigkeit oder Dauer besitzen als die »wiederkehrende Schöpfung«.

Nur diese jeden Augenblick sich immer wieder neu verwirklichende Gottheit in der Schöpfung ist das Seiende, und darin liegt auch der Sinn der Wiedergeburt. Henry Corbin hat dies[103] als Schlüssel des Denksystems des Ibn elʿArabi bezeichnet. Wiedergeburt ist bei Ibn elʿArabi immer beides: die eschatologische Erneuerung der Seele nach dem Tode und die Wiedererweckung des Geistes hier im Augenblick durch das Eingreifen der göttlichen Gnade. Beide begegnen sich: die Lebenden und die Toten helfen sich gegenseitig, den Schleier zu zerreißen, der die Wahrheit verhüllt. Dieses Treffen muß sich in der Zwischenwelt, dem *barzach*, abspielen, wofür Ibn elʿArabi[104] ein Beispiel erwähnt. Wir erinnern uns an die Episode, die uns den jungen Ibn elʿArabi auf dem Friedhof zeigt, wo er mit den wahrhaft Lebenden Gespräche führt. Denn »die jenseitige Welt ist zu jedem Zeitpunkt in jedem Wesen in der diesseitigen Welt anwesend«, wie sich Henry Corbin zum Schluß jenes Kapitels ausdrückt.

Über die Bedeutung Ibn elʿArabis für den Sufismus allgemein und für die europäische Mystik im besonderen ist viel geschrieben worden, deswegen möchte ich zunächst einmal grundsätzlich feststellen, daß es sich bei diesem ›Größten Meister‹ in erster Linie um ein literarisches Phänomen handelte, und daß seine Auswirkungen auch nur in der Literatur aufzuspüren sind. Von den heutigen Sufis in Marokko kennt niemand seinen Namen – es sei denn, er wäre auch spanisch oder französisch gebildet und hat auf diesem Wege Zugang zu den Schriften Ibn elʿArabis gefunden. Denn die Wirkung des ins orientalische Exil gegangenen Meisters blieb zunächst auf den Orient beschränkt.

Die Nachfolger von eschSchadhili[105], Abu lʿAbbas aus Murcia und Ibn ʿAbbad aus Ronda, lassen einen gewissen Einfluß von Ibn elʿArabi erkennen[106], wenn auch hier eher eine Gemeinsamkeit der Entwicklung aus dem andalusischen Milieu vorliegt als eine Übernahme von Texten.

Wir müssen fast ein Jahrhundert vergehen lassen, bevor wir die Ausdrucksweise und Gedankenbilder Ibn elʿArabis wieder auftauchen und zu ungeahnter Blüte erstrahlen sehen: in Maulana Dschalal udDin Rumis persischen Gedichten und in ʿAbd elKarim Dschilis unsterblichem Werk *Der vollkommene Mensch*.[107] Mit Recht hat R. Austin[108] Ibn elʿArabi als das Bindeglied zwischen westlichem und östlichem Sufismus bezeichnet, denn erst durch ihn wurde die reiche Tradition des westlichen mystischen Weges im Orient erkannt und eingegliedert.

Auch noch in anderer Richtung hat der ›Lebensspender der Religion‹ seine Auswirkungen gehabt[109]: Die christliche Mystik Spaniens, besonders die des 16. Jahrhunderts, verdankt ihm einen Teil ihrer geistigen Grundlage. Ohne die Begriffsbestimmungen Ibn elʿArabis wären die Aussagen einer Therese von Avila oder eines Johannes vom Kreuz nicht denkbar.

Grundlegend neu am Gedankengebäude Ibn elʿArabis ist wohl die Hinwendung zur eigenen Urteilskraft, die er vollzog. Damit entfernte er sich weit von der Einstellung der orthodoxen Lehrer, die als Richtschnur nur Koran und Hadith gelten ließen.[110] Im Gegensatz zu ihnen wagt Ibn elʿArabi, Erfahrungen und Erlebnisse als Argument einzusetzen, und diese Betrachtungsweise ist wissenschaftlich zu nennen. Mit ihr beginnt die Psychologisierung der Mystik.

Ibn elʿArabi unterschied streng zwischen tatsächlichen Begegnungen mit Geistern und jenen Erlebnissen, die dies nur vortäuschen, im Grunde aber Halluzinationen sind. Immer wieder greift er in seinen Schriften diesen Unterschied auf und versucht, ihn auch demjenigen klarzustellen, der dazu nicht die nötige Erfahrung hat. An einem Erlebnis aus dem Jahr 1196 in Fes wird deutlich, daß diese Analyse des jeweiligen Geistzustandes nichts mehr mit paulinischer Scheidung der Geister zu tun hat, sondern der Beginn wissenschaftlicher Erforschung der Psyche ist:

Damals sah ich in der Stadt Fes eine Gruppe von Sufis, denen die Geister imaginäre Bilder von Menschen vorgaukeln und ihnen sagen, was sie wünschen, um sie zu versuchen, ohne daß es die Geister selbst wären, die ihnen erscheinen, ja nicht einmal die Gespenster der Geister. Einer dieser Sufis war Abu lʿAbbas ed-Daqqaq, er wohnte in der Stadt Fes. Häufig ließ er sich auf diese Weise täuschen, denn er bildete sich ein, daß die Geister zu ihm sprächen und versicherte es, als wäre es wirklich. Der Grund für seinen Irrtum lag darin, daß er nicht wußte, mit welcher Stimme die Geister zu sprechen pflegen. Als er sich mir zur Seite setzte, um meinem Vortrag zu lauschen, wurde er plötzlich von Geistern ergriffen, und im folgenden beschrieb er mir, was er gesehen hatte. Da merkte ich sehr wohl, daß es sich um eine phantastische Illusion handelte. Er ging allerdings soweit, mit ihnen zu reden und sie als Freunde zu behandeln und sogar mit ihnen zu scherzen. Zuweilen entstand ein heißer Streit um irgendeine Frage, in der er dem Geist widersprach, den er zu sehen glaubte. Ein andermal belästigten ihn die Geister in gewisser Weise, und er glaubte tatsächlich, daß jene Gestalten, die ihm erschienen, ihm auch den Schaden zugefügt hätten, und nicht etwa die Geister. Abu l'Abbas edDahhan sowie auch alle meine Schüler waren sich völlig darüber im klaren, daß jener getäuscht wurde, denn wer den Tonfall der Geister wirklich kennt, irrt sich nicht und läßt sich nicht durch solche phantastischen Bilder täuschen. Es gibt jedoch wenige, die den Tonfall der Geister genau erkennen, die Mehrheit gerät auf Abwege durch den Anschein von Wirklichkeit, den diese Gestalten vorgeben.[111]

Es wären noch zahlreiche andere Werke des Ibn el'Arabi zu erwähnen, die alle ganz außergewöhnliche Einsichten vermitteln. Einige kürzere Textausschnitte, die bisher noch nicht in Deutsch zu lesen waren, mögen einen Eindruck davon vermitteln.

Über die Gnade[112]

Die Gnade ist der Schlüssel zum Glück und der Führer, der den Diener Gottes leitet, den Spuren des Propheten zu folgen und sich mit göttlichen Eigenschaften zu kleiden. Jeder, der ihn erlangt, ist erlöst, und jeder, der ihn nicht erhält, ist verloren.

Aber die Gnade liegt außerhalb jener Eigenschaften, die der Diener mit eigener Kraft erlangen kann, denn sie ist nur ein Licht, das Gott in die Herzen derjenigen legt, die Er für sich und seinen Hof erwählt hat. Durch sie erreicht man die Erlösung und mit ihrer Hilfe ersteigt man die Stufen der Vollkommenheit. Aber obgleich die Gnade ein geschenktes Geheimnis und ein Licht ist, das Gott in die Herzen der Diener legt, hat doch dessen Streben, die Eigenarten und das Wesen der Gnade zu erkennen, etwas mit der Tatsache zu tun, daß Gott sie ihm gibt oder zuteilt. Denn aufgrund dieses Zusammenhangs erlangt der Diener zuweilen jenes Streben und glaubt dann, die Gnade sei erworben und zwar dadurch, daß er sie von Gott erbeten und erwünscht habe, ohne daß er merkt, daß eben dieses Streben, das ihn bewegte, die Gnade zu suchen und zu erbitten, in sich schon eine Wirkung der Gnade selbst ist, denn ohne sie wäre es nie zu diesem Streben gekommen. So ist denn das Streben nach der Gnade schon Ergebnis der Gnade, auch wenn die meisten Menschen dies nicht merken.

Wenn das einmal gefühlt wurde, ist es offensichtlich, daß das Einzige, das ein Mensch suchen und erbitten soll, die Vervollkommnung in der Gnade durch den Geber derselben sein kann. Unter »Vervollkommnung in der Gnade« verstehe ich, daß diese den Diener Gottes in allen seinen Zuständen begleitet, d. h. in seinen Urteilen, Gedanken und geheimsten Gefühlen, in seinen Lichtblicken, Offenbarungen, Betrachtungen und Gesprächen, mit einem Wort: in allen seinen Taten. Es ist allerdings nicht so, daß die Gnade teilbar wäre, denn es handelt sich ja um etwas Geistiges, das im Geiste besteht; wenn wir also von ihrer Unvollkommenheit reden, wollen wir nur sagen, daß sie in einer gewissen Seele nur eine bestimmte Handlung bewirkt, während sie in derselben Seele einer anderen Handlung fehlt. So ist auch als Gegensatz die Vervollkommnung der Gnade zu verstehen in dem Sinne, daß sie alle Handlungen des Dieners Gottes ohne Ausnahme begleitet.

Damit ist klargestellt, warum wir Gott immer wieder um die Gnade bitten müssen. Weiter unten werden wir erklären, daß die Gnade, die von Gott erbeten wird, gar nicht aufhört, in ihm anwesend zu sein.

Die göttliche Gnade ist eine Hilfe, durch die das Handeln des Menschen sich mit dem Gesetz vereint. Sie ist eine geistige Einheit, die in der Seele wohnt, und wenn einen irgendeine von ihr bewirkte Handlung überkommt, ist es unmöglich, die offenbarende Eigenschaft dieser Handlung zu leugnen. Dies und nichts anderes ist die göttliche Gnade! Deswegen kann jede geistige Einheit, die diese Wirkung zeitigt, Gnade genannt werden. Wenn der Sünder sich an das halten würde, was die Offenbarung ihm auferlegt, wäre er kein Sünder. Wenn aber diese Übereinstimmung (der offenbarten Pflichten) mit seinen Handlungen verschwindet, entsteht die Unstimmigkeit; es kann allerdings sein, daß die Gnade eine bestimmte Handlung eines Menschen begleitet, während zugleich eine andere Handlung dieses Menschen von Unstimmigkeit mit dem göttlichen Gesetz begleitet ist, wie z. B.: wenn einer das Pflichtgebet in einem Hause spricht, das er einem anderen weggenommen hat, oder wenn einer milde Gaben verteilt und doch zugleich seinen Nächsten mit Worten und Taten beleidigt. Darum bitte der Mensch seinen Herrn um Fülle und Vervollkommnung der Gnade, d. h. daß sie jede einzelne seiner Handlungen begleite, damit er nie dem göttlichen Gesetz zuwiderhandle. Wenn ein Diener Gottes diese Fülle der Gnade, die wir gerade erklärt haben, besitzt, kann man von ihm sagen, daß er göttlichen Schutz und Unterstützung erlangt hat.

...

Die Gnade unterteilt sich grundsätzlich in zwei Arten: die allgemeine und die persönliche. Die allgemeine Gnade ist für alle Menschen, Moslems wie auch Nicht-Moslems. Sie ist noch einmal in zwei Arten zu teilen: Die eine Gnade bewirkt, daß die menschlichen Handlungen mit den Vorschriften der Gerechtigkeit übereinstimmen, die andere, daß die Handlungen Zielen der Menschlichkeit dienen. Beispiel für die zweite Art ist jener Mensch, der, welcher Religion er auch angehören mag, am Wegesrand einen Brunnen gräbt in einem trockenen Land, denn diese Handlung ist angenehm und entspricht dem Wunsch all jener, die dort vorbeigehen.

Die Gnade, die der Gerechtigkeit entspricht, ist jene, die die menschlichen Handlungen begleitet, welche einen Unterschied zwischen den Dingen machen, da sie sieht, daß ein Unterschied besteht. Ihre Grundlage beruht also darauf, daß jedem das zusteht, was ihm gehört. Wenn also z. B. ein Mensch sieht, daß jemand versucht, Wasser aus einem Sieb zu trinken und Weizen in einem Becher zu reinigen, dann nimmt er den Weizen und schüttet ihn in das Sieb und das Wasser in den Becher und erklärt, daß das eine für dieses, das andere für jenes dient.

Die persönliche Gnade ist jene, die dich aus dem Dunkel ins Licht führt und zur ewigen Freude mit ihren verschiedenen Stufen, auch wenn du ins höllische Feuer gefallen wärst.

Auch diese persönliche Gnade kann zugleich persönlich und allgemein wirken. Allgemein wirkt die Gnade als Glaube an Gott und Seinen Gesandten, also an die Offenbarung. Persönlich wirkt sie in Übereinstimmung mit einem offenbarten Gesetz. Die letztere wiederum kann man aufteilen in eine allgemeine, die dazu verhilft, die fünf Grundpflichten der Gesetzesreligion zu erfüllen, und in eine persönliche, welche jene Gnade ist, die dein Herz reinigt, erleuchtet und befreit von allem, was nicht Gott ist, d. h. die zu den Übungen der Enthaltsamkeit und des geistigen Kampfes führt.

Auch diese Gnade unterteilt sich in eine allgemeine und eine persönliche. Allgemein ist jene, deren Frucht die erlesenen Tugenden und das Erlangen göttlicher und heiliger Eigenschaften ist; persönlich ist die, deren Frucht die Erleuchtung oder Offenbarung der Geheimnisse ist, die in jenen Tugenden verborgen sind.

...

Die göttliche Gnade kann von der Seele auf zwei Weisen erlangt werden. Eine ist die Gnade, die Gott in dir aus dir erzeugt. Die andere ist jene Gnade, die Gott in dir mit Hilfe eines anderen erzeugt. Ein Beispiel für die letztere ist der Islam, den deine Eltern und Lehrer dir mitgeteilt haben. Ein anderes Beispiel ist jener Mensch, der zu dir kommt, ohne daß du je mit ihm zu tun hattest, und dich mit seinen heilsamen Worten ermahnt und dich aus deinem Schlaf der Nachlässigkeit entreißt, sodaß dir Gott beim Erwachen durch seine Mitwirkung das Licht Seiner Gnade schickt und du es empfängst und daran zu denken beginnst, wie du deine Seele errettest, sodaß dies dich mit jenen vereint, die die ewige Glückseligkeit erlangt haben.

Dagegen gibt es eine Gnade, die in dir lebt und durch dich, jene, die dich selbst dazu bewegt, deine eigenen Mängel zu erkennen und sie zu bereuen, da du ihre üblen Folgen siehst, sodaß du einen tiefen Abscheu und Haß vor dem Zustand deiner eigenen Seele empfindest, und je stärker diese Empfindungen werden, desto eher hilft dir die Gnade, Mut zu fassen für den Weg zum Heil und dich anzustrengen, die Tugenden zu üben, entsprechend dem, was Gott dir seit Urzeiten bestimmt und vorgesehen hat.

Wenn man die Gnade der Selbsterkenntnis erlangt hat, entsteht in der Seele zuerst eine Besserung der Lebensweise, sodann in fortschreitenden Stufen, wobei jede die nächste bewirkt, die Reue, die Traurigkeit im Geiste, das Nachdenken, die Anwesenheit Gottes, die ständige Prüfung des Gewissens, die Scham vor der eigenen Unwürdigkeit, die Ehrfurcht vor Gott, die peinlich genaue Einhaltung der Gesetze, die Annäherung an Gott, die Vereinigung mit Ihm, die Gewöhnung an Seine Gegenwart, das Vertrauen, die Bitte um Gnade und ihre Erhaltung.

Die Suchenden

Der Allerhöchste hat gesagt, indem er die verschiedenen Aspekte der Gläubigen beschrieb: Ein Suchender ist derjenige, der über die

Erde dahinirrt auf der Suche nach dem Sinn und sich dadurch Gott nähert, indem er seiner Neigung zur Einsamkeit folgt, die seiner Wertschätzung der menschlichen Gesellschaft entspringt.

In der Tat unternehmen solche Gläubige ihre Irrfahrt über die Erde, durch Wüsten und an Küsten entlang, nur unter dem beherrschenden Verlangen nach Gesellschaft mit Menschen ihresgleichen. Aber dieses Verlangen nach Gemeinschaft bewirkt im Grunde – ohne daß es der Reisende weiß – ein Streben nach Einsamkeit; der Reisende bemerkt es nicht, bis er das Ergebnis seiner Irrfahrt verarbeitet hat, ein Ergebnis, das man wie folgt beschreiben kann:

Gott, der den Menschen, das heißt Adam und alle »Nachfolger«, nach seinem Bilde geschaffen hat, entzieht sich doch jeder Art von Vergleich, nach Seinem Wort: »Nichts ist ihm vergleichbar« (Koran, Sure 112). Auch diese göttliche Eigenschaft muß dem Menschen irgendwie einleuchten, so daß der Mensch, wenn er sich völlig Gott zuwendet, sich über diese Eigenschaft klar wird, das heißt über die Unvergleichlichkeit (Gottes). Wenn er dann seinesgleichen sieht, drängt ihn eine gewisse Eifersucht dazu, zu leugnen, daß er irgendetwas mit ihnen gemein habe, so wie Gott mit Eifer darüber wacht, daß Ihm nichts an die Seite gestellt werde. Darum meidet der Mensch die Gesellschaft, wünscht allein zu sein, fern von jedem seiner Art, um nur Umgang mit seinem eigenen Wesen zu pflegen und es nicht mehr mit anderen zu vergleichen. Er flieht in die fernsten Gegenden, verbirgt sich im Gebirge und in tiefen Schluchten, und dann ist er wahrhaftig der Suchende, von dem zu Anfang die Rede war.

Und auf seiner Irrfahrt entdeckt er das, was er suchte: die Gesellschaft seines eigenen Selbst. Das entspricht dem göttlichen Wort im Koran: »Wem gehört die Herrschaft an *jenem* Tage? Allah, dem Einzigen, dem Sieger!« denn nichts ist mehr übrig, das irgendwie Göttlichkeit vortäuschen könnte. Ebenso bleibt auch dem Menschen nichts als die Nacktheit, die er erlangt hat, nichts, was ihn in besonderem Sinne als »Mensch« bezeichnen ließe. Es bleiben nur noch die Tiere und alle anderen nicht-menschlichen Gattungen, die für ihn das sind, was die ganze Welt für Gott ist.

Dies ist die Irrfahrt einiger ganz weniger unter den Anhängern Gottes. Und die Irrfahrt der meisten von ihnen ist enthalten in den göttlichen Worten im Koran: »O ihr, meine Anbeter, meine Erde ist weit, betet mich an.« Jene fragen sich: »Was ist die Erde Gottes?« und antworten: »Alles verlassene Land ohne Eigentümer ist Erde Gottes, und mehr noch die weit entfernten Landstriche, denn das Land nahe der bewohnten Gegend ist immer in Gefahr, ausgebeutet und zum Eigentum erklärt zu werden.« Und dann sagen sie sich: »Wenn Gott uns befiehlt, ihn in (verlassenen) Landstrichen anzubeten, dann ist etwas Besonderes an diesen, und das Besondere ist eben, daß aus ihnen nur der Atem Gottes strömt, der Atem des Barmherzigen.«

Wenn nun der Mensch dort anbetet, findet er den Begleiter, den er suchte, als er aus den bewohnten Orten floh; er findet seine Freude und sein Heil in seinem Herzen und seiner Einsamkeit, und das ist die Wirkung des Atems der Barmherzigkeit, der von ihm fernhält, was ihn bedrückte in dem Lande, das Menschen als ihr Eigentum erklärt haben.

Von diesen Gedanken getrieben begeben sich die Anhänger Gottes auf ihre Irrfahrt. In ihrem Verlauf werden sie durch die Sinnbilder, die Wunder und die Betrachtungen, die ihnen zuteil werden, dahin gebracht, so zu denken, wie es der Herr dieser Landstriche eingibt. Gott breitet in ihren Herzen die Strahlen des Wissens aus und öffnet ihnen das Verständnis seiner Zeichen. Daran erkennt man diejenigen, die sich Ihm völlig hingeben, die Erben des Propheten, von dem gesagt wurde: »Gelobt sei der, der seinen Diener auf die nächtliche Reise geschickt hat [es handelt sich um die berühmte *miʿradsch,* ›Himmelsreise‹, des Propheten Mohammed], um ihm Unsere Zeichen zu zeigen!« Die nächtliche Reise erhebt jene bis zu der Höhe, die der Allmächtige festlegt, und läßt sie solche Zeichen sehen, daß ihre Kenntnis Gottes vermehrt wird.

So gelingt es den Reisenden, wenn sie wahrhaft anbeten, Zeichen und Wunder zu erleben, die sie in ihrem Glauben festigen und in ihrer Kenntnis Gottes. Wenn sie einen zum Himmel reichenden Gipfel erblicken, erhebt sich ihr Gedankenflug mit äußerster Anstrengung. Sie verlangen von Gott nur die allerkostbarsten Gaben, nämlich die Einsamkeit der Zurückgezogenheit, aus Angst, sich mit irgendetwas anderem als sich selbst zu beschäftigen.

Wenn sie sich am Grunde einer Schlucht oder einer Vertiefung befinden, bitten sie um dasselbe, nur ihr Gebet ändert sich ein wenig: es wird zur Unterwerfung unter die Allmacht des Schöpfers; sie erniedrigen sich selbst, erkennen ihre Grenzen und bekennen, daß alle Höhen, die sie erreichen, Ergebnis der göttlichen Gnade sind und nicht ihrer eigenen Fähigkeiten. Am Meeresstrand bedenken sie die Weite der göttlichen Herrlichkeit und Güte, denn sie sehen, wie auf dieser Unermeßlichkeit (des Meeres) die Winde die Wellen treiben und sich brechen lassen und verwandeln, und sie übertragen diese Sinnbilder auf den Uranfang und bedenken die Bedeutungen der göttlichen Namen und ihr Ineinandergreifen. Die Wellen rufen in ihnen auch das Bild des göttlichen Zögerns hervor *(ḥadīth)*. All das öffnet ihnen den Weg zur Erkenntnis, den nur der Anblick des Meeres bewirkt.

Auch das Zusammenleben mit wilden Tieren sorgt ihnen für unerwartete Einsichten; zu einigen sprechen die Tiere, andere verstehen die Gespräche der Tiere untereinander und erkennen ihre verschiedenen Formen der Anbetung Gottes, und das führt sie zu immer größerem Eifer und Anstrengungen in ihrer Hingabe an den Herrn. Unzählige Anekdoten mit diesem Inhalt sind in den Büchern, die davon handeln, berichtet worden. Wenn wir uns hier nicht auf die Lehre und das Geheimnis beschränken würden, könnten wir ebenfalls manch eine Geschichte erzählen, sei sie erlebt oder von jenen Suchenden erfahren. Doch was wir darüber gesagt haben, reicht zu diesem Thema. Gott führt den zur Wahrheit und auf den rechten Weg, den Er will.

Die Reise und die Entsagung der Reise

Der Herrgott, der uns zur ewigen Versammlung beruft, hat im Koran gesagt, daß uns dort keine Müdigkeit überkommen wird. Er sagte ferner: »Gott ist mit euch wo immer ihr seid!«

Wenn man große Entfernungen zurücklegt, wächst die Müdigkeit, oder besser gesagt: dies ist der Grund für die Müdigkeit. Die Suche nach Ihm und nichts anderes ist es, was mich bewegt. Hätte ich nicht selbst Ihn zum Ziel meiner Reise erkoren, ich könnte Ihm nicht folgen. Er hat mir jedoch gesagt, daß Er bei mir ist, wenn ich reise wie wenn ich ausruhe, und in jedem hat er Sein Wesen. Warum reise ich dann? Meine Bewegung, mit der ich Ihn erreichen will, beweist nur, daß ich Ihn in der Ruhe nicht gefunden habe, sonst würde ich Sein Angesicht am Ort meiner Ruhe selbst suchen. Wenn ich Ihn dort erkennen würde, wäre ich wie die Mondphase, deren Ende ich selbst bestimme durch Bewegung und Ruhe. Die Namen (Eigenschaften Gottes) suchen mich und ich suche sie gar nicht; Seine Strahlen gelangen zu mir, ohne daß ich ihnen folge. Ich bin in Ihm, den weder Ruhe noch Bewegung erreicht.

Der Reisende hat als Weggenossen dieses Koran-Wort: »Unser Herr steigt jede Nacht bis zum unteren Himmel herab«, und der Ruhende jenes andere (Wort): »Der Barmherzige hat seinen Sitz auf dem Thron.«

Die Ruhe steht höher als die Bewegung. Ist dem Anbeter nicht befohlen, sich still zu halten im Lauf seines Schicksals und im Strom der Ereignisse, die Gott ihm Nacht und Tag schickt? Über den, der seinem Schicksal zuvorkommt, hat Gott im Koran gesagt: »Mein Diener ist mir zuvorgekommen, ich verbiete ihm das Paradies.« Zuvorkommen – das ist die Bewegung.

Gott hat uns nur darum gesagt: »Nehmt ihn (den Propheten) als Bevollmächtigten an«, weil er uns zur Ruhe einladen wollte, sodaß Er es ist, der die Angelegenheit seines Dieners regelt, bis alles geschehen ist, was ihm geschehen soll. Und wenn unter jenem, was geschehen soll, Reise und Bewegung (vorgesehen) sind, dann trägt der Herrn ihn in der Sänfte der göttlichen Gnade, ohne daß er sich aus der ihm eigenen Ruhe bewegen müßte. Die Bewegung, die ermüdet, wird er nicht kennenlernen, er ist entspannt, im Schatten und umsorgt. Dies ist die Art der Reise dessen, der der Reise entsagt hat, wenn sein Schicksal das Reisen vorsieht.

Wir haben beides erfahren und die Ruhe als höherstehend als die Bewegung erkannt, als kräftiger (vorantreibend) für die Erkenntnis. Natürlich beinhaltet diese Ruhe für die Seele Zustandsänderungen, man bewegt sich auf festem Wege, ohne sich von der Stelle zu rühren. Die körperliche Bewegung bringt den inneren Wandlungen nichts ein außer der ihr eigenen Ermüdung. Kurz gesagt: der Reisende hastet von Ängsten zu Schwierigkeiten, denn alle Ereignisse, die dem Menschen zustoßen, holt der Mensch – wenn sie ihn nicht erreichen – selbst ein.

> Warum beklagt die Liebe einen Tag lang
> Den, Der nie vergeht?«

Zur Ruhe gehört die unmittelbare Schau, zur Bewegung die Abwesenheit, außer jener Bewegung, die das Gebot des Glaubens vorschreibt. Bewegst du dich auf der Suche nach Ihm, dann hast du Ihn verloren, und bewegst du dich auf der Suche nach etwas anderem, dann verlierst du dich selbst. Die Ruhe ist auf jeden Fall höherstehend als die Bewegung, die (höchstens) den Grad erreichen könnte, in dem sich die Ruhe befindet. Hast du diesen Grad (erreicht), wo du dich nur noch durch Gott bewegst, dann ist die Ruhe in Gott und mit Gott höherstehend als die Seelenruhe des Augenblicks.

Wahrlich, und ich bestehe darauf: Wenn du in deiner Ruhe Ihn verloren hast, dann würdest du den, dem man sich nicht annähert, durch Körperbewegung nur noch mehr verlieren. Sei doch nicht so dumm, sondern gedulde dich! Als Lohn der Ruhe wird dir fast unausweichlich der Strom der (heiligen) Namen zufließen, und die Wahrheit wird auf dich herabsinken. Also: wenn du dich zu Ihm hinbewegst, begrenzt du Ihn, und wenn du dich in Ruhe mit Ihm hältst, betest du Ihn wahrhaftig an.

Die Bewegung zu Ihm hin ist Einbildung, die Ruhe in Ihm ist Erkenntnis. Nicht um Ihn zu sehen ist der Prophet (Mohammed) auf die nächtliche Reise gebracht worden, sondern nur um einige Seiner Zeichen zu sehen (nach dem vorher erwähnten *ḥadīth*). Wer die Ruhe vorzieht, sieht wirklich und gelangt auf den Grund der Dinge. Wenn Gott wirklich dem nahesteht, der Ihn anruft *(ḥadīth)*, wohin soll jener sich denn dann begeben?

Damit habe ich dir gezeigt, was die Reise und was die Entsagung der Reise ist. Verhalte dich entsprechend dem, was deinen Geist bewegt. Gott spricht die Wahrheit und führt auf dem (rechten) Weg.

Meditation über den Tod

Du mußt dein Herz lösen vom Knoten der hartnäckigen Sünde. Doch dies erreichst du nur, wenn du zu deiner Seele sagst, nachdem sie ausgeatmet hat: »Oh Seele! Wird der Atem, der auf diesen folgen soll, kommen oder nicht? Vielleicht stirbst du in diesem Atemzug, halsstarrig dem Bösen verfallen, und wer derartig sündig stirbt, für den hat Gott ganz bestimmte Strafen vorgesehen, die nicht einmal die härtesten Berge ertragen würden. Wie könnte sie jemand ertragen, der so schwach ist wie du? Darum bitte Gott um Verzeihung, denn du weißt nicht, wann der Tod zu dir kommen wird!«

Und das folgende hat Gott im Koran gesprochen:

»Denen, die sündigen bis zu dem Augenblick, da der Tod sie heimsucht, und dann sagen: ›Ich bereue jetzt meine Taten vor Gott!‹ – wahrlich, denen wird nicht vergeben werden. Wievielen kommt der Tod ganz plötzlich, während sie essen, trinken oder schlafen oder ohne vom Schlaf zu erwachen, und ihr Geist wird durch Gottes Hand hinweggenommen und sie sterben mitten in der Sünde!«

Mit derartigen Gedanken ermahne dich ständig! Wenn du sie viele Male wiederholst, löst du den Knoten der Hartnäckigkeit.[113]

Der ›Größte Meister‹ starb am 16. November 1240 in Damaskus und wurde von seinen Schülern auf dem Friedhof Ṣaliḥiya beigesetzt. Dieser Berg am Rande der Stadt war schon damals ein berühmter Wallfahrtsort der Moslems, da das Leben des Chaḍir mit ihm verbunden ist. So hat Ibn elʿArabi den Ruheplatz gefunden, den er im Leben erstrebt hat. Sein Grabgebäude mit dem kostbaren Schrein ist Anlaß zu schönsten Inspirationen geworden und wird täglich von einer Schar von Pilgern aufgesucht, die durch die Fürsprache des Heiligen ihre Bitte vor den Thron des Allmächtigen bringen wollen.

Glaubensbekenntnis[114] nennt man in Europa jenes Werk des Ibn elʿArabi, das wie eine Summe alles zusammenfaßt, was er der Nachwelt als feste Glaubenssätze übergeben wollte. Es zeigt uns die schwierige Stellung des islamischen Mystikers in einer unduldsamen Gesellschaft, enthüllt vor unseren Augen die Ängste und Bedenken des Sufis, als Ketzer geächtet und verfolgt zu werden. Darum bemüht sich Ibn elʿArabi, die Grenze zwischen der vom Gesetz erlaubten Mystik und dem allzufreien Schwärmertum (z. B. eines Ḥalladsch) zu ziehen.

Zweifellos war es dieses Glaubensbekenntnis, das dem Werk des Ibn elʿArabi das Überleben gesichert hat. Stellenweise ergab sich mir beim Lesen allerdings der Eindruck, hier sei ein frommer Schüler damit beschäftigt gewesen, den

»Größten Meister« zu rechtfertigen. Doch die hier und da eingeschobenen Gedichte sind so unnachahmlich von der Hand des Ibn elʿArabi, daß sie dem Buch einen hohen Wert verleihen. Ich zitiere zwei von ihnen: den Abschnitt 40 (sieben Verse) und die 14 Verse, die als Abschnitt 28 und am Schluß des Buches fast gleichlautend stehen.[115]

Strahlende Klarheit

Strahlende Klarheit, die vom Licht ausgeht, das Sein Geheimnis umgibt, offenbarte sich, so daß mein Herz Den sah, dessen Herrlichkeit die Grenzen des Denkens übersteigt.

Und Er lehrte mich die Vereinigung mit den Worten:
»Dem Demütigen, der in Armut zu mir kommt, bin ich gut!«

Mein Geist war berauscht von Leidenschaft für Den,
der mich mit Bechern Seines Weines tränkte.

Wenn Sein Duft daraus hervorströmt und Seine Blume sich ausbreitet,
erwecken sie in Seinem Liebhaber das Geheimnis des Liebenden.

So verkünde denn Seine Eigenart, denn Er ist heilig,
und verkündet unablässig die Gnade Seines Wohlwollens.

Als Er Mose berührte, bekleidete sich die Nacht mit Glanz –
danach dürstet den Liebenden sehr in der Wüste seiner Armut.

Nun habe ich das Wesen dessen ausgesprochen, der mich führte,
denn ich schäume über vor Trunkenheit, sobald ich nur von Ihm sprechen höre.

Gewißheit

Das Licht kam zu dir, so nimm es denn an
und halte dich nicht unterwegs auf,

sei wie der, dem das Gold seinen Schein entgegenstrahlte:
er kümmert sich wenig um Worte, die mit Tinte geschrieben sind!

Schaffe einen Begriff von der Göttlichkeit
und betrachte sie ganz für dich in der Einsamkeit!

Höre gut zu, wenn du gerufen wirst,
und reinige deine Worte, wenn du rufst!

Wenn du als Armer zu Ihm kommst, sprich:
»Herr, dessen Liebe mich erhält,
gieß das Getränk der Vereinigung dem Liebenden aus,
der nie versäumte, sich über den Durst der Trennung zu beklagen!

Lange Zeit irrte er lichtlos herum,
denn er sah nur die Diener Gottes,
darum sei Du ihm das Licht,
solange seine kurzen Tage der Einbildung noch währen!

Bis der Feind vor Zorn stirbt
und das Feuer seines Eigensinns erlischt.

Die Menschen bewundern den, der nach dem Umherirren
geleitet wird auf den rechten Weg.

Wer tot war und wieder lebendig wurde,
ist von nun an über alles erhaben.

Wer die Wahrheit als angenehmes Wissen erfährt,
verwechselt nie mehr Herumirren mit rechtem Wege.

Wem die Gewißtheit eine Offenbarung mitteilt,
der kennt die Genüsse des Schlafes nicht mehr.

Zwei Nachfolger von Ibn elʿArabi verdienen besondere Erwähnung. Der erste, der ebenfalls aus Murcia in Andalusien[116] stammte, ʿAbd elḤaqq ibn Sabʿin, legte ein glühendes Zeugnis für sein großes Vorbild ab. Über Tunis reiste er nach Mekka und konnte sich am Hofe eine Zeitlang halten, ja sogar politischen Einfluß ausüben. Bekannt ist sein philosophischer Briefwechsel mit Kaiser Friedrich II. Hohenstaufen.[117]

Seine Schriften[118], die durch die Widerlegungen des Puritaners Ibn Taimiya in etwas entstellter Weise erhalten blieben, gelten als ketzerisch und wurden verfolgt. Ibn Sabʿin war ein echter Sufi, der mit ganzer Hingebung die Nähe Gottes suchte. Er praktizierte den Rückzug in die Einsamkeit, *iʿtikaf*.

Besonders sein Aufenthalt in der Höhle elHiraʾ, in der der Prophet Mohammed Offenbarungen empfangen hatte, galt als anstößig, denn dieser Vergleich eines gewöhnlichen Menschen mit dem Propheten, der schon damals wie ein übermenschliches Wesen verehrt wurde, ärgerte die Gesetzeslehrer.

Es wird berichtet[119], daß Ibn Sabʿin im Jahre 1270 Selbstmord beging, indem er sich die Adern durchschnitt.

Ein anderer berühmter Nachfolger des ›Größten Meisters‹ war ʿAfif udDin aus Tlemcen. Obgleich in allen theologischen Wissenschaften bestens ausgebildet und hervorragender Kenner des Sufismus, hat er sich doch durch seine Dichtungen, die ihm große Volkstümlichkeit eintrugen, bei den Gesetzeslehrern unbeliebt gemacht, sodaß er zu den Ketzern gerechnet wird. Er starb 1290 und hinterließ einen Sohn, Muḥammad, der ebenfalls zahlreiche sufische Gedichte verfaßt hat.

Wie ich im folgenden ausführen werde, nahm die Verfolgung immer härtere Formen an, sodaß die Flucht – besonders in die Poesie – oft die einzige Möglichkeit bot, den mystischen Anstoß wachzuhalten und viele Menschen zu erreichen. Auf diese Weise konnten einige Sufis sogar das Wohlwollen der Herrschenden erlangen, wofür ich einige Beispiele mitteilen werde.

Der Roman des Ibn Ṭufail

Der Philosoph und Gelehrte Abu Bakr ibn ʿAbd elMalik ibn Ṭufail wird von mehreren Kommentatoren nicht zu den Sufis gezählt, denn es fehlen ihm drei wichtige Eigenschaften, die den Sufi kennzeichnen: die Enthaltsamkeit, die Wundertätigkeit und die Weitergabe einer festgelegten Lehre an eine Gruppe von Schülern.

Dennoch hat Ibn Ṭufail auf die mystische Entwicklung des Islam einen unermeßlichen Einfluß ausgeübt. In einem Roman, der sowohl philosophisch höchst ergiebig als auch spannend geschrieben ist, nimmt er Stellung zu der Frage, die damals in der ganzen islamischen Welt und besonders unter den Sufis leidenschaftlich diskutiert wurde: Kann ein Mensch Gott finden ohne Anleitung seitens eines Lehrers oder einer überlieferten Lehre?

Der brillante Denker Ibn Ṭufail, Arzt und Sekretär von zwei großen Herrschern, zuletzt Minister des Kalifen Abu Yusuf Yaʿqub – der selbst ein hochgebildeter Mann war und an vielen Erörterungen zu philosophischen und wissenschaftlichen Fragen teilnahm – ist zwischen 1100 und 1110 in dem Städtchen Guadix bei Granada geboren. Er stammte aus angesehener Familie und hatte eine hervorragende Ausbildung in allen Wissenschaften erhalten.

In seiner Zeit waren öffentliche Streitgespräche an der Tagesordnung, neue Gedanken und wissenschaftliche Techniken wurden freudig begrüßt. Eine geistige Renaissance des Islam fand statt, die vom Kalifen selbst tatkräftig unterstützt wurde. So kam es, daß Ibn Ṭufail 1169 den Gelehrten Ibn Ruschd[120] am Hofe des Herrschers einführte und seine Kenntnisse pries. Die Audienz hat man später als Sternstunde der Philosophie bezeichnet, denn der Sultan beauftragte Ibn Ruschd mit der Abfassung eines Kommentars zu den Werken des Aristoteles. Dieser Kommentar sowie andere Schriften des Ibn Ruschd hatten einen enormen Einfluß auf das abendländische Denken, besonders auf die christlichen Scholastiker.

Auf diese Weise ist Ibn Ṭufails Wirken mit unserem Kulturkreis verbunden. Den anderen Schwerpunkt bildet sein oben erwähnter Roman, *Ḥaiy ibn Yayẓan*[121], der durch die Übersetzung von Mosche ibn Yoschua aus Narbonne in hebräischer Sprache zunächst auf die jüdische Mystik einwirkte und dann auch die christlichen Schriftsteller beeinflußte.[122] Die erste Übersetzung direkt aus dem Arabischen wurde 1671 von Edward Pococke in Oxford herausgebracht.[123] Ein Jahrhundert später, 1782, erschien in Berlin die – im Zeitalter der Aufklärung viel gelesene – Übersetzung von Johann Gottfried Eichhorn in deutscher Sprache.[124]

Ibn Ṭufails Roman ist das Urbild aller Robinsonaden, er wurde von zahlreichen Schriftstellern als Vorbild angesehen. Vom *Simplizissimus* des Grimmelshausen über *Robinson Crusoe* des Daniel Defoe bis zu den *Höhlenkindern* von A. Th. Sonnleitner ist diese Thematik immer wieder aufgegriffen worden, doch keiner von ihnen hat je die spirituelle und philosophische Qualität der Vorlage erreicht. Meist wurde später der religiöse Aspekt nur am Rande gestreift, während man in der Hauptsache den materiellen Kampf ums Überleben ohne Mitmenschen oder technische Hilfsmittel beschrieb. Die Antwort Ibn Ṭufails auf die damals brennende Frage nach der Berechtigung selbständiger Forschung läßt sich als Ergebnis dieses Romans so zusammenfassen: Die autodidaktisch erworbenen Kenntnisse und geistigen Erkenntnisse reichen aus zur Anbetung der Gottheit, ja sie übetreffen die von den Religionslehrern überlieferten Vorstellungen noch an Reinheit.

Dieser metaphysische Roman handelt von einem Mann namens Ḥaiy ibn Yaqẓan, der allein auf einer Insel im Indischen Ozean aufwächst und sich im Laufe der Jahre durch die ihm angeborenen Begabungen bis zur höchsten Stufe geistiger Erkenntnis emporhebt. Einer ersten Version zufolge soll dieser Mensch als ›göttliche Schöpfung‹ aus dem Lehm der Insel – einer Art Urmaterie – entstanden sein, doch es gibt auch eine zweite, einleuchtendere Version: Eine Prinzessin auf einer Nachbarinsel habe ihn geboren und in einem gut verschlossenen Körbchen dem Meer anvertraut, weil niemand etwas von dieser Frucht heimlicher Liebe wissen durfte. Das Körbchen wurde ans Ufer der Insel gespült und das hilflose Knäblein von einer Gazelle gesäugt und mit Liebe aufgezogen.

Mittels seiner ungetrübten natürlichen Intelligenz gelang es dem Jüngling, die notwendigen Dinge fürs Leben wie zum Beispiel die Beschaffung von Nahrung, Kleidung und Wohnung zu bewerkstelligen, wobei er gewisse Stufen der menschlichen Entwicklung nachvollzog, wie etwa Zähmung und Aufzucht wilder Tiere. Durch ständiges Beobachten und Erforschen seiner Umgebung erschlossen sich ihm nach und nach die Eigenschaften körperlicher Existenz.

Der Tod seiner Ziehmutter, der Gazelle, war die erste große Herausforderung geistiger Art. Bei dem Versuch, sie wieder zu beleben, entschloß er sich, ihr die Brust zu öffnen, um so den Sitz des Lebens zu finden. Doch der Versuch schlug fehl, und nach weiteren Tierversuchen mußte er erkennen, daß die vielfältigen Formen körperlicher Existenz nur materielle Manifestationen eines göttlichen Wesens sind, das sich unserem direkten Blick entzieht. (Man beachte, daß das Sezieren damals in die ärztliche Forschung und Ausbildung eingeführt wurde und auch über Andalusien ins Abendland drang.)

So mußte Ḥaiy ibn Yaqẓan lernen, daß die metaphysische Welt nicht durch stoffliche Untersuchungen oder verstandesmäßige Überlegungen, sondern nur durch ständige Betrachtung des eigenen Selbst erlangt werden kann.

Der folgende Textausschnitt schildert einige von sufischen Gedanken durchdrungene Überlegungen des jungen Mannes auf seiner Suche nach dem im Diesseitigen verborgenen Numinosen[125]:

Danach widmete er sich der zweiten Art von Übungen, die darauf abzielte, das Wesen der Himmelskörper zu verstehen, sie nachzuahmen und ihre Eigenschaften anzunehmen. Er erforschte ihre Erscheinungsformen und Besonderheiten und fand heraus, daß diese in drei Gruppen auftreten:

Die erste umfaßt ihre niederen Eigenschaften, nämlich die zum Dasein der Vermehrung und Vergänglichkeit gehörenden, wie zum Beispiel die ihnen eigene Wärme oder Kälte, die sie zuweilen ausstrahlen, ebenso auch das Licht, die Aufnahmefähigkeit und die

Verdichtung; in einem Wort: alle Veränderungen, die sich an ihnen abspielen und durch die sie in der Lage sind, den geistigen Einflüssen zu entsprechen, die der ›Beweger‹, den es notwendigerweise geben muß, auf sie ausübt.

Die zweite Art umfaßt jene Eigenschaften, die zu ihrem Wesen gehören, wie zum Beispiel Durchsichtigkeit, Ausstrahlung, Reinheit, das Fehlen irgendeiner Trübung oder Verunreinigung, die Kreisbewegung, sei es, daß sie sich um ihren eigenen Mittelpunkt drehen oder um den eines anderen Körpers.

Und die dritte Art umfaßt jene Eigenschaften, die ihr Verhältnis zum ursprünglichen Sein betreffen, wie zum Beispiel die unaufhörliche Eingebung, sich nicht von Ihm abzuwenden, sondern von Ihm gehalten zu sein und sich nach Ihm zu richten, Seine Anordnung auszuführen und sich nicht anders als nach Seinem Willen zu bewegen unter Seiner mächtigen Führung.

Und er unternahm alle Anstrengungen, um ihnen in diesen drei Arten gleich zu werden.

Die Angleichung an die erste Art erreichte er, indem er kein Tier und keine Pflanze an Mangel oder Schwäche oder Schaden leiden ließ, sondern sich bemühte, ihnen zu helfen und den Schaden abzuwehren. Wenn sein Blick auf eine Pflanze fiel, der irgendein Hindernis das Sonnenlicht nahm oder an die sich eine andere Pflanze heftete, so daß es sie störte, oder die im Begriff war zu verdursten, entfernte er den lichtnehmenden Schirm oder die schmarotzende Pflanze und bewässerte die durstige Pflanze, so oft er konnte.

Und wenn sein Blick auf ein Tier fiel, das von einem Raubtier geschlagen wurde, oder das sich verstrickt hatte oder in einen Dorn getreten war oder etwas Störendes im Auge oder Ohr hatte oder durstig und hungrig war, dann machte er sich mit Eifer daran, ihm zu helfen, es zu ernähren oder zu tränken.

Und wenn er ein Gewässer sah, das Pflanzen und Tieren nützte und nun durch einen Widerstand in seinem Lauf gehindert war, sei es durch einen herabgestürzten Felsbrocken oder durch Ablagerungen, die sich der Wasserlauf selbst aufgeschichtet hatte, dann beseitigte er das Hindernis.

Er hörte nicht auf, sich durch harte Arbeit in dieser Weise den Himmelskörpern in ihrer ersten Eigenschaft anzugleichen, bis er Vollkommenheit darin erlangt hatte.

Der zweiten Eigenschaft der Himmelskörper näherte er sich, indem er sich fortwährende Sauberkeit auferlegte, seinen Leib von jeglicher Unreinheit befreite, sich ständig mit Wasser wusch, seine Glieder und Zähne und versteckten Körperpartien reinigte und sie nach Vermögen mit duftenden und reinigenden Pflanzen einrieb, ebenso auch seine Kleidung wusch und mit Duft versah: so gut, daß er im Ganzen vor Schönheit und Reinlichkeit strahlte und angenehmen Geruch verbreitete. Außerdem befleißigte er sich, verschiedene kreisförmige Bewegungen auszuführen, indem er am Strand entlang die Insel umkreiste oder andere Gegenden, ein anderes Mal seine Wohnstätte umschritt oder um einen ausgewählten Felsen eine festgelegte Anzahl von Umgängen ausführte, normalen Schrittes oder laufend. Oder er drehte sich um sich selbst, bis er von Schwindel erfaßt wurde.

Der dritten Art von Eigenschaften der Himmelskörper glich er sich auf folgende Weise an: Er richtete seine Gedanken auf den Urgrund des Seins, indem er jeden Kontakt mit den durch die Sinne erfaßbaren Seinsformen abschnitt, also seine Augen schloß, seine Ohren verstopfte, mit aller Kraft sich dem Spiel seiner Phantasie widersetzte und unter großem Aufwand nichts anderes mehr betrachtete als Ihn und immer wieder nur Ihn. Dies unterstützte er durch Eigendrehungen um sich selbst, die er dermaßen beschleunigte, daß die sichtbaren Gegenstände verschwanden, die Einbildung schwach wurde und auch die anderen Fähigkeiten körperlicher Sinnesorgane verdrängt wurden. Dabei stärkte sich sein körperunabhängiges Wesen soweit, daß seine Gedanken frei von jeglicher Abschweifung ihm den Eindruck des Urgrunds des Seins vermittelten. Doch sehr bald schlugen die Sinnesorgane zurück und löschten diesen Zustand aus, sodaß er »zurückgeworfen auf die niedrigste Stufe«[126] seinen vorherigen Zustand wieder erlangte.

Wenn ihn Schwäche ergriff, die ihn in seinem Streben hinderte, nahm er Nahrung zu sich, wobei er sich an die nachher aufgeführten Vorschriften hielt. Danach vollzog er eine Zeitlang aufs neue die Angleichung an die Himmelskörper und ihre drei Eigenschaften. Er kämpfte gegen seine Sinnesorgane und diese kämpften gegen ihn, und während der Augenblicke, da er sie überwand oder da sein Geist ungetrübt war, erschien ihm ein Licht des reinen Zustandes, das der dritten Art der Eigenschaften zuzuordnen war.

Danach verfolgte er die dritte Angleichung und strengte sich an, dieses Ziel zu erreichen. Darum bedachte er die Eigenschaften des göttlichen Urgrunds des Seins. Im Laufe seiner Überlegungen – bevor er die Übungen begann – erschienen ihm diese Eigenschaften in zweifacher Form: bejahend wie zum Beispiel die Wissenschaft, die Macht, die Weisheit, oder verneinend wie das Fehlen eines Körpers (und seiner Sinnesorgane) und alles, was aus diesem folgt und von ihm abhängt, sei es noch so fern. Selbst die bejahenden Eigenschaften verlangen, daß sich keinerlei Körperlichkeit in ihnen befinde, auch keine Eigenschaft von Körpern und besonders nicht der Vielfalt; diese bejahenden Eigenschaften vermehren ihr göttliches Wesen nicht, sondern kehren jeweils zu ihrem Selbst zurück, das zugleich ihr Wesen ist. Und er versuchte sich ihm soweit wie möglich anzugleichen in beiden Eigenschaften.

Er wußte nun, daß die bejahenden Eigenschaften sich in ihrem Selbst vereinigen und sich nie vermehren, denn die Vielfalt ist eine Eigenschaft der Körper; und er wußte ferner, daß die Kenntnis ihres Wesens nichts sei, was er ihnen andichtete, sondern eine Kenntnis der ihnen eigenen Gestalt, und daß diese Kenntnis ihres Wesens ihr Wesen selbst ist; und er begriff, daß diese Kenntnis, mit der er Gott begriff, falls dies überhaupt möglich war, keine ausgedachte Eigenschaft sein würde, sondern selbst die göttliche Eigenschaft sei. Und er sah ein, daß er in seiner Angleichung an ihre bejahenden Formen nur sich selbst erkannte, ohne sich eine körperliche Eigenschaft zuzuschreiben.

Dieser Übung widmete er sich. Was aber die verneinenden Eigenschaften anbetrifft: Sie kehrten stets zurück mit Ausnahme der Körperlichkeit.

Darum machte er sich daran, die Eigenschaften der Körperlichkeit aus seinem innersten Wesen zu entfernen. Er hatte durch seine Meditationen über die Himmelskörper schon eine Menge von ihnen abgestreift, aber es blieben doch noch einige übrig, wie zum Beispiel die Kreisbewegung, denn Bewegung ist eines der typischen Merkmale der Körper; oder die Sorge um Pflanzen und Tiere, das Mitgefühl für sie und die Sorgfalt, sie von Hindernissen zu befreien, denn auch das sind Eigenschaften der Körperlichkeit, weil er sie ja nur mittels der Fähigkeit empfand, die körperlich ist, und sich mit ebendieser körperlichen Kraft mühte, ihnen nützlich zu sein.

All das versuchte er nun aus seinem Geist zu verdrängen, denn nichts davon gehört zu jenem Zustand, den er anstrebte. Darum verhielt er sich unbeweglich am Grund der Höhle mit gesenktem Kopf und geschlossenen Augenlidern, alle sinnlichen Dinge und körperlichen Fähigkeiten ausschließend, indem er seinen Willen und sein Denken ganz auf den Urgrund des Seins konzentrierte, ohne ihm irgendetwas an die Seite zu stellen. Sobald sich in ihm das Bild eines anderen Gegenstandes formte, verdrängte er es mit aller Kraft aus seiner Vorstellung. In dieser Weise übte er die Meditation lange Zeit.

So kam es, daß er mehrere Tage weder aß noch sich von seinem Platz bewegte. Wenn sein Bemühen am stärksten war, verschwand aus seiner Erinnerung und seinen Gedanken alles, was nicht zu seinem eigenen Wesen gehörte. Aber dieses letztere verschwand nicht, wenn er in die Betrachtung des wahrhaftigen Urgrunds des Seins vertieft war. Das betrübte ihn, weil er wußte, daß seine Schau noch nicht völlig rein und seine Aufmerksamkeit noch geteilt war.

Darum steigerte er seine Anstrengungen, um die Auslöschung des Ich zu erzielen, »das Aufgehen im Bewußtwerden des Wahrhaftigen«, und schließlich gelang es ihm: Aus seinem Geist verschwand alles, »die Himmel, die Erde und alles, was zwischen ihnen ist«.[127]

Sein Denken wurde frei von allen geistigen Gestalten und allen körperlichen Fähigkeiten und selbst von den Ahnungen des wahrhaftigen Urgrunds. Damit verschwand sein eigenes Selbst. Alles das verflog, löste sich auf »gleich zerstreuten Atomen«.[128] Übrig blieb nur das Einzige, das Wahrhaftige, das beständige Sein, das ihm mit Seinem Wort ohne jegliche Körperlichkeit sagte: »Wem gehört heute die Herrschaft? Gott, dem Einzigen, dem Überwinder.«[129]

Er verstand die Worte, und weder seine Unkenntnis der Sprache noch seine Unfähigkeit zu sprechen hinderten ihn daran, es zu verstehen. Er versenkte sich in diesen Zustand und begriff, »was kein Auge je gesehen und kein Ohr je gehört und nie eines Menschen Herz erlebt hatte«.[130]

In den folgenden Abschnitten des Buches beschreibt Ibn Ṭufail die Schau, die Ḥaiy ibn Yaqẓan vom Universum und den niederen Sphären des Seins gewann, wie er erkannte, daß dies die Welt des Zeugens und Vergehens, die Welt des Scheins ist.

So sah er dort auch Wesen, die ihm selbst glichen; einst hatten sie zu Körpern gehört, die später vergangen waren. Und weiterhin sah er Wesen, die zu Körpern gehörten, welche zur gleichen Zeit wie er selbst in der Welt lebten.

Er erkannte, daß die Vielzahl – wenn es richtig ist, dieses Wort auf sie anzuwenden – dieser Wesen jede Grenze überschreitet, oder daß alle nur ein Einziges sind – wenn es richtig ist, ihnen den Begriff der Einheit zuzuordnen.

Und er sah, daß sein eigenes Wesen und jene Wesen, die auf derselben Stufe wie er selbst standen, tatsächlich unbegrenzte Schönheit, Glanz, Freude und Glück besitzen, wie es kein Auge je gesehen, kein Ohr je gehört und nie eines Menschen Herz je erlebt hat.

Allerdings sieht Ḥaiy ibn Yaqẓan in dieser Vielfalt auch andere Wesen, »erblindeten Spiegeln vergleichbar«, die von unvorstellbarer Scheußlichkeit und Unvollkommenheit gekennzeichnet sind und ständig von dem Verlangen gefoltert werden, den Schleier zu zerreißen, der das wahrhaftige Sein verhüllt.

Und schließlich sieht er die Welt der veränderlichen Wesen, eine Vielzahl unsteter Formen, den schwingenden Vorgang von Entstehung und Zerstörung.

Bei seinem Auftauchen aus diesen Visionen spürt er, daß er nicht beides zugleich erleben kann: die Welt der Sinne und die innere Schau. »Die hiesige Welt und die jenseitige sind wie zwei Gemahlinnen: Du kannst nicht der einen wohltun, ohne die andere zu beleidigen.«

Aus der grundlegenden Erkenntnis, daß die körperliche Welt von der geistigen abhängig ist (und nicht umgekehrt), entsteht in ihm das Verlangen, nur noch in jener wahrhaftigen Seinsform zu verweilen, und so gelingt es ihm, fast ohne Unterbrechung im Zustand mystischer Ekstase zu leben. Dies – man merkt es beim Lesen ganz deutlich – ist das Ziel, das auch Ibn Ṭufail anstrebt.

Damit könnte die Geschichte enden: Ḥaiy ibn Yaqẓan ist nun fünfzig Jahre alt, beseligende Erkenntnisse des Weltalls und Liebe zum Schöpfer erfüllen ihn. Fast ganz nach eigenem Willen kann er sich in meditative Ekstase versetzen und mit der Weltseele kommunizieren. Nur noch ein Wunsch beherrscht ihn: möglichst bald seinen Körper ganz zu verlassen und für immer im Zustand des Glücks zu verharren. Da geschieht etwas Eigenartiges – die Begegnung mit einem anderen Menschen.

Man berichtet, daß auf einer Nachbarinsel eine von einem früheren Propheten gestiftete Religion von edler Gesinnung gelehrt wurde, die alle Wahrheiten in Symbolen ausdrückte, so daß sie sich der Seele in Bildern einprägte, wie es bei Ansprachen an das einfache Volk dienlich ist. Diese Religion hatte sich auf der Insel immer weiter ausgebreitet und war schließlich vorherrschend geworden; der König selbst trat zu ihr über und hielt die Leute an, sich zu bekehren.

Auf dieser Insel lebten damals zwei besonnene Männer guten Willens; einer hieß Asal, der andere Salaman. Sie erfuhren von dieser Religion und widmeten sich ihr mit Nachdruck, machten es sich zur Aufgabe, alle ihre Vorschriften einzuhalten, ihre Riten auszuführen und sich jeder anderen Gesellschaft zu entledigen. Sie strengten sich an, die überlieferten Ausdrücke dieser Gesetzesreligion zu verstehen, vor allem jene, die sich auf Gott den Allmächtigen und Gewaltigen, seine Engel, die Beschreibung der Wiedergeburt, die Vergeltung der Taten usw. bezogen. Während der eine der beiden, Asal, versuchte, tiefer in den verborgenen Sinn einzudringen, um die innere Bedeutung der Ausdrücke zu entdecken, und mehr dazu neigte, die Sinnbilder zu übertragen, verschrieb sich Salaman mehr dem äußeren Sinn der Lehre und enthielt sich einer Deutung der Sinnbilder, freimütiger Kritik oder Grübelei. Doch beide befolgten mit Eifer die Riten, die Gewissensprüfung und den Kampf gegen die Leidenschaften.

In diesen beiden Personen sind die beiden Grundpositionen des damaligen Islam, der Gegensatz zwischen philosophischer und orthodoxer Auffassung, treffend zum Leben erweckt. Asal, der Mystiker, zieht sich eines Tages auf jene –

wie er glaubt – völlig menschenleere Nachbarinsel zurück, um sich fortan nur noch der Meditation zu widmen.

Die Beschreibung des Treffens von Ḥaiy und Asal läßt die außerordentlichen psychologischen Kenntnisse des Autors durchscheinen. Nach Überwindung von Überraschung und Angstgefühlen gelingt es den beiden nach und nach, in engen Kontakt miteinander zu treten, indem Asal den völlig ungebildeten Ḥaiy seine Sprache lehrt. Nun erst begreift Asal, wen er vor sich hat und wird seinerseits Schüler: Mit Staunen erfährt er die Einweihung in die tiefsten Geheimnisse des Geistes.

Ḥaiy seinerseits freut sich, von der Religion jenes Propheten zu hören und erkennt sie als greifbaren Ausdruck seiner eigenen Erkenntnisse. Er sieht jedoch bald ihre Unzulänglichkeiten und spürt das Verlangen, jenen anderen Menschen auf der Nachbarinsel die Hintergründe der Symbole zu erklären und sie dadurch dem Heil näherzubringen. Asal stimmt freudig zu, und als eines Tages ein Boot an ihren Strand verschlagen wird, ergreifen sie die Gelegenheit und lassen sich auf die andere Insel bringen.

Am Hof des edlen Königs Salaman und unter Gleichgesinnten finden Asal und Ḥaiy freundliche Aufnahme. Man interessiert sich für das seltsame Lebensschicksal des Ḥaiy und lauscht den weisen Einsichten, die er durch seine ungestörte Natur- und Selbstbetrachtung gewonnen hat. Doch je mehr er die eigentlichen Erkenntnisse vor seinen Zuhörern ausbreitet, desto mehr stößt er auf Widerstand, denn anstatt selbst zu forschen und aus eigener Kraft in den Urgrund des Seins zu tauchen, verlassen sich die meisten Menschen auf die Überlieferung und das, was allgemein darunter verstanden wird.

Ḥaiys gute Worte haben keine Wirkung, er kann ihnen den Weg zur Wahrheit nicht öffnen, denn ihre Herzen und Ohren sind versiegelt und vor ihren Augen hängt ein Schleier, wie sich Ibn Ṭufail in Anlehnung an einen Koranvers[131] ausdrückt.

Schließlich werden sich Ḥaiy und Asal darüber klar, daß die unverhüllte Mitteilung geistiger Erkenntnisse auf die unerfahrenen Menschen verwirrend und sogar schädlich wirkt, da sie in Zweifel gestürzt werden und von ihrem einfachen Weg abkommen. Darum entschuldigt sich Ḥaiy für seine Predigten und empfiehlt den Leuten, die einfachen Regeln der Gesetzesreligion zu befolgen, denn auch auf diese Weise sei es möglich, den paradiesischen Zustand zu erlangen.

Ḥaiy und Asal kehren daraufhin auf ihre einsame Insel zurück und leben dort in geistiger Betrachtung bis zu ihrem Tode.

Der Roman von Ḥaiy ibn Yaqẓan entstand, wie Ibn Ṭufail am Schluß sagt:

> ... aus verborgenem Wissen, das nur jene empfangen können, die Kenntnis von Gott haben, und das nur jenen unbekannt ist, die Gott nicht kennen. Indem wir es veröffentlichen, entfernen wir uns von der Verhaltensregel, die unsere frommen Vorfahren beachtet haben, eifersüchtig ein derartiges Geheimnis wahrend.

Dennoch hielt es Ibn Ṭufail für richtig:

> ... etwas vom Glanze dieses Geheimnisses aller Geheimnisse vor den Augen (seiner Leser) aufleuchten zu lassen, um sie auf die Seite der Wahrheit zu ziehen und vom irrigen Wege abzulenken. Allerdings haben wir diese Geheimnisse, die hier auf wenigen Seiten dargelegt sind, sorgfältig mit einem leichten Schleier bedeckt, der sich von dem, der dessen würdig ist, schnell durchdringen läßt, während er undurchdringlich bleibt für jene, die nicht würdig sind, hindurchzugelangen.

Schließlich entschuldigt sich der Autor dafür, daß er in ›freier Form‹ derartig tiefgreifende Fragen abgehandelt hat, wobei offenbleibt, ob er sich dessen bewußt war, daß er mit diesem Roman ein neues literarisches Genre schuf; aus heutiger Sicht läßt sich sagen, daß sein Werk nicht nur der erste philosophische Roman, sondern zugleich auch der Höhepunkt dieser Gattung war. Das ganze Werk ist straff durchkomponiert, ohne überflüssige Details, ohne Abschweifungen oder Fehler im Aufbau. Die Handlung schreitet mit logischer Folgerichtigkeit zügig voran.

Wie Ibn Ṭufail im Untertitel und im Vorwort betont, handelt es sich bei diesem *Brief*, wie er seinen Roman klassischerweise bezeichnet, um die Darstellung der Erleuchtungsphilosophie, *ischraq* genannt, also ein typisches Werk des Sufismus. Entsprechend werden Meditation, Enthaltsamkeit (vor allem Vegetariertum und Nicht-Töten) und andere buddhistisch[132] inspirierte Praktiken wie z. B. das kreisförmige Umschreiten von Steinen oder ekstatische Tänze als vorbildlich hingestellt. Durch die von Ibn Ṭufail schon zu Anfang gemachten Bemerkungen, die in der Mitte und am Ende wiederholt werden, daß es sich um die Nacherzählung oder Ausarbeitung eines alten Berichtes handele, könnte man zu der Meinung kommen, daß es sich nicht um eine völlig originale Arbeit handelt, sondern um ein Werk allgemeiner literarischer Tradition, was jedoch keineswegs der Fall ist.

Gleich zu Beginn bezieht sich Ibn Ṭufail auf das Werk seines geistigen Lehrers, Ibn Badschas Buch *Ratgeber des Einsamen*[133], in dem jedoch nur ganz entfernt eine ähnliche Thematik behandelt wird, denn der ›Einsame‹ bei Ibn Badscha ist ein mitten in seiner Gesellschaft lebender Erleuchteter, der nur innerlich die Brücken abgebrochen hat und seinen eigenen Weg geht. Dennoch, der Keim zu den revolutionierenden Gedanken Ibn Ṭufails war hier wohl schon angelegt.

Die Namen Ḥaiy ibn Yaqẓan, Asal und Salaman stammen, wie der Autor im Vorwort selbst sagt, von Scheich Ibn Sina[134], der sie in einer philosophischen Erörterung[135] verwendet, die von Platon und Galenus inspiriert ist. Vermutlich gehen die Namen auf griechische Tradition zurück.[136] Die Gemeinsamkeit mit Ibn Sinas Schrift ist jedoch nur äußerlich, und Ibn Ṭufail mußte den Namen Absal in Asal umändern, damit er seinen neuen Zielsetzungen besser entspricht. Außer einigen allgemein gnostischen Gedanken und iranischen Vorstellungen aus der Philosophie des *ischraq* hat Ibn Ṭufail nichts von Ibn Sina übernommen, sondern ein in seiner Gestalt wie im Inhalt völlig neuartiges Buch verfaßt, das zu den schönsten Blüten mystischer Dichtung zu zählen ist.

Schon eine Generation nach dem Tode des großen Berberherrschers Yusuf ibn Taschfin, der in Marokko noch heute wie ein Heiliger Verehrung genießt, machte sich wieder ein Berber auf, die dekadenten Sitten seines Volkes durch eine religiöse Erneuerung zu reinigen: Muḥammad ibn Ṭumart vom Stammesverband der Maṣmuda. Nach ausgiebigen Studien in Andalusien, Ägypten und Syrien ließ er sich bei seinem heimatlichen Stamm in Tinmel im Hohen Atlas im Jahre 1125 zum Mahdi ausrufen und schuf damit die geistigen Voraussetzungen für das größte islamische Reich des Westens. Er war selbst vom Sufismus geprägt und hat die Ideen der islamischen Mystik seinen Anhängern weitergegeben.

Sein Feldherr und Nachfolger ʿAbd elMuʾmin besiegte in langwährenden Kämpfen alle Gegner und eroberte nach und nach ganz Marokko, Andalusien, Algerien, Tunesien und Tripolitanien. 1162 wurde er zum Kalifen dieses großen Maghreb erklärt und konnte nun seine fortschrittlichen Maßnahmen durchsetzen, die nicht nur die Reinigung des Glaubens betrafen, sondern auch die Festigung des Reiches durch moderne Verwaltung, Errichtung von Universitäten, Bau einer eigenen Flotte und vieles mehr, was seinen Staat zum sichersten Reich seiner Zeit machte, so daß Wissenschaft und Forschung, Kunsthandwerk und Philosophie blühen konnten.

1153 rief er den – später auch im christlichen Abendland berühmt gewordenen – Arzt und Philosophen Ibn Ruschd (Averroes)[137] an seinen Hof in Marrakesch und machte ihn später zum Richter in Sevilla und danach in Cordoba. Auch von ʿAbd elMu'mins Nachfolger, seinem Sohn Abu Yaʿqub Yusuf, wurde der Gelehrte und Schriftsteller als Leibarzt am Hofe gehalten – damals fand das schon erwähnte Gespräche im Beisein Ibn Ṭufails statt. Später diente er wieder in Cordoba als Richter und wurde auch von dem Sohn und Nachfolger, dem großen Sultan Abu Yusuf Yaʿqub elManṣur, in seinem Amt bestätigt und beim Durchzug des Sultans 1195 durch Cordoba öffentlich geehrt.

Doch durch seine eigenwilligen Lehren hatte sich Ibn Ruschd nicht nur Bewunderer erworben, sondern auch den Neid und Haß vieler Theologen auf sich gezogen, so daß er einige Zeit danach in dem Städtchen Lucena bei Cordoba unter Hausarrest gestellt und schließlich fast wie ein Gefangener nach Marrakesch befohlen wurde, wo er 1198 starb. Nach der pompösen Heimführung in seine Heimatstadt Cordoba wurde er dort mit großen Ehren beigesetzt.

Dieser bei uns als Averroes bekannte Arzt gilt als einer der größten Philosophen und Wissenschaftler des westlichen Islam, doch dürfte dies vor allem jenen Blickwinkel beschreiben, der die enorme Auswirkung seiner Schriften auf die christliche Scholastik im Auge hat und vergißt, daß es zu jener Zeit viele Gelehrte im Reich des Islam gab, die ihm an Wissensumfang und Tatkraft gleichkamen.

Ibn Ruschd war selbst kein Sufi, soweit es seinen Lebenswandel betrifft. Doch er setzte sich mit aller ihm zu Gebote stehenden Kraft für die mystische Bewegung ein, was ihm viele Gegner und einen harten Lebensabend einbrachte. Mit seinem Buch *Entscheidende Abhandlung über die Übereinstimmung von Religion und Philosophie*[138] nahm er Stellung gegen diejenigen Philosophen, die die Religion zu einem logischen Denkspiel reduzieren wollten.

Er wandte sich vor allem gegen Abu Ḥamid elGhazali[139], der in seinem Werk *Abhandlung über den Unterschied zwischen Islam und Ketzertum*[140] gesagt hat, daß »ohne handfeste Beweise die Auslegung der religiösen Texte Anlaß zur Anschuldigung der Ungläubigkeit gibt.« Ibn Ruschd trat dagegen für die Geheimhaltung der mystischen Deutungen des Koran und der Aussprüche des Propheten Mohammed ein mit dem Hinweis, den schon Ibn Ṭufail in seinem Roman klargelegt hatte, daß derartige Auslegungen auf alle diejenigen Menschen verwirrend wirken können, die mit der Mystik nicht vertraut sind. Die Taktik der Geheimhaltung entspricht der *taqiya*, ›Verschleierung‹, der Schiiten, die auch von den Charedschiten und Sufis, besonders den Malamati, praktiziert wurde.

Den Gelehrtenstreit, der das Schicksal der Sufis mitentschied, möge der folgende kurze Ausschnitt aus dem Buch des Ibn Ruschd illustrieren:

Vom Gesichtspunkt der Gesetzesreligion aus kann man die Menschen in drei Gruppen einteilen. Zur ersten gehören jene, die keinerlei Deutung (der heiligen Texte) vornehmen. Diese Leute sind nur der direkten Beweisführung zugänglich; sie bilden die große Masse, denn es gibt keinen Menschen, der – wenn er geistig gesund ist – diesen nicht zustimmen würde.

Die zweite Gruppe bilden jene, die für die dialektische Deutung sind, seien sie nun Dialektiker auf Grund ihres Wesens oder durch Erziehung.

Für die dritte Gruppe von Menschen bedeutet die Deutung Gewißheit. Zu ihrem Wesen gehört die Vorliebe zur Begründung, sowohl auf natürliche als auch auf künstliche Art, womit ich die Kunst der Philosophie meine. Diese Deutung (der heiligen Texte) darf den Dialektikern nicht mitgeteilt werden, viel weniger noch den Massen, denn die Weitergabe an jemanden, der diese Deutung nicht nachvollziehen kann, besonders jene Deutungen, die vom Allgemeinwissen weit entfernt sind, führt zur Abwendung vom Glauben sowohl bei dem, dem sie mitgeteilt wird als auch bei dem, der sie mitteilt. Den äußeren Sinn (eines heiligen Textes) im Geiste eines Menschen, der nur diesen äußeren Sinn begreifen kann, zerstören, heißt nämlich, ihn zum Unglauben zu bringen, soweit es sich um die Grundlagen der Gesetzesreligion handelt.

Die (mystischen) Deutungen dürfen also den Volksmassen nicht ausgesetzt werden, nicht einmal in Gebetsbüchern und theologischen Abhandlungen, also in jenen Büchern, in denen die Beweisführungen von den beiden Arten sind, wie es Abu Ḥamid elGhazali getan hat. Darum muß man angesichts eines Textes, von dem bezweifelt wird, daß er nur den allen zugänglichen äußeren Sinn habe, ausdrücklich erklären, – da ja die Kenntnisnahme seiner Deutung für die Vielen nicht möglich ist – daß es sich um etwas Dunkles handle, von dem nur Gott selbst das Wissen besitze, und daß man eben hier einhalten müsse, im Sinne des Wortes Gottes des Allmächtigen: »Niemand kennt die Deutung davon außer Gott.« In dieser Weise soll man die Fragen nach Unklarheiten, die dem Verständnis der Massen unzugänglich sind, beantworten mit den Worten des Allerhöchsten: »Sie fragen dich nach dem Geist. Antworte: Der Geist kommt von meinem Herrn. Was das Wissen anbetrifft, so habt ihr nur wenig erhalten.«

Die Unterdrückung des Sufismus

Die Schwierigkeiten der Sufis waren vielgestaltig, sowohl in sozialer als auch in religiöser Hinsicht. Nur das einfache Volk liebte die Derwische und verstand ihre Hingebung an Gott.

In mancher Hinsicht handelt es sich um den in allen Religionen vorhandenen Gegensatz zwischen erstarrtem Gesetz und Ritual einerseits, mit äußerster Gewalt verteidigt durch die orthodoxen Lehrer, und der freien Ausübung der Frömmigkeit andererseits, die aus dem unmittelbaren Erleben des Göttlichen erwächst.

Der Gegenschlag, den die Herrschenden dem Sufismus versetzten, zielte jedoch nicht gegen die primitive Frömmigkeit, gegen Heiligenkult und Wallfahrten, in denen heidnische Bräuche wieder auflebten, sondern gegen intellektuelle Formen der Koranauslegung, gegen das Erwachen eines Selbstverständnisses bei einzelnen Denkern, gegen Wachstum und Reife der Botschaft Mohammeds, die den Lehrern der Orthodoxie als ein unantastbares, vollkommenes Endprodukt galt.

Ihnen genügte auch nicht die puritanische Definition des Sufismus, die Sari esSaqati festgelegt hatte:

Sufi ist der, bei dem die Kenntnis des göttlichen Lichtes
das Licht der Gesetzeserfüllung nicht auslöscht,
dessen Verkündigung nicht dem äußeren Sinn des Korans und der Überlieferung widerspricht,
und dessen Wunder, die ihm von Gott gegeben sind, nicht die Gesetze und Verbote Gottes durchbrechen.

Auch diese Art von Sufismus besteht ja noch im direkten Kontakt zwischen Mensch und Gott und ist bestrebt, die Gängelung durch die Gesetzeslehrer zu meiden. Die Sufis hielten sich für besonders begnadete Anhänger des Propheten Mohammed, da sie seine unmittelbare Art, sich der Offenbarung zu öffnen, nachahmten, und gerade das setzte sie in Feindschaft zum orthodoxen Glauben, der die Offenbarung göttlicher Wahrheit durch den Propheten Mohammed für den letzten derartigen Vorgang in der menschlichen Geschichte ansieht. Auch so feinsinnig vorgebrachte Unterscheidungen wie zwischen ›Prophet‹ und ›Freund Gottes‹ oder zwischen goldenem und silbernem Ziegel konnte sie nicht darüber hinwegtäuschen, daß diese Mystiker sich das Recht herausnahmen, mit Gott selbst zu reden, und das erschien ihnen als Lästerung. Sie bestraften sie mit Hinrichtung, denn anders als bei Totschlag oder Mord handelte es sich um ein Verbrechen am Höchsten, das nicht durch Blutgeld gesühnt werden konnte.

Eines der ersten Opfer im Maghreb war vermutlich Abu Madyan von Tlemcen, der auf Weisung des Sultans Yaʿqub ibn Manṣur etwa 1198 getötet worden sein soll. Die Verfolgungen lösten die Flucht vieler Sufis nach Osten aus, aber auch Verheimlichung und Veränderung der Verkündigung. Manch einer gab sich als geistesgestört aus, um die Aufmerksamkeit der Herrschenden abzulenken.

Die theologische Diskussion um die Berechtigung des Sufismus, die mit Ibn Ruschd und elGhazali begonnen hatte, ist nie mehr abgerissen. Stellvertretend für die vielen Ansichten will ich das recht ausgewogene und allgemein anerkannte Urteil des Ibn Chaldun hier anführen. Dieser vielseitige Schriftsteller, der Historiker, Geograph und Soziologe zugleich war, interessierte sich offensichtlich sehr für die Sufis und beschäftigte sich auch mit ihren Schriften. Er sah den Sufismus als kulturelles Phänomen, als Zeiterscheinung, nicht als religiösen Anspruch. Im Vorwort zu seiner Universalgeschichte[141], die etwa 1377 verfaßt ist, sagt er folgendes:

Niemand sollte die erste Ansicht verwerfen: Die Übungen und geistigen Zustände, mystischen Erfahrungen und Ekstasen sowie die Einsichten, die zur Minderung der religiösen Nachlässigkeit beitragen, sind echte mystische Erlebnisse, ihre Ausführung ist Grundlage für das Glück. Die Gnadengaben und das, was die Sufis vom Übernatürlichen berichten sowie ihr Verhältnis zur Wirklichkeit ist ebenfalls echt. Der Tadel seitens einiger Gelehrter tut ihnen da unrecht.

Dagegen sind die Ansichten der Sufis über die Offenbarung, die Mitteilungen von höheren Wesen und vom Aufbau der Welt, verschiedenartig auszulegen. Sie beruhen nämlich auf Eingebungen, und wer diese nicht erfahren hat, kann die mystischen Erlebnisse nicht verstehen. Keine Sprache könnte ausdrücken, was ein Sufi empfindet, denn die Sprachen sind erfunden zur Übersetzung geläufiger Wahrnehmungen allein. Darum ist es sinnlos, mit einem Sufi über dieses Thema zu streiten. Man sollte sich einfach nicht daran stören, so wie man es auch mit den verschieden deutbaren Ausdrücken im Koran halten soll.

Das hindert jedoch nicht daran, daß diejenigen darin ihre Glückseligkeit finden, die von Gott die Gnade zum Verständnis dieser Ausdrücke erhielten, indem er ihnen eine Deutung eingab, die mit dem Gesetz vereinbar ist.

Schließlich gibt es die Ekstasen, die auf Täuschung beruhen und die von den Gelehrten lebhaft kritisiert werden. Um den Sufis gerecht zu werden, muß man jedoch anmerken, daß sie dabei wie entrückt von der Sinneserfahrung sind, völlig ergriffen von ihrer Eingebung. In diesen Zuständen sagen sie manches, was sie nicht sagen wollten. Man kann aber nicht zu dem sprechen, der abwesend ist, und man muß den entschuldigen, der unter höherer Gewalt steht. Der eifrige und verdiente Sufi muß als vertrauenswürdig angesehen werden, in diesem Punkte wie in den anderen.

Das klingt wie eine Verteidigung der Sufis, doch nur in einer Hinsicht: Der Standpunkt Ibn Chalduns ist politischer, nicht theologischer Natur. Das vorrangige Ziel war die Festigung der dynastischen Herrschaft und die Erhaltung der Zivilisation. Askese, Rückzug aus der Welt und Hinwendung zum Jenseits standen dagegen gerichtet und wurden darum mit ungewöhnlicher Härte ausgeschlossen.

Aus diesem Grunde verbrannte man auch die schwärmerischen Schriften von Ibn elʿArabi sowie die aufrührerischen Werke von Ibn Sabʿin und von Ibn Qasi, dem Gründer der ›Muridun‹. Ibn Chaldun erwähnt ein Rechtsgutachten zweier Gelehrter aus Fes, in dem es noch einmal um die Streitfrage ging, die seit Ibn Ṭufails Roman zum Kern der Diskussion geworden war: Muß ein Gottsuchender einem Meister folgen oder kann er völlig eigene Wege beschreiten? Wieder umgeht Ibn Chaldun in seiner Stellungnahme das theologische Problem und betrachtet nur den gesellschaftlichen Gesichtspunkt: Worin liegt der Nutzen eines Sufis für die Gemeinde?

Er unterscheidet zwei Arten von Sufi, einen annehmbaren, der alle seine Handlungen dem Koran und der Überlieferung unterwirft und sich nur in seinem Herzen fragt, ob er vor Gott bestehen könne, und einen verwerflichen, der sich danach richtet, was ihm sein eigener Wille und seine persönlichen Erlebnisse auferlegen, und der auch neue Wege beschreitet, wenn er es für nötig hält. So kommt Ibn Chaldun dazu, auch Ibn elFarid, elHatimi und eschSchuschtari sowie deren Anhänger zu verurteilen.

Wörtlich sagt er[142]:

Ich denke, daß der durch seine Liebe zu Gott hingerissene Mystiker seiner Verantwortungsfähigkeit vor dem Gesetz beraubt ist. Wie kann solch ein Begeisterter den Rang eines Heiligen einnehmen, wie man seit jeher und sogar heute ohne Widerrede annimmt?

Jener befindet sich auf dem niedrigsten Stand des Menschen und an der Grenze der Gemeinschaft der Gläubigen; er kann nicht mehr als verantwortlich angesehen werden, wenn er seinen gesellschaftlichen und religiösen Pflichten nicht nachkommen kann.

Daher sage ich, wer die Verantwortungsfähigkeit verliert, sei es aus körperlicher oder geistiger Schwäche wie es bei Verrückten und Geistesgestörten der Fall ist, der ist verloren. In diesem Zustand ist er zu nichts fähig, schon gar nicht zur Heiligkeit. Wenn jedoch der *Eingeweihte* die Selbstkontrolle verliert, weil er vom göttlichen Licht durchdrungen die Verbindung zur Sinneswelt verringert, schadet ihm das nicht und macht ihn nicht verwerflich. Im Gegenteil, sein Glaube wird nur noch stärker, und er verdient es, unter die Heiligen gezählt zu werden, da er Zugang hat zu jenem Zustand, in dem das Licht des Wissens entschleiert wird.

Mit diesem ambivalenten Urteil hatten die Herrscher eine Handhabe, die es ihnen erlaubte, gegen alle unerwünschten Mystiker einzuschreiten, während die Gesetzeslehrer sich das Recht vorbehielten, auf Grund desselben Urteils den einen oder anderen großen Heiligen, dessen Verehrung nicht mehr zu verhindern war, als gerechtfertigt anzusehen.

Im Grunde ging es in diesem Kampf noch nicht um die Bereinigung des Islam von fremden Einflüssen, sondern um ein Abstecken der Grenze, wie ja auch elGhazali in seinem Werk gegen die ›Ketzer‹[143] nur gewisse gnostische Züge, die den Sufis wertvoll erschienen, aus dem islamischen Lehrgebäude verbannen wollte.

Der erste rein puritanische Aufruf, der die Ausmerzung der Heiligenverehrung insgesamt anstrebte, ging von Ibn Taimiya aus, der zur Schule des Ibn Ḥanbal gehörte.[144] Vier Jahrhunderte später griff ʿAbd elWahhab (1703–1787) diese Gedanken wieder auf und wurde zum Reformator Arabiens.

Der Glanz der islamischen Mystik, der sich im 12. Jahrhundert verbreitet hatte, war zur Zeit des Ibn Chaldun fast erloschen. Verborgen und maskiert lebte die sufische Bewegung dennoch überall weiter. In Nordafrika war es vor allem die von Scheich Schadhili ins Leben gerufene Lehre, die in einer ununterbrochenen Kette weitergereicht wurde und in den Kämpfen gegen die christlichen Heere sowie auch in den zahlreichen inneren Wirren und dynastischen Kriegen zur treibenden Kraft wuchs, der sich mancher *marabuṭ* mit wechselndem Glück bediente. Gemeinsam ist allen diesen Sufis die Berufung auf die schadhilitische Einweihung, die ihnen eine gewisse Autorität innerhalb der undurchsichtig gewordenen Vielfalt maghrebinischer Geistesströmungen verlieh.

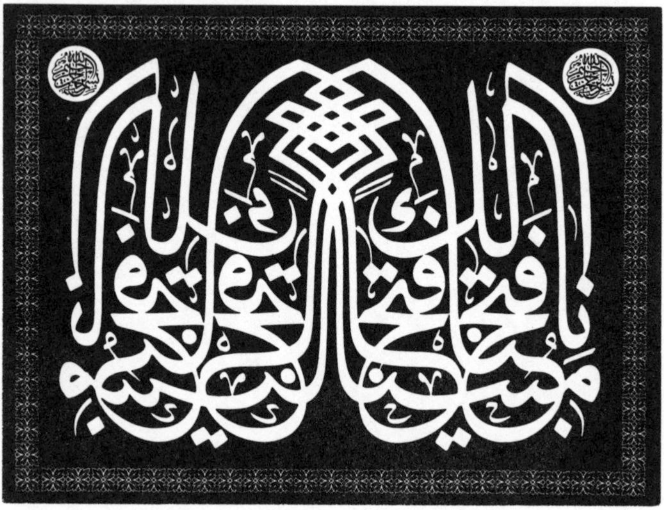

»*Wahrlich, Wir haben dir einen klaren Sieg gegeben.*« (Koran, Sure 48, Vers 1. Der in der rechten Hälfte geschriebene Spruch wird in der linken Hälfte spiegelbildlich wiederholt.)

3

Die Nachfolger von Scheich Schadhili

Abu l-ʿAbbas elMursi

Scheich Schadhilis erster Nachfolger war Abu l-ʿAbbas aus Murcia in Andalusien, der seinem Meister nach Alexandria gefolgt war und dort 1296 starb. Von ihm ist ein Kommentar zu den *Weisheitssprüchen* seines Meisters erhalten, der wiederum auf die nächsten Schüler eingewirkt hat. Auf die Erhaltung der einmal begonnenen Lehre und ihre Weitergabe vom Meister auf den Schüler legten die Schadhili-Anhänger größten Wert, wie es Abu l-ʿAbbas allen mit folgenden Worten einschärfte:

Wer auf diesem Wege (der Mystik) keinen Meister hat, kann seinen Nächsten nicht glücklich machen. Jemand, der große Intelligenz und eine hingebende Seele hat, kann – sofern er sich mit dem zufrieden gibt, was ihn ein Lehrer der Wissenschaften lehrt – dennoch nicht die Vollkommenheit dessen erreichen, der sich einem erziehenden Meister unterwirft. Denn die Seele ist immer von dichten Schleiern bedeckt, mit aller Macht neigt sie dazu, Gott etwas an die Seite zu stellen, und darum bleibt sie von Nichtigkeiten beeindruckt. Dieser Zustand wird nie völlig aufhören, wenn man sich nicht einem Anderen anvertraut und unter seine Macht und Kraft begibt. Und dies gilt selbst für jene Menschen, denen Gott besondere Gnaden verliehen hat und die er in seine Gegenwart berief; zu geistigen Führern können sie nicht werden, ungeachtet dessen, was sie für sich erreicht haben.

Die außerordentliche Tiefe der Gedanken des Meisters aus Murcia zeigt sich in den von seinen Schülern überlieferten Texten. Sie bilden die Blüte schadhilitischer Lehre und zugleich die Grundlage für die spanische Mystik des 16. Jahrhunderts, das jenen als das ›goldene‹ galt.[145]

Einige Sätze mögen dies verdeutlichen[146]:

Es gibt Seelen, sprach Abu l-ʿAbbas, die von dem Bewußtsein ihrer eigenen Unvollkommenheit und Bosheit beherrscht werden und sich darum reumütig in Gottes Gegenwart begeben und Ihn ständig um Verzeihung bitten. Immerzu werden sie von Gefühlen der Traurigkeit und des Schmerzes ergriffen, niedergedrückt von dem Schuldgefühl, das ein früher begangenes Unrecht oder die Erkenntnis der eigenen Unzulänglichkeit in ihnen auslöst. Im Gegensatz dazu gibt es andere Seelen, die im Bewußtsein der Gnade, Gaben und Annehmlichkeiten, die Gott ihnen großzügig zukommen läßt, unaufhörlich Freude und Glück über Gottes Gaben empfinden. Der erste Zustand ist typisch für Asketen und Büßer, der andere für jene, die Gott lieben. Der erste paßt zu jenen, die noch darin verhaftet sind, die göttlichen Vorschriften zu erfüllen, während der zweite diejenigen auszeichnet, die Gott anschauen. Der erste ist der der Wachsamen, der zweite der jener, die die Eingebung empfangen.

Und in Auslegung des folgenden Ausspruches des Propheten:

»Wer sich selbst kennt, kennt seinen Herrn!«

sagt er:

Wer seine eigene Schlechtigkeit und Unfähigkeit erkennt,
erkennt in Gott die Güte und Allmacht.

Und wie eine Maxime steht dazu der von ihm geprägte Satz[147]:

Die Gnade ist ein Schleier, der Den verbirgt, Der sie austeilt.

Scheich Buṣiri

Etwa gleichaltrig mit Abu l-ʿAbbas war einer seiner vornehmsten Schüler, ein Ägypter berberischer Abstammung, Scharif udDin Muḥammad elBuṣiri[148] (1211–1295). Bevor er Sufi wurde, war er Grammatiker und Kalligraph. In beiden Berufen leistete er viel und war geachtet von den Besten seiner Zeit. Nach seinem Eintauchen in die sinneberauschende Liebe schrieb er zwei Lobeshymnen auf den Propheten Mohammed, die zum kostbarsten Schatz mystischer Poesie gehören: *El Hamziya,* das längere der beiden Gedichte, bei dem alle Verse auf Hamza reimen, und *El Burda,* das besser bekannte, das besonders am Geburtstag des Propheten Mohammed und auch bei Begräbnissen gesungen wird. Man sagt, Scheich Buṣiri habe es im Überschwang seines Dankes nach einer wunderbaren Heilung verfaßt. Er sei einmal mit Lähmung geschlagen gewesen und habe auf seine inständigen Bitten hin den Propheten Mohammed im Traum gesehen, wobei dieser ihm durch Handauflegen und Überwerfen des Mantels die Gesundheit zurückgab.

Die Geste des Mantel-Umhängens hat, wie wir schon sahen, eine besondere Bedeutung bei den Sufis, einer Einweihung vergleichbar.[149] Im Islam hat sie ein historisches Vorbild: Ein Zeitgenosse des Propheten Mohammed, der Araber Ka'b ibn Zuhair, hatte ein Gedicht zum Lobe des Propheten verfaßt, das diesen in der Schar seiner Genossen wie einen weltlichen Krieger und Fürsten verherrlichte. Obgleich in diesem Loblied die göttliche Sendung des Propheten nicht einmal angedeutet war, gefiel es Mohammed doch so sehr, daß er dem Dichter als Ehrung seinen kostbaren Mantel aus jemenitischem Stoff umhängte.[150] Das Gedicht[151] nannte man fortan *Ode des Mantels,* und ebenso alle späteren Gedichte, die zum Lobe des Propheten verfaßt wurden.

Die beiden Lobeshymnen des Scheich Buṣiri erfreuen sich in der gesamten islamischen Welt außerordentlicher Beliebtheit, nirgends jedoch so sehr wie in Marokko, wo sie auf allen Märkten in ständigen Neudrucken zu kaufen sind und wo zahlreiche Menschen sie auswendig rezitieren können. Es gibt auch Übersetzungen ins Berberische und sogar Kommentare in Berbersprache dazu.[152]

Am Nachnamen Buṣiris, esSanḥadschi, ist erkennbar, von welchem Berbervolk er abstammte, doch sonst ist wenig von seinem Leben bekannt. Sein Grab liegt in Alexandria, wie das seines Meisters, Abu lᶜAbbas aus Murcia.

Die Sprache seiner beiden Hymnen ist höchste Blüte arabischer Schriftsprache, unermeßlich reich im Wortschatz und Ausdruck. Tatsächlich sträubt sich der Text der *Burda* gegen eine Übersetzung, er ist reine Poesie, im Begeisterungsrausch verfaßt für Menschen, die selbst bereit sind, in diesen Rausch der Anbetung einzutauchen. In diesem Sinne ist das Gedicht schönster Ausdruck volkstümlicher Mystik, Blüte der Frömmigkeit des 13. Jahrhunderts.[153]

Im folgenden bringe ich die erste Hälfte des Gedichtes in eigener, möglichst wörtlicher Übersetzung[154]:

Lobeshymne auf den Propheten, auch ›Ode des Mantels‹ genannt

O mein Herr, ich wende mich mit Gebet und Gruß allezeit an Deinen Geliebten, den Besten aller Menschen.

Gelobt sei Gott, der die Schöpfung aus dem Nichts hervorgebracht!
Und Preis sei dem seit der Vorzeit Erwählten!

1 Ließ dir die Erinnerung an die Einwohner von Dhū Salām
Tränen mit Blut vermischt aus den Augen strömen?

Oder war es der Wind, der von Kazimat herwehte,
und der Blitz, der von Iḍam her das Dunkel durchzuckte?

Was ist mit deinen Augen? Sagst du ihnen: Bezähmt euch! so fließen sie.
Und was mit deinem Herzen? Sagst du ihm: Fasse dich! dann zerfließt es.

Glaubt der Verliebte denn, daß die Liebe geheim bleiben könne
bei all diesem Fließen und diesem Brennen?

Ohne Sehnsucht wären die Tränen nicht, die wie Tau benetzen,
und du wärest nicht schlaflos in Erinnerung an die Muskatweide und den Wegweiser.

Denn wie kannst du die Liebe leugnen nach dem, was du gesehen hast?
Gerechte Tränen und Leid bedeuten sie dir,

und die Leidenschaft zeichnet eine Spur von Tränen und Schwäche –
weißen Blüten und roten Früchten vergleichbar – auf deine Wangen.

Ja, gewiß! Die Sehnsucht vertreibt den Traum und macht mich schlaflos,
und der Liebesschmerz vertreibt die Genüsse.

Der du meine keusche Leidenschaft anprangerst, hab' Verständnis
für mich! Wenn du gerecht bist, dann tadle mich nicht.

Mein Zustand ist mir kein Geheimnis, da du ihn mir angekündigt hast;
Zierde ist er und keine unheilvolle Krankheit.

Aufrichtig gabst du mir guten Rat, doch ich wollte ihn nicht hören;
ja, die Liebe beschuldigt mich der Taubheit.

In meiner Dummheit verdächtigte ich die Ratschläge des Alters,
doch der Rat des Alters ist über Verdacht erhaben.

Nun siehst du mich im Unglück, das du kommen sahst,
in der Unwissenheit, vor der du mit der Weisheit des Alters warntest.

Und doch bereite ich nicht durch sittliche Taten die Bewirtung
des Gastes vor, der ungebeten bei mir einkehrt.

Wenn ich gewußt hätte, was ihn entflammt hat,
würde ich das Geheimnis, das er mir offenbart, mit Schweigen bedecken.

Wer hält meine Seele zurück in ihrem trotzigen Geheul,
so wie man den Trotz der Pferde mit dem Zügel bändigt?

Und dämpfe nicht ihre aufwallenden Begierden durch Widerstand,
denn wenn die Speise (aufgetischt) wird, nehmen Gier und Heißhunger zu!

Ja, die Seele ist wie ein Säugling; vernachlässigst du ihn, wächst sein Verlangen nach der Mutterbrust, aber wenn du ihn abstillst, wird er entwöhnt.

So entzieh ihm die Liebe und achte darauf, daß er bewacht wird, denn die Sehnsucht macht seinen Wächter taub.

Hüte die Seele, auch wenn sie gute Werke tut,
und wenn sie sich zur Weide begibt, verlaß sie nicht!

Wie schön macht sie dem Mann das tödliche Übel,
solange er nicht weiß, daß das Fett Gift enthält.

Fürchte die Fallen des Hungers wie auch der Sattheit,
doch mancher Mangel ist übler als die Fülle.

Laß die Tränen aus dem Auge fließen, wenn es voll ist
vom Verbotenen, und strebe durch Zucht Bekehrung an!

Widersprich der Seele und auch dem schädlichen Satan,
und wenn die beiden dir aufrichtig raten, mißtraue ihnen!

Nimm sie weder als Gegner noch als Berater an,
denn du weißt, daß Gegner und Berater listig sind!

Verzeih mir Gott meine Worte ohne Taten!
Es ist, als hätte ich dem, der nicht zeugt, Nachkommen zugeschrieben.

Dir befahl ich, Gutes zu tun, aber selbst befolgte ich es nicht und strebte nicht Geradheit an; was sollen dann meine Worte an dich: Bleibe aufrecht!?

Angesichts des Todes vermehrte ich nicht freiwillig gute Taten,
(sondern) betete und fastete nur, pflichtschuldig;

ich unterließ die Gebote dessen, der das Dunkel belebt
(mit seiner Ausdauer), sodaß seine beiden Füße anschwollen.

Hunger schwächte ihn und ein Stein,
den er sich zwischen Gürtel und Lenden gebunden hatte.

Wie sehr auch das in Gold verwandelte Gebirge ihn verlocken mochte,
seine Seele wandte sich in Abscheu ab.

Seine Enthaltsamkeit verstärkte in ihm die Not;
wahrlich: Not führt nicht zur Tugend!

Wie könnte die Not den in die Welt rufen,
ohne den die Welt nicht aus dem Nichts hervorgebracht worden wäre?

Mohammed ist Gebieter der beiden Seinsformen und der beiden Welten,
(der Beste) der beiden Kulturgruppen: der Araber und Fremden.

Unser Prophet befiehlt und verbietet; keiner
ist rechtschaffener in seinem Wort, sei es »Nein« oder »Ja«.

Er ist der Freund, dessen Fürsprache erhofft wird
in allen Schrecken, die uns bedrängen.

Er hat zum Gehorsam gegen Gott aufgerufen;
wer gehorcht, hält einen Strick fest, der nicht reißen kann.

Alle Propheten hat er an Gnade und Tugend übertroffen,
sie kommen ihm nicht nahe, weder an Wissen noch an Güte.

Und alle wünschen aus dem großen Meer des Boten Gottes zu schöpfen
oder sich mit seiner Frische zu benetzen.

Ja, durch ihn ist ihnen eine Grenze gesetzt,
in den Feinheiten der Wissenschaft wie in den Tiefen der Weisheit.

Denn er ist vollkommen in Sinngebung und Gestalt.
Und der, der den Atem gab, hat ihn als Freund erwählt.

An Schönheit überstrahlt er jeden anderen,
denn ungeschmälert ist in ihm das Wesen der Schönheit (selbst).

Beachte nicht, was die Christen ihrem Propheten angedichtet haben,
und verkünde öffentlich, was an ihm (Mohammed) lobenswert ist,

und berichte von ihm, was seinen Edelmut angeht,
berichte von ihm, was sein Können angeht.

Denn wahrlich, die Gnade Gottes Gesandter zu sein, ist in ihm so
grenzenlos, daß kein Mund sie aussprechen könnte.

Seine Macht muß der Macht seiner Verse entsprechen!
Wann immer sein Name angerufen wird, belebt er die verdorrten Gebeine.

Er hat uns bewahrt vor dem, was die Vernunft auslöscht,
sodaß wir (Gott) nicht weltlich einordnen und nicht unmäßig sind.

Wer seine Wahrheit gesehen hat, sieht nichts (anderes) mehr;
nahe bei ihm oder fern von ihm wird alles zum Schweigen gebracht,

so wie die Sonne wegen ihrer großen Entfernung den beiden Augen klein erscheint
und doch den Blick blendet beim Hinschaun.

Und wie erreicht in dieser Welt das schlafende Volk seine Wahrheit, während es ihr in den Traum entschlüpft?

Denn die Summe dessen, was wir von ihm wissen, ist: daß er ein Mensch ist!
Ja, er ist wirklich der Beste von allen Geschöpfen Gottes!

Alle Zeichen, die die edelsten Boten (Gottes) brachten,
waren nur möglich durch sein Licht, das er ihnen (gab).

Denn er ist wirklich die Sonne der Gnade, und sie sind ihre Planeten;
ihr Licht bescheint uns Menschen in der Dunkelheit.

Beschenkt mit Schönheit ist das Wesen des Propheten,
von (alles) umfassender Schönheit, von großem Frohsinn,

wie die Blume in vollster Blüte und der Vollmond auf der Höhe,
freigiebig wie das Meer und unerschöpflich wie die Zeit.

Einzigartig ist seine Herrlichkeit,
wenn er im Heer oder im Gefolge vor ihnen steht.

Wie die in der Muschel verborgene Perle
ist der Schatz seines Lächelns und Gesprächs.

Kein Duft ist so edel wie der des Staubes über seinen Gebeinen,
selig, wer daran riecht oder ihn küßt.

Die Ereignisse bei seiner Geburt bezeugen die Güte seines Wesens.
O Güte seines Beginnens und seines Beendens!

An jenem Tage begriffen die Perser, daß ihnen
kommende Not und Strafe angekündigt sind:

über Nacht zersprang der Palast des Chosroes, (als Zeichen,
daß) die Gefolgschaft des Chosroes versprengt werden wird.

Aus Reue löschte das Feuer die Flamme,
und aus Leid verlor der Fluß die Quelle.

(Die Stadt) Sawa trauerte um den Verlust ihres Sees,
und der Durstige, der zum Trinken hinabstieg, mußte verdrossen
zurückkehren.

Es war, als ob vor Kummer das Feuer die Feuchte des Wassers
und das Wasser die Glut des Feuers angenommen hätte.

Die Geister schrien, und die Lichter erstrahlten,
und die Wahrheit offenbarte sich in Zeichen und in Worten.

Blind und taub waren die, die nicht die Verkündung der frohen
Nachricht
gehört und nicht den Blitzstrahl der Mahnung gesehen hatten,

nachdem die Wahrsager ihrem Volke geweissagt hatten,
daß ihr falscher Glaube nicht überdauern werde.

Schon sahen sie am grauen Horizont die Sterne herabstürzen
zur Erde: ebenso ihre Götzen,

so daß sie am Morgen den Weg der Offenbarung flohen,
die bösen Geister, eilig einer in den Tritten des anderen fliehend.

Ihre Flucht glich der des ermüdeten Abraham
oder der jener Soldaten, gegen die er (Mohammed) Kiesel mit
beiden Händen warf.

Er (Mohammed) lobte Gott und warf sie aus ihrer Geborgenheit,
wie der Walfisch den Gott preisenden (Jonas) aus seinem Innersten
herauswarf.

Auf seinen Ruf kamen die Bäume ehrfürchtig
zu ihm gegangen – auf ihren Stämmen ohne Beine;

wie fein gezogene Linien, die man schreibt,
warfen ihre Zweige wunderbare Zeichen auf den Weg;

(so wunderbar) wie die wandernde Wolke, die ihn begleitete,
ihn mit Sorgfalt gegen die glühende Mittagssonne schirmend.

Ich schwor bei dem durchfurchten Mond, daß er
mit seinem Herzen Ähnlichkeit habe; berechtigt ist der Schwur!

und daß die Höhle den Besten und Edelsten enthielt,
während die Augen aller Ungläubigen mit Blindheit geschlagen waren.

Damals befanden sich die Wahrheit und der Wahrhaftige vereint darin,
und dennoch sagten jene: Niemand ist in der Höhle.

Sie ahnten nicht, daß eine Taube und eine Spinne
um den Guten kreisten und ihr Netz gesponnen hatten.

Der Schutz Gottes umgibt ihn wie ein doppeltes
Kettenhemd oder wie eine hohe Festung.

Drei Dichter

Bei der Ausbreitung der sufischen Gedanken waren drei maghrebinische Dichter maßgeblich beteiligt. Der erste von ihnen, Abu l-Ḥasan etTadschibi, genannt elHirrali, ist in Marrakesch in der zweiten Hälfte des 12. Jahrhunderts geboren, während die Almohaden von dort aus das große Reich beherrschten. Nach seiner Reise in den Orient lehrte er einige Zeit in der Stadt Bugi in Algerien, mußte aber wie mancher andere Sufi fliehen und starb 1240 in Hama in Syrien.

Von seinen zahlreichen Schriften, die über Logik und Grammatik, über die Aussprüche des Propheten Mohammed und über Ideen vom Jenseits handeln, ist nur wenig bekannt.

Außer zwei Bruchstücken seiner feinsinnigen Gedichte ist nichts mehr erhalten.[155] Die Ähnlichkeit dieser Gedichte mit modernen französischen – etwa von Rimbaud, Mallarmé oder besonders St. John-Perse – ist auffällig.

Im ersten Gedicht, das ich *Das Unfaßbare* überschrieben habe, spricht elHirrali von der Einzigkeit des göttlichen Seins, das unser Dasein ›verdunkelt‹ – auslöscht oder mit zu hellem Licht überstrahlt – Ausdruck für die in mystischer Ekstase erlebte Erleuchtung. Außer Ihm gibt es nur Nichts, Er ist die Seinsweise ohnegleichen. Durch die Zeilen klingt die Sehnsucht nach einem Leben in Zurückgezogenheit und Hingebung an die Weisheit.

Das andere Gedicht, von mir *Juwelen* betitelt, erzählt fast wie ein Brief an einen Freund anekdotenhaft von einem solchen Rückzug in die Naturbetrachtung, in die Einswerdung mit dem Urquell. Aus dieser klassischen Geste des Mystikers entspringt die Erkenntnis der eigenen Nichtigkeit und des Alls, sowie eine Folgerung, die zunächst unfaßlich klingt, aber dem Mystiker vertraut ist: Das Gott schauende Ich muß größer sein als das All, das nur ein Nichts ist, denn das Ich enthält mehr als das Nichts, wenn es Gott schaut.[156] So wird die Reise ins Innere Selbst zur Entfernung von allem, was Geschichte genannt wird. Wer könnte jenen Ort noch benennen?

Das Unfaßbare

Nichts ist uns eigen als der Zustand des Nichtseins.
Unserem Schöpfer gehört Sein und Dauer.

Wir sind ein Gebäude, das mit Weisheit erbaut ist;
jedes Gebäude muß eines Tages zerstört werden.

Wir sind die Bücher des einzigen Gottes.
Niemand kann sie lesen außer dem, der der Feder die Gedanken eingab.

Die Buchstaben in den Büchern dessen, der die Feder schuf,
verdunkeln sich, wenn seine Gedanken erscheinen.

Unsere Seelen sind seinem Licht entsprungen,
und die Gesamtheit des Daseins ist ein Überfluß seiner Großmut.

Die Seele zerfließt vor dem, der sie kennt,
und versteckt sich in einer Zelle, wohin Sorgen nicht gelangen.

Niemand weiß, wer ich bin, außer mir.
Das kann die Vernunft niemals nachvollziehen.

Erstaunlich, wirklich erstaunlich, sind die Anmaßungen des Alls!
Nichts kann das All erlangen außer dem, was Er will.

Jedesmal, wenn ich mich mit meinem unvergänglichen Selbst vereinigen will,
werden mir Vernunft und Wissenschaft wie Scheren zur Schafschur.

Sie sind es, die mich durch flüchtige Gaukelbilder abschneiden
von einem Dasein, das vom Nichtigen befreit wäre.

Juwelen

Nachdem wir uns von dir entfernt haben in jenem Jahr,
sind wir hinabgekommen an ein Meer,
und sein Strand wurde unsere Wohnung.

Und über dieser Wohnung war eine Sonne, die über unseren Horizont stieg;
der Untergang dieser Sonne ist in uns,
und aus uns kommt ihre Morgenröte hervor.

Unsere Hände haben ihre Juwelen berührt,
aus denen unsere Seelen hervorgingen,
und sogleich wurden wir selbst zu Juwelen.

Sag uns, wer denn diese Sonne ist,
was ihr Sinn und ihr Geheimnis ist,
und was diese Perle des Meeres!

Wir sind hinabgestiegen in ein Weltall, dessen Name bei uns »das Leere« lautet,
und das zu klein ist, um uns zu enthalten,
während wir es doch in uns enthalten können.

Wir haben die aufgewühlten Meere hinter uns gelassen.
Wie könnten die Leute denn wissen,
wohin wir uns gewandt haben?

Ein Zeitgenosse von Ibn elʿArabi, Ibn elFarid und Ibn Sahl, ihnen jedoch an Qualität und Originalität nicht vergleichbar, war Abu ʿAbdallah Muḥammad ibn ʿUmar, genannt ibn Chamis.[157] Ibn Chaldun hielt ihn für den größten Dichter des 13. Jahrhunderts. Er lebte in Tlemcen und schrieb zunächst weltliche Liebeslieder und Lobgesänge auf die Fürsten und die Landschaft seiner Heimat. Eines Tages nahm er Abschied von diesem luxuriösen Leben, »das der Unwissende für Honig hält, der aus der Wabe fließt, und das doch nur bitteres Gift ist«, und widmete sich dem asketischen Lebenswandel. Von 1282 an war er Sekretär des Königs Abu Saʿid ʿUthman ibn Yaghmurasan, doch zwölf Jahre später überwarf er sich mit dem Herrscher und wanderte aus.

Von seiner Reise durch Nordafrika ist wenig bekannt, nur eine in Ceuta gehaltene Streitrede grammatischer Art ist überliefert. Von dort setzte er über die Meerenge nach Andalusien und erhielt in Granada, wo Muḥammad III. und sein Minister, der Gelehrtenfreund Ibn el-Ḥakim, regierte, einen Lehrstuhl für Arabisch. Als im Jahre 1309 der König durch seinen Bruder abgesetzt und der Minister ermordet wurde, durchbohrte einer der Verschwörer, ʿAli ibn Naṣr ›der Stumme‹, den Dichter mit dem Dolch; im gleichen Augenblick, heißt es, fühlte sich der Mörder selbst durchbohrt an derselben Stelle wie sein Opfer; nach monatelangem Leiden starb er daran. Bei seinem Tode soll er gesagt haben: »Ibn Chamis hat mich geschlagen, Ibn Chamis hat mich getötet!« und das hat natürlich viel zum Ruhm und der posthumen Heiligkeit dieses Sufis beigetragen.

Das folgende Gedicht beschreibt in den für jene Zeit typischen Bildern die Empfindungen des Sufis, der die Vereinigung mit seinem Schöpfer anstrebt.[158]

O Wunder! Wie könnte der die Vereinigung mit Ihm erleben, der nicht einmal zu hoffen wagt, einer Seiner Gedanken zu sein!

Bettelnd ersehne ich nur das Eine: eine Stunde mit ihr zu verbringen – und sie versagt mir die Gabe ihrer Schönheit.

Wie oft floh der Schlaf meine Augen, kommend und gehend wie schlagende Wellen, die immer verdrängt werden.
Der Vollmond verliert seinen Glanz wie ein Mädchen in Lumpen gehüllt, wenn sie sich erhebt aus der Dunkelheit.
Der Vorübergehende nimmt des Nachts etwas von ihrem Feuer, da schenkt sie ihm all ihren Reichtum.
Die Quelle ihrer Schönheit besucht mich zuweilen im Schlaf, und ihre Augen berühren mich mit ihren Pfeilen.
Welche Nächte hat sie mir geschenkt! Wie wenn die Sonne selbst in der Stunde ihres Untergangs mir als Verlobte zugeführt würde.

Aber der nächtliche Mond hat sie ihrer Schönheit beraubt, gleich wie er die verdeckte, die ihr ähnlich ist. So sei mein Vater das Lösegeld für den Duft jener unnachahmlichen Schönheit.
Die schwarzen Locken ihrer Stirn gleichen der Schwärze ihres Haares, und die Weiße ihrer Stirn hat den gleichen Glanz wie das Antlitz des Mondes.
Oh, laß mich in Gedanken ein wenig ahnen von ihrem Lächeln! Laß mich den Duft ihrer innersten Schönheit riechen!
Mein Blick wanderte im Garten ihrer Wange, weil er gefangen war vom Zauber ihrer Haltung.
Meine verliebten Verse sind so leicht wie ihr Atem, und die Blume deines Weines ist dem Duft des Windhauchs vergleichbar, der von ihr kommt.
Und du: Überliefere diese Gespräche der Liebe, erkläre ihre verborgene Sprache, erinnere an die, deren Worte Glauben verdienen (die Sufis).
Wenn du durch (die Stadt) Rama kommst: beachte ihre Gazellen, wenn du durch ihre Trümmer gehst.
Stell eine Falle auf, um das Weibchen zu fangen, und laß das Männchen dem Schlaf verfallen.
Laß deine Tränen wie Bäche fließen und bewässere mit ihren Brunnen das Land im Umkreis.
Ich bin der Rest eines Stammes, der durch die Trennung aufgerieben wurde wie von den Steinen einer Mühle.
Ehre sei den Menschen, deren Blut ungerechterweise vergossen wurde und deren schönes Ende von allen bewundert wird!
Ihnen war das Getränk der Vereinigung erlaubt, und es war ihnen süß. Wenn sie berauscht waren, dann von Seiner Süße und Seiner Erlaubnis (zu trinken).

Dieses Getränk ließ Hermes ein so fernes Ziel erreichen, daß noch niemand (nach ihm) dorthin gelangte.

Die Kraft dieses Bechers überwand den Sokrates, da wurde aller Wein in Becher gefüllt.

Ein Geruch von Heiligkeit ist bis nach Farab gelangt, wo er den besten der Einwohner an sich zog[159] und diesen zur Musik in seiner Schenke Verse singen ließ, so wunderbar wie die Geschenke der Königin von Saba.

Dieser Geruch ist bis nach Suhraward gelangt, wo er ein Auge in Schlaflosigkeit tauchte, weil es durch den Schatten Seines nächtlichen Besuches sich nicht schließen konnte;

so wurde Schihab-udDin[160] von seinem Erscheinen aufgerüttelt und konnte seinem ruhmvollen Licht nicht widerstehen.

Niemand wurde je von derartiger Begeisterung ergriffen wie er, und keine Hand hat je eine solche Gabe vergeben wie diese, die ihm zuteil wurde.

Am Schudhi[161] ist seine Trunkenheit bemerkt worden; nur im Leuchten seiner Spiegelung hat sie sich gezeigt.

Die Wirklichkeit wurde ihm wertlos, sein Dasein änderte sich, als er versuchte, die Wahrheit seines Erlebnisses mitzuteilen.

Das ist die Zartheit ihrer Liebe, ein völlig reiner Wein, köstlich dem, der ihn trinkt.

Der berühmte Stadtpatron und erste große Sufi von Algier, Sidi ʿAbdarraḥman aus dem Stamm Thaʿlaba in Nordalgerien, ist etwa 1384 im Dorf Isser geboren und kam schon in jungen Jahren zum Studium nach Algier. Ab 1399 reiste er nach Osten, zuerst nach Bugi, wo noch heute eine *zawiya* einige Kilometer vor der Stadt von ihm zeugt, 1406 weiter nach Tunis und 1414 nach Kairo. Nach Vollendung der Pilgerfahrt nach Mekka kehrte er 1416 nach Tunis zurück und 1419 nach Algier. Dort lehrte er fünfzig Jahre lang bis zu seinem Tode 1469. Sein Grab an erhöhter Stelle auf dem Friedhof der Stadt neben einem großen Johannisbrotbaum ist Wallfahrtsziel seit Jahrhunderten.

Als Lehrer muß eth-Thaʿalibi, wie er genannt wurde, einen großen Einfluß auf seine Mitmenschen ausgeübt haben. Man erzählt, er habe tausend Schüler vormittags und tausend Schülerinnen nachmittags unterrichtet. Wenn das auch legendäre Übertreibung sein dürfte, so geht doch zumindest daraus hervor, daß damals die Bildung der Frau noch als Selbstverständlichkeit erschien. In vorbildlicher Weise soll er *scharīʿa,* die Gesetzeslehre des Islam, mit *taṣawwuf*, der Mystik, verbunden haben. Seine Schriften weisen ihn als einen Anhänger des elGhazali aus, ferner zitiert er häufig die Hadith-Sammlungen von Abu Huraira und Imam Muslim, aber auch den Sufi Abu Madyan sowie el-Qurṭubi (gestorben 1273). Sein bekanntester Schüler war ein Anhänger von elDschazuli, Ahmad Zarruq elBarnusi.

Von seinen 33 Büchern sind noch heute ein Kommentar zum Koran[162] sowie ein einzigartiges Werk über den Tod, das Jenseits und die Endzeit[163], von dem es auch heute wieder Drucke in Algier und Kairo gibt, berühmt. Dieses Buch enthält, wie das Vorwort sagt, alles, »dessen sich ein Diener (Gottes) erinnern soll, was er stets wiederholen muß, immer bei sich tragen muß in seinen Gedanken, so daß er mit Gottes Hilfe Sicherheit beim Fortgehen hat und versorgt ist für die Reise«, gemeint ist die Reise in die jenseitige Welt. Es handelt sich also um eine Art Totenbuch, zusammengesetzt aus Erlebnissen, Berichten, Aussprüchen des Propheten Mohammed und der Sufis, Koranversen und eigenen Gedanken.

Darin finden sich Berichte von Erscheinungen Verstorbener, die manchen Parapsychologen interessieren dürften, ferner ein eigenartiges Erlebnis, das ihm selbst zugestoßen ist: Als er neben einem Grab einst die Sure Yasin rezitierte, stieg der Tote heraus, beteiligte sich am Gebet und kehrte danach wieder in die Erde zurück.

Auch in seiner Beschreibung der Gottsuche (*riḥla* = Reise), kommen Visionen und Träume von seltsamer Klarheit vor, die den Chaḍir und das Meer betreffen.

Diese eschatologische Sammlung, die das Alterswerk des Thaʿalibi ist – er schrieb sie mit etwas mehr als 60 Jahren ein ganzes Jahr lang – enthält alles Wissenswerte über die

Endzeit, das Thema, das im Volke jederzeit Gesprächsstoff ist: über den ›Antichrist‹ *(dadschal),* über die Heere von Gog und Magog, über die Trompete der Auferstehung, das Gericht und die Brücke *ṣiraṭ,* die scharf wie ein Schwert ist, sodaß nur die wahrhaft Gläubigen furchtlos hinübergelangen, während die anderen ins Feuer stürzen. Da wird beschrieben, wie der Tod am Ende erwürgt wird und wie die Propheten für ihre Gemeinde eintreten, um sie zu verteidigen. Da liest man die ganze naive Ausmalung des Paradieses, wie sie damals – nicht nur bei den Moslems – beim Volke beliebt war: Daß die Armen zuerst ins Paradies gelangen, und wie die Eltern ihre Kinder wiedertreffen, welche Genüsse im »Garten« auf die Erlösten warten, wie sie vor allem das Herz der leidgeprüften Wüstenmenschen erfreuen – fließendes Wasser und Getränke, schöne Frauen (die *ḥuri*) und liebliche Vögel. Und über allem leuchtet das Antlitz Gottes, das Frieden ausstrahlt und das ganze Paradies erfreut.[164]

Aus dem ersten Teil dieses Buches bringe ich einen kleinen Ausschnitt[165]:

In jeder Stunde stirbst du

Ibrahim ibn Adham sprach oft die folgenden Verse:

»Das Leben dieser Welt hier hat das Neugeborene noch nicht berührt,
und doch weint es schon von dem Augenblick an,
da es in diese Welt gekommen ist.
Was könnte es denn zum Weinen gebracht haben,
hier, wo es sich doch wohlfühlen müßte,
da es der Enge des Mutterleibes entronnen ist?
Es betrachtet die Welt, und hört zu und schreit,
als sähe es schon alles Übel, das es erwartet.«

Sei geduldig und denk nach über die höheren Zustände in Vergangenheit und Zukunft, und das, was der Arme davon sehen kann!

Gott liebt den Diener, der aufmerksam auf seinen Herrn wartet,
um den Augenblick nicht zu verpassen;
der sich um seine Gnade bemüht und der seine Eingebung erfleht;
der in die Einsamkeit geht, um mit Ihm zu sprechen;
der über seine Fehler nachdenkt und sich anstrengt, den Herrn anzurufen, denn der Tod steht schon da vor seinen Augen.

Der Verfasser des Werkes *Entscheidende Worte, die Wahrheit und Irrtum trennen* hat gesagt:

»Die Welt deines Menschseins mit ihrer fruchtlosen Mühe
untergräbt die Grundmauern ihres eigenen Gebäudes.«
O Toter, komm heraus aus dem Grab des Nichtigen,
zum Nutzen des Edlen und Großmütigen!
Vergiß nicht deine früheren Versprechen und die Hilfe,
die dir zuteil wurde!
Erinnere dich an deinen Anfang und denk an dein Ende,
die Rückkehr zum Herrn!
Bekenne in deinem Herzen die Ehrfurcht vor deinem Herrn!
Zu Ihm wirst du zurückkehren!
Mach dich bereit, vor Ihm zu erscheinen!
Der Zeitpunkt für deine Wanderung ist gekommen.
Die Gaben, die die Seelen erhalten haben, werden von Gott zurückverlangt werden,
eine nach der anderen,
bis unsere Seelen für alles bezahlt haben.
Unsere Seelen sind uns wie Darlehen, die wir empfangen haben.
Der Tod strengt sich bald an, die Schulden wieder einzutreiben.
Wir müssen alles restlos zurückzahlen, was wir geborgt haben.
Jeder Schuldner wird belangt.
Die Reichen, die nachlässig sind und die Macht und Gewalt Gottes mißachten, bedenken nicht den schrecklichen Ort,
an den man zurückkehrt, an den man für immer zurückkehrt.
Das einzige, worum sie sich kümmern, sind menschliche Handlungen,
durch die sie sich erniedrigen,
und die Dinge, die man ihnen sagt, die wertlos sind,
und Machenschaften und Listen, die ihren Reichtum vergrößern.

Sie wissen nicht, daß der Reichtum sie auf die Probe stellt,
daß er ein Unglück ist, eine falsche Rechnung,
eine schmerzliche Erfahrung, eine eitle Mühe.
Ergreift die Gelegenheit, o ihr scharfsinnigen Menschen,
die Gnade Gottes zu wählen, die euch geboten wird!
Legt den Betrug ab, die eitlen Begierden, Lügen und falschen Hoffnungen,
denn plötzlich werden sich die Überraschungen des Endes
über euch ergießen, unvorhergesehen!
Und du selbst bist befangen im Rausch deiner Begierden,
im Stumpfsinn deiner Leidenschaften,
in der Starre deiner Nachlässigkeit!
Der Reichtum nagt an der Hülle deines Selbst, bricht Stücke
aus deinem Wesen heraus in allen deinen Stunden.
Jeder deiner Seufzer ist ein Bruchstück,
das sich aus deinem Selbst herauslöst.
Mit dem Verschwinden dieser Bruchstücke wirst du bald ganz vergangen sein, denn du bist ihre Summe.
Du wirst in deiner Ganzheit wie in deinen Teilstücken
wieder aufgegriffen und entsprechend belohnt werden.
So ist es also, daß der Stoff deines Lebens,
in seinen Augenblicken betrachtet,
von den Dieben deiner Stunden geraubt wird.
Die Seufzer deiner Brust und das Zwinkern deiner Augenlider plündern dich.
Die Hände des bösen Schicksals und die Unglücksfälle entblößen dich.
Du glaubst, in einer Festung zu wohnen,
geschützt vor den Schlägen des Schicksals.
Aber das Schicksal springt auch dich an
mit Unglück oder anderen Schlägen.
Es erwartet dich, ob du mächtig oder niedrig bist.
Die Mühen deiner Stunden verfolgen dich,
um die Schutzmauern deines Lebens einzureißen.
Jeder Seufzer deiner Brust reißt eine Bresche hinein.
Jedes Verlangen gräbt eine Furche.
Der Feind, der dich ruiniert, der Räuber, der das Nichtige ist –
sie treten dadurch in dich ein und nehmen deinen Schatz,
die Kostbarkeiten deines Lebens.

Und du amüsierst dich, ohne dich um den Verlust deiner Substanz
zu bekümmern, nur deinen Freuden hingegeben,
die ihre bösen Früchte vervielfältigen.
Du denkst nicht an die Zeit des Brennens im Höllenfeuer
und an dein Jammern dort.
O du Vergeuder der Schätze deines Lebens,
man wird dich messen mit dem Maß deiner Seufzer,
die du ununterbrochen ausstößt.
Die Ernte deiner Werke wird zum Schatz im Paradies gelegt werden.
Deine üblen Handlungen, dein Verrat, deine Laster werden
ins Feuer der Hölle geworfen werden.
Entledige dich darum mit den Händen der nachdenklichen Versenkung
der Kette deiner Gewohnheiten,
bevor sie der entsetzliche und heftige Tod zerbricht!

Ausbreitung

Der nächste in der Kette der Weitergabe von Schadhilis Lehre trägt den Ehrennamen *Meer der Mystik*[166], weil von seinen Schriften gesagt wird, daß sie die unergründliche Tiefe des Meeres erreichen. Er hieß Ibn ʿAṭa'-ullah und lebte in Alexandrien in Ägypten. Da er durch mehrere Übersetzungen auch in Europa recht bekannt ist[167], wird dieser kurze Hinweis hier genügen.

Sein Schüler, der ihn an Weisheit vielleicht noch übertraf, war wiederum ein Andalusier: Ibn ʿAbbad aus der Stadt Ronda in den Bergen von Málaga.

Er lehrte in Marokko zunächst in der Stadt Salé am Atlantik, später in Fes, wo er 1394 starb und am Bab Ftuḥ begraben liegt.

Auf seinen Reisen weilte er öfters in Tetuan, wo man sich in der *zawiya* noch seiner erinnert. Es heißt, er habe dort öfters im Gebet die Levitation des Körpers erlitten, wobei er über den Köpfen der Gläubigen schwebte.[168] Dabei denkt man sogleich an Johannes vom Kreuz und Theresa von

Avila, von denen – zwei Jahrhunderte später – ähnliches berichtet wurde.

Der große Islamkenner Asín Palacios hat Ibn ʿAbbad als einen Vorläufer der spanischen Mystiker des 16. Jahrhunderts angesehen und diesen Zusammenhang bis ins Einzelne nachgewiesen.[169] Er zeigte, daß die Gemeinsamkeit bis hin zur Verwendung gleicher Ausdrücke reicht, wie zum Beispiel die Vorstellung von *basṭ* und *qabḍ,* die den Sufis so wichtig war: *basṭ* ist die Weite des Herzens, die Öffnung und Freude des Geistes, die jeder erstrebt; *qabḍ* dagegen ist die Enge und Bedrückung, das Leid der Seele, die nur widerwillig ertragene Angst.

Diese beiden Gegensätze bestimmen wie Tag und Nacht das Leben des Menschen, seine Zustände auf dem Weg der Gottsuche. Sie sind die Ausdrucksformen von Gottnähe und Gottferne. Die eine ist ohne die andere nicht denkbar, sagt Ibn ʿAbbad in seinem Kommentar zu den Weisheitssprüchen seines Meisters[170], durch den er die Zeit überdauernden Ruhm erlangte.

In diesem Zusammenhang zitiert Ibn ʿAbbad einen Brief eines Sufis[171] an den berühmten Scheich elDschunaid[172]:

Ein Sufi sah seinen Meister nach dessen Tod in einem Traum und wunderte sich, daß jener leiden mußte. Der Meister sprach zu ihm: Mein Sohn, Enge und Weite des Geistes sind zwei Zustände; wer sie nicht in diesem Leben durchmacht, muß es im anderen (Leben) tun!

Die Verwendung dieser beiden Grundbegriffe in der christlichen Mystik schließt sich offensichtlich an die Lehre der schadhilitischen Sufis an, ebenso die anderen Begriffe, wie Asín Palacios ausführt: Die ›Wohnungen‹, *moradas* bei Theresa von Avila sind in den *maqamat* der Sufis vorgeformt, und die Grade oder Stufen entsprechen den *deradschat* auf genaueste; *ḥalat* wurde als ›Zustände der Seele‹ wiedergegeben, und *tadschrit* wörtlich übersetzt mit ›Nacktheit‹, ebenso *tafrigh* als ›Leere‹; ferner die so wichtige ›Freiheit‹, die bei den Sufis *ḥurriya* heißt, und schließlich die Lösung von der Sinnenwelt, das ›Herausgehen aus den Dingen‹, arabisch *elChurudsch min elAsbab.*

Die Einflüsse der arabischen Literatur auf die spanischen Schriftsteller bis hin zum 16. Jahrhundert sind dermaßen vielgestaltig und offenliegend, daß es kaum nötig wäre, dies hier zu erwähnen. Es ist zum Beispiel nicht weiter erstaunlich, daß das Liebeskompendium des Erzpriesters von Hita auf arabischem Gedankengut fußt und stellenweise deutlich Ibn Ḥazms *Halsband der Taube*[173] zum Vorbild hatte. Bedeutsam ist allerdings, daß mit den Begriffen und literarischen Techniken auch religiöse Inhalte aus dem Islam ins Christentum übergingen. Es sind vor allem die Vorstellungen vom Leben nach dem Tode, vom Fegefeuer und dem Jüngsten Gericht, die ins Dogma der katholischen Kirche aufgenommen wurden. Dabei ist noch anzumerken, daß die Idee eines Fegefeuers als Reinigung der Seelen im Zwischenzustand, *barzach*, nicht typisch für den frühen Islam ist, sondern vermutlich als berberische Komponente beide großen Religionen beeinflußte. Vermittler waren in jedem Falle die Sufis des *Maghreb elAqṣa,* des ›äußersten Abendlandes‹.[174]

Ebenfalls erwähnenswert in diesem Zusammenhang ist die Nachahmung der *Brüder des reinen Herzens (Ichwan eṣṢafa')*[175] durch die niederrheinischen *Begharden* und *Beghinen* und die süddeutschen *Freunde Gottes.*

Demut, Hingabe und Dienst am Nächsten waren die hohen Ideale dieser Bewegung, die auch als Vorläufer des Pietismus angesehen werden kann. Verinnerlichung und Wahrhaftigkeit, vor allem die Aussöhnung zwischen Gottes Gerechtigkeit und Barmherzigkeit waren die wesentlichen Anliegen der Nachfolger von Scheich Schadhili. Ibn ʿAbbad hat es in einem Vierzeiler in seinem vorhin genannten Buch so ausgedrückt:

Meine Hoffnung auf Dich, o Gott, geht nicht unter,
auch wenn ich Dich beleidige,
und meine Furcht vor Dir verschwindet nicht,
obgleich ich Dir gehorche.

Die Ausbreitung von Schadhilis *ṭariqa* wurde durch die Bildung fester Ordensformen ermöglicht, die sich im westlichen wie östlichen Sufismus einheitlich durchsetzten. Dazu gehörte die Seßhaftigkeit mit klosterähnlichen Einrichtungen, die man *ribaṭ* oder *chanaqa* nannte. Wie die Wörter erkennen lassen, sind diese Einrichtungen keine von innen heraus entstandenen Neuerungen, sondern knüpfen an die vorhandenen sozialen Gegebenheiten an.

Unter *ribaṭ*[176] verstand man zunächst einen militärischen Grenzposten zur Verteidigung des Islam. In einem solchen Lager lebten freiwillige Glaubenskämpfer *(mudschahidun)* die bereit waren, das islamische Gebiet unter Aufopferung ihres Lebens zu schützen und oft auch fanatisch den Islam ins ›heidnische‹ Gebiet ausbreiteten. In der Vorbereitung der Feldzüge und in der theologischen Ausbildung für die Missionstätigkeit entwickelte sich ein besonderes Klima geistiger Aufgeschlossenheit, das esoterische Ideen förderte. In Anbetracht der täglichen Konfrontation mit dem Tod, die sich im städtischen Milieu nicht so krass darbot, ergab sich die Aufnahmebereitschaft für sufische Lehren. Aus dem Vorsteher der Festung, dem *muqaddim* (das war zunächst ein militärischer Titel gewesen) wurde der Leiter der Gemeinschaft auch im geistigen Sinne, und schließlich der Segenswalter und ›Meister‹. Die Gruppe, *ṭa'ifa* genannt, wurde von den *murabiṭun* gebildet, die nun Missionare und Prediger waren.

Die auf diese Weise entstandenen Schulen wirkten auch im Heimatland und gründeten Niederlassungen in den Städten. Das *ribaṭ* wurde zur Keimzelle eines Ordens, vergleichbar der Entwicklung der Deutschordensritter oder dem Templer-Orden. Als frühes Beispiel der sufischen

Bewegung hatte ich Ibn Qasis *muridun* der Algarve vorgestellt.

Der Unterhalt eines *ribaṭ* war anfangs aus den Mitteln der Staatskasse bestritten worden, aber sobald die rein militärische Bedeutung endete, stellte sich die Frage nach dem materiellen Überleben der *ṭa'ifa.* Das Problem wurde verschiedenartig gelöst: Manches *ribaṭ* besaß Ackerland und Vieh, die armen Bauern zugeteilt wurden, welche dann einen Teil der Erträge an das *ribaṭ* abliefern mußten. Daraus entwickelte sich eine partielle Steuerhoheit. Außerdem unternahmen die Derwische regelmäßig Rundreisen zum Einholen der Almosen, ein noch heute im Maghreb geläufiges Bild: die buntgekleidete *ṭa'ifa* mit Trommeln und Fahnen auf den Märkten und in den Bazaren. Alljährlich hält das *ribaṭ* ein Volksfest ab, das großen Gewinn einbringt, da die Bauern dort oft ihren Jahresbedarf an Tieren und Saatgut, Werkzeug und Vorräten einkaufen. Und schließlich gibt es in den Städten fromme Stiftungen, die durch Nachlässe und Schenkungen das Weiterleben der *ṭa'ifa* ermöglichen.

Zum *ribaṭ* hatte sich noch eine zweite Idee gesellt, die aus Persien gekommen war: der *chanaq,* eine Art Rasthaus für durchreisende Sufis, der zur festen Einrichtung der arabischen Städte wurde. Bis hinein in die Architektur lassen sich hier die buddhistischen Klöster Innerasiens wiedererkennen: gemeinsamer Eßsaal, Meditationsräume und Zellen, großer Kultraum, Bäder und Gärten ... Ibn Baṭṭuta gibt in seinen berühmten Reiseberichten[177] ein anschauliches Bild von den Rasthäusern in Kairo und den Bräuchen dort.

Die dritte Struktur, die auf die Gestaltung der sufischen Orden eingewirkt hat, wird meist unter dem Begriff *futuwwa*[178] zusammengefaßt. Es handelt sich um die Handwerksgilden, deren Organisation mit ihren Graden und Altersgruppen ein geeigneter Rahmen für die esoterischen Bünde wurde. Ähnlich wie bei den spätmittelalterlichen Dombauhütten wurden handwerkliche Kenntnisse zum Träger geistiger Mitteilungen, der Meister wurde zum geistigen Führer und die stufenweise Aufnahme zum Aufstieg im übertragenen Sinne. Noch heute sind viele sufische Orden mit den zu ihnen traditionell gehörenden Gilden verbunden zu einem engen Flechtwerk, in das man örtlich und klassenmäßig hineingeboren wird. Der heilige Ordensgründer gilt als Patron der jeweiligen Handwerkergruppe, und die Zugehörigkeit zur Gilde ermöglicht einen leichten Zugang zur Sufi-Gemeinschaft. Versammlungshaus und Grab des Ordensgründers, Arbeitsplätze und Wohnhäuser – das alles gruppierte sich zu einem harmonischen Ganzen, einem Stadtviertel von persönlichem Charakter im Labyrinth der arabischen Städte.

Man kann sich leicht vorstellen, daß dieses Netz von Ordenshäusern mit den ihnen angeschlossenen Schulen, Rasthäusern und Bibliotheken dem wandernden Sufi einen idealen Rückhalt boten, so daß sich die Bewegung zu ungeahnter Breitenwirkung entfalten konnte. Es entstanden zahlreiche »Richtungen«, die sich gegeneinander abgrenzten, sei es durch verschiedenartige Tracht, besonders der *chirqa,* sei es durch Ausprägung einzelner Formen des *dhikr* oder *ḥizb,* und vor allem durch die Kette, in der sie den auf ihrem jeweiligen Oberhaupt ruhenden Segen vom Ordensgründer her ableiteten. Man begann nun auch, eine solche Kette der Überlieferung rückwärts vom Ordensleiter oder Gründer bis zum Propheten Mohammed oder einem seiner engsten Gefährten aufzustellen, und nannte diese *silsilat elwird,* wenngleich den Einsichtigen wohl bewußt war, wie künstlich derartige Aufstellungen waren. Für die zahlreichen ›Laienmitglieder‹, die sich an die Orden anschlossen, war die *silsila* ungeheuer wichtig geworden, denn sie verbürgte die Teilhabe am Segen, der die erlauchten Häupter und Scheichs verband. Das Herunterbeten der *silsila* wurde daher zum wichtigen Bestandteil der allabendlichen Meditationsübungen.

Eine weitere grundlegende Wandlung war auch im *dhikr* eingetreten. Die rhythmischen Wiederholungen bestimmter Wörter oder Verse wurden nun von Trommeln und Flöten begleitet, ja zu musikalischen Konzerten ausgestaltet, deren ästhetischer Wert oft höher lag als der mystische. Ein großer Teil aller *dhikr*-Übungen bestand im Lobpreis des Propheten Mohammed, zu dem sich die ganze Liebe des einfachen Volkes hinwandte. Die *burda* des Buṣiri war nur der Anfang einer umfangreichen Literatur inbrünstiger Verehrung, die zum Kernbestand aller sufischen Orden im gesamten islamischen Umkreis wurde und bis heute geblieben ist.[179]

Im Gegensatz zu den aufwendigen Orden mit ihrer unübersehbaren Anhängerschar bestand das Sufitum der frühen Zeit auch in einzelnen Personen weiter. Im Orient nennt man diese Richtung *malamati,* d. h. ›die den Tadel nicht scheuen‹. Ihnen ist das Zurschaustellen der empfangenen Gnade eine Verletzung des Armutsgebotes, das ja die Grundlage aller ›Derwische‹ gewesen war. Ohne daß sich das Wort *malamati* im Maghreb durchgesetzt hätte, gab es doch zahlreiche dieser verborgenen Sufis und gibt es sie immer noch. Nach dem Ausspruch Gottes im Koran: »Niemand kennt sie außer Mir und wem Ich sie zeigen will« durchdringen sie alle Bereiche des Lebens und sind überall zu finden. Damit jedoch entziehen sie sich der soziologischen Analyse. Das ›Brechen mit den Bindungen‹[180] und Verheimlichen der Tugend führt zur Auslöschung der Ich-Person, die hinderlich zwischen der Seele und ihrem Ursprung steht.

Die verwirrende Vielfalt der sufischen Wege hatte zur Folge, daß manche Erscheinung zum Sufismus gerechnet wird, die eigentlich – wenn es dafür eine andere soziologische Grundlage gegeben hätte – einen von der Mystik getrennten Bereich bildete. Hierzu gehören einerseits die volkstümlichen Riten an den Gräbern der heiligen Scheichs, andererseits die Riten der Magie, Traumathurgie und Schicksalsbefragung, die sich unter den Schirm des *taṣawwuf* geflüchtet hatten, weil sie sich in ähnlicher Weise durch die starre Gesetzesreligion an den Rand gedrängt sahen. Wenngleich ihr Zusammenhang mit den Sufis und den Orden vielgestaltig und sogar gegenseitig ist, möchte ich diesen Themenbereich doch nicht hier einbeziehen, sondern in einem getrennten Buch behandeln.[181]

Die Schwierigkeit, eine allgemeingültige Definition für den Sufi zu finden, hat Ibn elʿArabi mit seiner genialen Kraft, die Dinge zu benennen, in folgendem kurzen Satz gelöst, den er in seinem Werk *amr* im ersten Abschnitt bringt:

Sufis sind diejenigen, die das zukünftige Leben dem jetzigen vorziehen, und Gott seinen Geschöpfen.

»Im Namen Gottes, des Gnädigen und Barmherzigen! Ich schwöre beim Tintenfaß und der Feder und dem, was sie schreiben: Du bist nicht verrückt, bei Gottes Gnaden! Und du wirst unweigerlich belohnt werden, denn deine Lehre ist von feinster Art. Du wirst es sehen, und sie auch, wer von euch beiden verrückt ist. Denn wahrlich, dein Herr weiß am besten, wer in die Irre geht und wer den rechten Weg findet.« (Anfang der Koransure 68 »Die Schreibfeder«, Verse 1–7)

4

Das Wiedererstarken der Schadhiliya-Bewegung

Im 15. Jahrhundert erweckte ein Marokkaner aus dem äußersten Süden des Landes, Muḥammad ibn Suliman, die *ṭariqa* des Scheich Schadhili zu neuem Leben. Nach seiner Herkunft vom Stamme der Dschazula wird er Dschazuli genannt, zuweilen auch Samlali (er war Berber aus der Abteilung der Samlala), um ihn von einem anderen großen Gelehrten seines Stammes zu unterscheiden.

Mit flammenden Worten rief er zum Kampf gegen die Portugiesen auf, die damals begannen, alle Küstenstädte zu besetzen und selbst Marrakesch bedrohten. Nach Aussagen seiner Zeitgenossen war er wegen dieser patriotischen Predigten beliebter als der Sultan selbst. Dadurch ergab sich für ihn die Möglichkeit, in Marrakesch zu wohnen und dort Mystik nach dem Vorbild des Scheich Schadhili zu lehren.

Über seinen Meister Abu ʿAbdallah Amghari aus Tit und fünf weitere Vorgänger führte er seine *silsila* auf Abu ʿAbdallah elMaghrebi zurück, der ein Schüler Schadhilis war. Darum wird der von ihm gegründete Dschazuli-Orden als Zweig der Schadhiliya bezeichnet. Schon bei seinem Tode zählte der Orden 12 000 Anhänger, und auch heute noch ist er in Nordafrika und Südasien weit verbreitet.

Das unvergängliche Werk des Scheich Dschazuli, *Die Hinweise zum Guten*[182], durfte zunächst nur von seinem Schüler Muḥammad eṣṢaghir eschSchiʿli (aus dem Sus) in der *zawiya* in Fes gelehrt werden, verbreitete sich aber durch dessen Schüler im ganzen Lande und wurde in zahlreichen Abschriften, die an Schönheit zuweilen die Koranhandschriften übertreffen, in Nordafrika ausgestreut. Diese Texte werden bei allen Versammlungen der Bruderschaft und vielen verwandten Schulen rezitiert und sind selbst einfachen Leuten geläufig.

Wie man sich noch in Safi erinnert, hatte Scheich Dschazuli zehn Jahre lang eine *zawiya* direkt an der Steilküste am Südrand der portugiesischen Hafenfestung. Ein neu instandgesetztes kleines Kuppelgebäude erinnert daran. Bei einer Reise von Safi ins nahe Stammesgebiet der Schiadma wurde er 1465 vergiftet. Daraufhin führte einer seiner Schüler, der Prediger esSayaf, die Leiche in einem hölzernen Sarg auf einem Esel mit sich von Stamm zu Stamm und predigte Revolte und Rache gegen die Mörder. Nach zwanzig Jahren begrub man den Scheich beim damals sehr mächtigen Volk der Haha in Afughal, doch die Stadt Marrakesch verlangte den Leichnam zurück. 70 Jahre später[183] gelang es dem Sultan Aḥmad elAradsch, einen Kriegszug gegen die rebellischen Haha zu gewinnen, so daß er die Reste des Scheich Dschazuli heimführen konnte. Gleichzeitig mit den Gebeinen des vorherigen Sultans, des Vaters von elAradsch, wurden sie in einem kostbaren Grabmal in Marrakesch beigesetzt, wo sie seitdem als Heiligenreliquie verehrt werden.

Heute zählt Scheich Dschazuli zu den ›Sieben Heiligen Männern‹ der Stadt und gilt als Nothelfer bei allen Bedrängnissen. Auch einer seiner wichtigsten Schüler, ʿAbd elʿAziz eṭṬubbaʾ, gehört zu den sieben Stadtheiligen von Marrakesch. Diese enge Verbindung mit dem Volksglauben spricht für die große Bedeutung[184], die Dschazulis Erneuerung der sufischen Lehre im Maghreb gewonnen hatte.

Das Exemplar des Buches *Hinweise zum Guten,* das Scheich Schiʿli seinem Schüler Ibn ʿIsa aushändigte, trug folgenden Spruch von der Hand des Meisters selbst geschrieben vorweg:

Ich schrieb mein Buch, bevor ich sprach, in Gedanken,
und sagte meinem Herzen:
Du kennst am besten mein brennendes Verlangen!
O mein Buch! Grüße sie und sag ihnen:
Ihr Leute seid mir lieb und ehrenwert!

Bei meinem Bemühen, einen geeigneten Text aus diesem Buch auszuwählen, der einen europäischen Leser interessieren könnte, wurde mir bewußt, daß diese Verse – mehr als irgendwelche anderen – zum lauten Aufsagen, zum Beten und Singen bestimmt sind und als ›Lektüre‹ ihre Kraft einbüßen.[185] Eine kleine Probe mag einen Eindruck davon vermitteln[186]:

Anweisung, wie man den Segen über den Propheten sprechen sollte

O Gott, Empfänger des Lobes, Schöpfer der Himmel,
und Bezwinger der Herzen und der Geschöpfe
in ihrem Leid und ihrem Glück,

laß mein Gebet zu Dir erhaben sein und meinen Schlaf
von Dir begnadet!
Und erbarme Dich in Deiner Güte des Mohammed,
Deines Dieners und Gesandten,

des Öffners des Verschlossenen und Versieglers des
Vorherigen,
Verkünder des Wahren in Wahrheit
und tapferen Vernichters der Heere,

der von Dir beauftragt wurde und gehorsam Deinen
Befehl auf sich nahm,
bestärkt durch Dein Wohlwollen und schwach
für Deine Offenbarung,

den Dir früher geleisteten Schwur erfüllend
in der Ausübung Deines Befehls,
bis die Wohltaten Gottes sichtbar wurden dem Lehrer,
während er lernte.[187]

Der Orden des Scheich Dschazuli wurde durch einen seiner Schüler, den Marokkaner ʿAli ibn Maimun ibn Abi Bakr, auch im Orient verbreitet. Wie sein Meister hatte er sich zunächst im Kampf gegen die Portugiesen hervorgetan, war dann aber durch ein Erlebnis in Tunesien zur *ṭariqa* des Abu Madyan bekehrt worden und 1495 nach Osten gereist. Über Kairo und Mekka gelangte er nach Syrien und wurde zehn

Jahre später in Hama seßhaft. Schließlich gründete er in Damaskus eine neue *ṭa'ifa,* die nach seinem Tode 1511 im Libanon durch seinen Schüler Ibn ʿArraq fortgesetzt wurde und als ʿArraqiya bis heute fortbesteht.[188]

Sidi Ibn ʿIsa, der ›Vollkommene Meister‹

Die Bruderschaft des Sidi Muḥammad ibn ʿIsa ist wohl der in Europa bekannteste Derwisch-Orden, da seine Anhänger es nicht verschmähten, vor den staunenden Augen der ›Franken‹ ihre ›Fakir-Darbietungen‹ zu vollziehen. Im vorigen Jahrhundert veranstalteten einige Gruppen wahre Tourneen durch Europa, bei denen die Derwische ihre Körperbeherrschung, ihre Unempfindlichkeit gegen Gift und Feuer und ihre Fähigkeiten als Heiler unter Beweis stellten. Dies hat unser Bild vom Fakirtum geprägt und den Blick auf den Sufismus verstellt. Auch heute noch gehören die ›Veranstaltungen‹ der ʿĪsāwīya-*ṭariqa* zum farbenprächtigsten und turbulentesten, was Marokko dem ausländischen Besucher zu bieten hat.[189]

Während die einfachen Marokkaner die Anhänger des Ordens mit einem Gemisch von grenzenloser Bewunderung und Furcht betrachten, löst der Orden bei den Gebildeten und tonangebenden Lehrern nur Achselzucken und böse Kritik aus. Tatsächlich hat ja das Verhalten der Derwische mehr Ähnlichkeit mit schwarz-afrikanischen Praktiken, mit der im Islam streng untersagten Magie und mit ausschweifenden Freßorgien zu tun als mit Mystik. Doch ein so verallgemeinerndes Urteil wird dieser seit bald fünfhundert Jahren bestehenden Bewegung nicht gerecht, vor allem wird zu schnell übersehen, daß der Gründer dieses Ordens ein Mystiker von bewundernswerter Größe war, und daß nicht zufällig ein so mächtiger Orden aus seinem Vorbild entstanden ist.

Dieser Mann hieß Abu ʿAbdallah Sidi Muḥammad ibn ʿIsa esSufiani elMuchtari und wird von seinen Anhängern meist der ›Vollkommene Meister‹ genannt. Er ist 1465 im fruchtbaren Westen Marokkos, im Gharb, geboren, wahrscheinlich im arabisch sprechenden Stamm der Muchtar, doch über seinen Geburtsort und seine soziale Herkunft ist nichts mehr bekannt. Vermutlich waren seine Eltern arm und von einfacher Herkunft, der Adelstitel *Sidi,* den er wie alle Heiligen trägt, dürfte spätere Ehrung sein.

Nach einigen Wanderjahren im Gharb wurde Ibn ʿIsa Schüler des berühmten Sidi Aḥmad elḤarithi in Meknes, eines der bedeutendsten Schüler von Scheich Dschazuli. Von ihm empfing Ibn ʿIsa die Einweihung in die Lehren der Dschazuliya-Bewegung, und ihm leistete er den Schwur der Zugehörigkeit. Scheich Ḥarithi, der den Meister Ibn Maschisch in großen Ehren hielt und dessen Grab besuchte, war selbst als Wundertäter im ganzen Land bekannt. Er starb etwa 1508 und liegt in Meknes begraben, nicht weit vom Grab seines berühmten Schülers.

Nach dem Tod seines Lehrers begab sich Ibn ʿIsa auf dessen Weisung zu einem anderen Schüler des Dschazuli, Sidi ʿAbd elʿAziz eṭṬubbaʾ, der in Marrakesch lehrte und zahlreiche Schüler um sich scharte. »Während dein bisheriger Meister nur dein Gold geläutert hat«, soll dieser gesagt haben, »werde ich dieses Gold nun prägen, damit es Marktwert bekommt.«

Nach abgeschlossener Lehrzeit erhielt Ibn ʿIsa von seinem Meister den Spruch, *wird,* der jedem Derwisch persönlich zugeteilt wird und ihn zeitlebens begleitet; außerdem erhielt er das Recht, selbst Schüler auszubilden. Ihm fehlte jedoch noch die Kenntnis des Werkes, das alle Anhänger des Dschazuli in großen Ehren halten, des Buches *Hinweise zum Guten.* Damals besaß nur ein einziger Dschazuli-Schüler, Sidi Muḥammad esSaghir eschSchiʿli, das Recht, dieses Buch zu lehren. Darum reiste Ibn ʿIsa zu ihm nach Fes und vervollkommnete dort seine Ausbildung. Der Unterricht des Scheich eschSchiʿli machte auf viele Schüler einen tiefen Eindruck; es heißt, daß der Lehrer die Lernwilligen mit einem Blick und seiner Gedankenkraft in den Bann zog. Man kann dabei an Hypnose denken, die auch im Orden Ibn ʿIsas weitergepflegt wird. Scheich eschSchiʿli starb etwa 1512 und hinterließ Ibn ʿIsa eine Abschrift des begehrten Buches sowie das Recht, dieses weiterzulehren.

Ibn ʿIsa zog nun nach Meknes und gründete ein eigenes Versammlungshaus, wo er bis zu seinem Tode 1526 lehrte. Dort liegt er auch begraben, und dieses Grab wurde das Zentrum eines großen Ordens, der heute über ganz Nordafrika verbreitet mehrere Millionen Anhänger hat.

Die Legenden, die sich um den ›Vollkommenen Meister‹ gebildet haben, berichten von so vielen Taten und Reisen, daß sie mehrere Menschenleben füllen würden. Da heißt es, er habe bei der Pilgerfahrt in Mekka Haidari-Derwische kennengelernt, die ihm indische Yogi-Kenntnisse vermittelt hätten. Wahrscheinlich ist dies nachträglich erfunden worden, um die außergewöhnlichen Fähigkeiten Ibn ʿIsas zu erklären. Derartige Fähigkeiten waren jedoch damals auch in Marokko bekannt: der Blick, der die wilden Tiere bezwingt und sanft macht, die Unempfindlichkeit gegen Schlangen- und Skorpiongift, hellseherische Gaben, Vorausschau, Heilkraft in den Händen und im Speichel, und schließlich die Macht, Feuer zu berühren und diese Fähigkeit auf andere zu übertragen. Zahlreich waren und sind in Marokko die mystischen Meister, denen diese Kräfte zugeschrieben werden. Das Besondere an Ibn ʿIsa war allerdings, daß er alle genannten Fähigkeiten in sich vereinte, während sonst ein Meister nur eine oder zwei dieser Gaben besaß.

Fest steht jedoch, daß der ›Vollkommene Meister‹ – wie alle seine Vorbilder und entgegengesetzt dem Glauben seiner heutigen Anhänger – auf diese Wundertaten keinen Wert legte, sondern sie höchstens zur Erweckung der Schüler anwandte. So hat die Macht über das Feuer, die noch heute seine Derwische in den Zustand versetzt, glühende Kohlen mit den Händen aufzunehmen, sich auf Brust und Lippen zu legen, ohne Brandwunden zu erhalten, ja sogar

Feuer zu schlucken – nur den einen Sinn, symbolisch die Gewalt über das Höllenfeuer zu zeigen, die dem zuteil wird, der sich Gott ganz und gar hingegeben hat. Das nämlich soll der Ausspruch Ibn ʿIsas besagen, der bei den Versammlungen viele Male wiederholt wird:

Wer in meine Gegenwart wie in ein Meer eintaucht
und das Gebet reinen Herzens spricht,
wird von den Flammen der Hölle nicht verzehrt!

Es geht um den Kampf, den der Gläubige in seinem Herzen führt: »Wer mich besucht«, sagt Ibn ʿIsa, »verliert seine Sünden und wird rein wie am Tage seiner Geburt. Gott vergibt ihm seine Übeltaten, und wenn er stirbt, stirbt er als Märtyrer.« Und: »Wer in dieser Welt mein Genosse wird oder mich ansieht, und sei es nur im Traum, geht durch meine Fürsprache ins Paradies ein.«

Wie sein Zeitgenosse, der legendeumwobene Sidi Rahhal elBudali, war der ›Vollkommene Meister‹ kein großer Schriftsteller.

Außer zahlreichen Aussprüchen, die von ihm überliefert werden, kennt man einige seiner Gebete, die meist einfache Zusammenstellungen von religiösen Formeln und Koranzitaten sind, ferner zwei *qasiden* und zwei schöne *dhikr*.

Der bekanntere der beiden *dhikr* heißt *Ruhm sei dem Ewigen.* Jeder ʿĪsāwī spricht ihn nach dem Frühgebet, am Freitag auch im Gemeinschaftshaus mit musikalischer Begleitung, außerdem in besonderen Nächten. Die folgenden 14 Verse werden dem *dhikr* vorangestellt:

Willst du das Ziel deines Strebens und deiner Wünsche erreichen,
Gottes Nähe und Heiligkeit für immer erlangen,
dich heilen von Übeln und Schmerzen
und siegen über Leid, Unglück und Mühe:
Hab Vertrauen in den Propheten Gottes
und mach ihn zum Ziel deiner Vorsätze!
Er wird dir in beiden Welten eine sichere Zuflucht sein.

Und wende dich an Ibn ʿIsa, den Weisen, und sprich sein Gebet,
das nützlich ist unter allen Gebeten im Dienst unseres einzigen Gottes.
Glücklich der Diener Gottes, der dieses Gebet liest,
und der es vielfach und öffentlich wiederholt!
Friede sei mit ihm! Ein Reiner ist er, dem göttliche Gnade zuteil ward.
Sei wach, Mensch, und sprich zu Beginn:
Ich vertraue auf den Lebendigen, der nie vergeht!

Der andere *dhikr* trägt die Überschrift *Reue des Irrtums*; er ist ebenfalls in Gruppen von je sieben Versen aufgebaut, die kunstvoll mit Gruppen von vier Versen abwechseln[190]:

Reue des Irrtums

Mein Anfang beginnt mit der Formel: Im Namen Gottes!
Sein Ruhm werde verkündigt!
Ich bitte den einzigartigen Geber um Seine vortreffliche Hilfe,
Ruhm sei Dem, Der in Seiner Güte die Menschen auf den rechten Weg leitet,
Der durch Seine Gnade die Herzen öffnet,
ohne Unterlaß Seine Gunst und Seinen Segen ausbreitet
und die Wellen der Wahrheit und des Wissens entsendet.

Dein Schiff – o, wenn du es doch sehen würdest –
treibt auf den Wellen dank des Lichtes der göttlichen Liebe;
von seinem Ruder wird Prüfung und Unglück ferngehalten,
Sein Steuermann führt es zum wahren Heil.

Ich fliehe vor allen Menschen ohne Ausnahme;
vielleicht werde ich Den sehen, Den mein Herz begehrt.
Ich habe meine Freunde, meine Familie, meine Nachbarn verlassen,
meine Kinder zu Waisen gemacht und mich von meinen Liebsten getrennt.
Ich habe mein Gesicht dem Schöpfer des Himmels zugewandt
und mich abgekehrt von den leuchtenden Sternen;
mein Herz habe ich an die höchsten Würden gehängt.

Ich habe die Wahrheit entschleiert, ohne Zweifel zu lassen;
um mich zu erfrischen, habe ich meine Blicke frei schweifen lassen
in den verborgenen innersten Sinngebungen;
in jeder Weise bin ich eingetaucht in die Meere der Weissagung.

Ich habe mich umgürtet mit dem Säbel des Ruhms mitten im Kampf
und wurde zum Meister der Stunde auf allen Stufen meiner Erhöhung.
Ich habe Besitz ergriffen vom ganzen Land im Westen,
und das ganze Land im Osten liegt in meiner Hand.
Einer von den Meistern, die sie besaßen, hat sie mir übergeben
und mich als Nachfolger mit der besten Verhaltensregel eingesetzt.
Ich erhebe mich auf die höchsten Höhen und erniedrige mich zu den tiefsten Gründen.

Ich setze die einen ab und die anderen begünstige ich,
einige hebe ich hoch über den Thron;
ich erfreue die Geister, schütze die Seelen
und erwecke die Herzen, die mit dem unvermeidlichen Tod geschlagen sind.

Ich stürze die Tyrannen, werfe die Unterdrücker nieder, helfe den Unterdrückten mit meiner Macht;
ich tröste den, den die Traurigkeit niederschlägt, und mache den Unbekannten berühmt,
ich habe den Mut dessen, der Verlust erleidet.

Die Geheimnisse sind mir aufgetan, Weisheit ist mir gegeben,
ich habe den Rang leuchtender Höhe erlangt.
Wenn du betrübt bist, beleidigt, vom Unglück getroffen,
oder wenn Elend und Krankheit dich niederschlagen,
wende dich nach Westen und sprich schnell:
O Ibn ʿIsa, mein Meister, eile mir zu Hilfe –
dann wird die Trauer vergehen in unserer Gemeinschaft.

O Schüler, ängstige dich nicht und fürchte nicht den Unterdrükker!
Das Auge des göttlichen Schutzes ist auf dich gerichtet.
Unweigerlich bin ich bei meinem Schüler,
ich beobachte ihn in jedem Augenblick.

Solange er sich von meiner Liebe nährt
und meinem Gebet, meinem Spruch, meiner Vereinigung verbunden bleibt, helfe ich meinem Schüler,
wenn die Herrschaft des Schicksals ihn mit ihren Prüfungen schlägt.

Ich begab mich zur Pforte Gottes allein und nur an Ihn glaubend,
ich wurde gerufen: O Ibn ʿIsa, komm in Meine Gegenwart!
Und Er sprach zu mir: Du bist die Achse der ganzen Welt.
Und alle Diener Gottes wurden meine Untertanen.

Ich verfüge über alle Kräfte der Natur durch den Befehl
Dessen, von Dem alle Dinge abhängen.
Der Herr zog mich näher und mir wurde Sein Blick zuteil.
Und meine Reiter durchzogen alle beiden Welten.
Die Bewohner des Himmels und der Erde kennen meine Heftigkeit.
Ich bin der Heilige Gottes, die Hilfe Seiner Diener,
und das Schwert der Gerechtigkeit gegen üble Unterdrücker.

O du, der du diese Worte hörst, die ich spreche: Achte darauf und begib dich zu den Menschen Gottes in jeder Lage!
Ich habe diese Worte nicht aus Eitelkeit gesprochen.
Ich bin dazu ermächtigt worden, damit ihr von meiner Wahrheit unterrichtet werdet
und damit jeder Wissende das Geheimnis unseres Herrn erfahre
und die unbegründeten und trennenden Anschauungen verneine.
Ich wurde der Führer Ibn ʿIsa genannt –
bei Gott, bei meiner Ehre und Güte!

Und jedem Schüler, der kommt, um unseren Rat anzunehmen,
ehrlich, unverstellt und mit reiner Absicht, –
dem nähere ich mich, den tränke ich mit berauschendem Trank,
den kleide ich mit meiner großen und heiligen Ehrfurcht und Fürsprache
und laß ihn eintreten in die Gemeinschaft derer, die mir verbunden sind,
damit er die Geheimnisse mit den Augen der Einsicht anschauen kann
und sich schützen kann in Gottes Liebe, solange der Tod nicht das Band zerschnitten hat, das seine Seele im Leben hält.

Zweifle nicht, ich stehe dem Schüler bei;
er wird den Sinn davon spüren, wenn er das Bekenntnis spricht im Augenblick der Befragung und der Schrecken des Jüngsten Gerichtes,
und ich werde ihn von der größten Prüfung befreien.
Mein Geheimnis ist wie das Geheimnis Gottes, der mich damit beschenkt hat,
und mein Licht stammt vom Licht Gottes.
Ich habe siebzigtausend Geheimnisse völlig durchdrungen.

In der Gegenwart des Geheiligten findet die Vereinigung der Freunde Gottes statt;
mein Befehl, den ich ausspreche, kommt aus Gottes Befehl,
und durch Seinen Befehl wache ich über alle meine Freunde;
alle Augenblicke bin ich damit beschäftigt, Gott für sie zu bitten.

Ich liebe den Namen Gottes leidenschaftlich, im Schlaf wie im Wachen;
ich höre nie auf, Gott selbstvergessen zu lieben.
Wer mit seinen Augen den Urgrund sieht, stirbt sofort.
Und leidenschaftlich liebe ich auch die reinsten Geschöpfe –
Mohammed, den Erwählten, auserlesen unter den Menschen,
ihm sei Gruß und Segen Gottes,
und seinen Gefährten und seiner Familie jederzeit!

Einige wesentliche Züge dieser Mystik muten christlich an; denkbar ist, daß sie ein allgemeines Bedürfnis im Volke stillen, das durch den strengen Islam nie erfüllt wurde. Ich danke dabei vor allem an die Sündenvergebung, die in dieser Weise von keinem anderen islamischen Lehrer ausgesprochen wurde, ferner auch an das Versprechen des Meisters, für alle Zeiten bei seinen Schülern zu sein, was auch in dem folgenden Spruch zum Ausdruck kommt:

Meine Hand ist über meinen Anhängern, den lebenden wie den toten, wie der Himmel über der Erde ist.

Aus der völlig eigenen Wortwahl und dem ganzen Zusammenhang wird deutlich, daß es sich nicht um christlichen Einfluß handelt – obgleich jener damals durch die portugiesische Besetzung der Atlantikküste bedeutend war – sondern um eine von innen heraus entstandene Antwort auf die Sehnsüchte der einfachen Gläubigen, die in der nüchternen Gesetzesreligion des Islam das Heil nicht fanden.

So wurde der Orden Ibn ʿIsas zu einem Sammelbecken für alle jene Bestrebungen, die Frömmigkeit und Aberglauben, Magie und heidnische Werte erhielten und ihnen eine feste Gestalt gaben, die die Jahrhunderte überdauern konnte.

Zunächst einmal sind die positiven Eigenschaften des Ordens hervorzuheben, die ihn von den anderen *ṭariqas* unterscheiden: Der Orden Ibn ʿIsas nimmt Frauen auf und weiht sie in diesselben Grade ein wie Männer. Wenn dies auch zur Zeit des Gründers noch selbstverständlich war, heute ist es eine beachtenswerte Sonderstellung, die er dadurch einnimmt. Und weiter: Ein ʿĪsāwī kann mehrere *wird* annehmen, also mehreren Orden zugleich anhängen oder zumindest verschiedenen Lehrern folgen. Und was ebenfalls heute nicht mehr selbstverständlich ist: Ein ʿĪsāwī kann den Orden wieder verlassen, wenn er dies für nötig hält.

Auch sonst ist die Lehre großzügig, sie gestattet die Verehrung aller islamischen Heiligen, verlangt nur bedingt die Armut – so daß es auch Handwerkern und Professoren, Richtern und Soldaten möglich ist, dazuzugehören, ohne ihren Beruf niederzulegen – und schreibt außer den pflichtgemäßen fünf täglichen Gebeten nur eine kleine Zahl von zusätzlichen Gebeten vor, die jeder erfüllen kann. Es gibt keine Probe als Aufnahmebedingung, dafür drei Stufen der Einweihung, die es jedem ermöglichen, das Niveau zu erreichen, das ihm gemäß ist.

Gerade in der Aufteilung der Anhängerschar in drei Grade liegt eine Stärke des Ordens. Während das kleine *wird* für die Anfänger und Ungebildeten gilt und von allen Bevölkerungsschichten erreicht werden kann, ist das mittlere *wird* für die Gelehrten und gebildete Bürger, die ›Fakire‹ im übertragenen Sinne, bestimmt. Das große *wird* bleibt Einzelnen vorbehalten, den sich durch asketische Lebensweise auszeichnenden Sufis.

Nach dem Vorbild des Propheten Mohammed nimmt der Meister den Eid des Schülers – *ʿahd* genannt – mit Handschlag an. Dieser verpflichtet sich damit zum unablässigen Kampf gegen das Übel, zur Einhaltung der islamischen Gebote, zur Beschränkung seines Aufwandes auf das Notwendigste, zur Läuterung seiner Absichten, zur Rezitation der *dhikr* und zur Pflege der Gemeinschaft mit den Ordensbrüdern, sowie auch zum Gehorsam gegen den Meister und zu bedingter Geheimhaltung der Einweihungslehre.

Wie bei allen Sufi-Bruderschaften spielen auch hier die *dhikr* die größte Rolle. Ihnen wird nicht nur Zauberkraft zugeschrieben, sondern auch die Macht, den Beter in einen anderen Zustand zu erheben, in die Ekstase, in der er den geliebten Meister oder das göttliche Licht sieht und zu allem fähig wird, was sein Geist wünscht.

Ein solches *dhikr* hier wiederzugeben, wäre nicht angebracht, denn es handelt sich um fast endlose Wiederholungen von Lobesformeln, Bitten und Gottesnamen; einige Sätze werden mehrere tausend Mal gesprochen, wobei man zur Einhaltung der genauen Anzahl einen Rosenkranz mit 99 Kugeln verwendet.

Aber gerade in der Einfachheit der *dhikr* liegt die verändernde Kraft: Der sich Gott hingebende Derwisch entfernt alles aus seinem Herzen, was nicht Gott ist; er liebt nur Gott, fürchtet nur Gott, sucht nur Gott, handelt nur für Gott, mit leidenschaftlicher Liebe, Treue und Hingebung, grenzenlos, ungebunden, berauscht und selbstvergessen. Bestärkt durch Trommeln und Flöten, die in ihrer starren Kadenz und Eintönigkeit das Tempo angeben und den Atem regeln, erlangt der Beter tatsächlich eine Entrückung, eine Trennung von sich selbst, die ihm den Blick hinter den Schleier der Diesseitswelt und die Überwindung der Sinnesempfindungen verschafft.

Und das wiederum verstärkt – nach der Rückkehr in diese Welt – seine Kraft und seinen Einsatz im Kampf gegen die Übel seiner Seele. Als kleine Andeutung bringe ich das Gebet, das normalerweise im Anschluß an die *Reue des Irrtums* rezitiert wird:

O mein Schöpfer! O mein Versorger! O meine Hoffnung!
Du bist Hoffen und Zukunft zugleich.
Du erfüllst alle Wünsche dem, der Dich anruft.
Du bist der Immerwährende, von vor bis nach der Zeit.
Gib mir eine glückliche Bestimmung im Augenblick des Todes, gewähre mir Vergebung und Gnade!

Die große Masse der ʿĪsāwīa mit dem kleinen *wird* kennt wahrscheinlich kaum die Höhen der Ekstase, die in der *Reue des Irrtums* geschildert werden. Für sie ist der Tanz das Mittel, die eigenen Grenzen zu überwinden. An jedem Freitag versammeln sie sich nach dem Nachmittagsgebet am Grab des ›Vollkommenen Meisters‹ und versetzen sich mit Musik und Sprechchor, Händeklatschen und Tanz in die Gegenwart Gottes, wobei es einerlei ist, wie das Bild, das im einzelnen Beter entsteht, beschaffen sein mag. Eine innere Führung wird nicht gegeben, sie bleibt jedem selbst überlassen.

Es heißt, schon Ibn ʿIsa habe den heiligen Tanz gepflegt, zumindest sei es sein Schüler Schabbani ibn ʿAbd elQadir gewesen, der die musikalische Begleitung durch Trommeln und Tamburins und einer Art Flöte, der *ghaita*, eingeführt hat. Bei solch einer *ḥaḍra* werden zunächst einige *qaṣiden* im modernen maghrebinischen Dialekt gesungen, wobei die Männer stehen und die Frauen sitzen; alle schlagen den Takt mit den Händen, bis sich heimlich die Musiker in den Kreis drängen und mit ihren Instrumenten den Rhythmus steigern. Während sich noch einige Kinder im Tanz üben, bricht der Leiter der Gruppe die erste Phase ab und ordnet die Reihe der Männer zu einer halbmondförmigen Kette. Auf die erste Tanzfigur folgt eine zweite, die auf den

Zehenspitzen ausgeführt wird, unter lauten Rufen nach Gott. Für die dritte Phase legen die Männer die hinderliche Überkleidung ab – daher heißt dieser Tanz ›nackt‹ – und treten in Gruppen an. Sie werfen die Arme hoch und rufen im Chor: »Allah.« Das ist der Kern der *ḥaḍra.* Er dauert mindestens eine Stunde. In Drehungen und Sprüngen bricht die Ordnung auf, einzelne Tänzer fallen in Krämpfe und Zuckungen, zerreißen ihre Unterkleider und stoßen unverständliche Worte aus, die von manchen Umstehenden wie Weissagungen aufgefaßt werden. Dabei ist es Nacht geworden, so daß man Lampen herbeibringt, die die Szene gespenstisch beleuchten. Der Friedhof dröhnt von den Trommeln, der ohrenbetäubende Klang der Flöten mischt sich mit den rhythmischen Rufen der Tänzer und Beter – kurz: die Voraussetzung zum Ablegen der Vernunft und der normalen Sinnesempfindung ist gegeben, der Eintritt in ein sonst wenig bekanntes Reich des Geistigen wird möglich. Dabei erreichen einige Derwische die Vereinigung mit dem ›Vollkommenen Meister‹ und durch ihn die Einswerdung mit Gott.

Dann stellt der Leiter der Gruppe die Ordnung wieder her. Während sich einige ruhig ankleiden, wälzen sich andere noch in Zuckungen auf dem Boden und müssen durch Handauflegen auf Bauchnabel und Nacken beruhigt werden.

Zahlreich sind die Gelegenheiten, zu denen die *ḥaḍra*-Übungen ausgeführt werden. Den Höhepunkt bildet das dreitägige Volksfest am Geburtstag des Propheten Mohammed in Meknes, an dem eine unübersehbare Schar von Pilgern und Derwischgruppen zum Grab des ›Vollkommenen Meisters‹ ziehen. Sie stammen aus dem ganzen Land und sind bunt zusammengewürfelt, man sieht auch reine Frauengruppen.[191]

Den Mittelpunkt der Feierlichkeiten bildet die Opferung eines Stieres, der mit Tüchern geschmückt zum Heiligtum gebracht wird. Man bietet ihn symbolisch dem Scheich Ibn

ʿIsa dar, dann führt man ihn wieder hinaus auf eine Plattform und schlachtet ihn am Fuße eines alten Ölbaums, durch einen Stich in die Kehle. Das Tier, das durch Verbluten stirbt, rast meist noch eine Weile wie irrsinnig umher, was man als gutes Vorzeichen fürs kommende Jahr ansieht. Die Derwische drängen sich heran, legen die Hände in die blutende Wunde des Tieres, trinken eine Hand voll Blut und markieren sich damit die Stirn, sei es mit Punkt- oder Kreuzzeichen. Man schneidet die Ohren und besondere Haare des Stieres ab und verteilt sie zur Herstellung von Amuletten an die Teilnehmer. Das Fleisch erhalten die zahlreichen Nachfahren des Scheichs. Am Schluß des Festes werden Datteln und Kerzen versteigert, deren Erlös der Pflege des Grabmals dient.

Eine Woche später spielt sich das jährliche Fest der Hamad-ṣcha- und Daghughiya-Bruderschaft im nahen Gebirgszug des Zerhun ab, und die zeitliche wie auch örtliche Nähe dieser beiden wilden Feste macht sie zum größten Ereignis ihrer Art im ganzen Königreich.

Bei den orthodoxen Lehrern stoßen diese Feste auf starken Widerstand, vor allem die Art des Opfers, die das Fleisch – da es einem Heiligen statt Gott zu Ehren geschlachtet wurde – nach den grundlegenden Vorschriften des Islam für jeden Gläubigen ungenießbar macht. Verboten ist auch der Genuß von Blut, die Herstellung von Talismanen usw.

Mit einer kurzen Skizze zur *frisa* will ich den fremdartigen Charakter der ʿĪsāwīa noch etwas hervorheben:

Grundlage für dieses blutige Opfer, das jede Gruppe einige Dutzend Male jährlich ausübt, ist die Annahme eines Totemtieres für jeden einzelnen Derwisch, sei es kurz nach Geburt durch die Bestimmung eines Leiters der väterlichen Gruppe oder sei es durch eigene Wahl beim Eintritt in den Orden. Dabei legt sich die Person die Pflicht auf, zeitlebens eins von sieben Tieren – Schakal, Katze, Kamel, Eber, Panther, Hyäne oder Löwe – nachzuahmen und mit ihm in der Vorstellung zu verschmelzen. Der Derwisch verinnerlicht das Tier in sich, bis er eins mit ihm wird, bis er es ›verkörpert‹. Auch diese Sitte dehnt sich gleichermaßen auf Frauen aus.

Jede Gruppe hat ihre eigenen Tiere, dabei nehmen die Löwen die vornehmste Stellung ein. Wer einen Schakal, eine Katze oder ein Wildschwein verkörpert, geht auf allen Vieren, die anderen gehen aufrecht. Zum Opferfest der *frisa,* ›Beute‹, verkleiden sich die Teilnehmer, wobei Bastmatten das Fell und Schuhe die Ohren andeuten. Die Feste werden oft von reichen Bürgern, auch von Herrschenden, veranlaßt, die auf diese Weise dem Heiligen einen Wunsch nahebringen wollen, sei es um die Fruchtbarkeit einer Frau zu erlangen oder einen Sieg im Streit. Früher hat sogar der Sultan selbst den ʿĪsāwīa einen Stier geschenkt, damit sie ihn opfern können. Es werden auch Schaf- und Ziegenböcke als Opfertiere angenommen, andere Tiere jedoch nicht.

Während die Derwische inbrünstig ihre *dhikr* rezitieren, schlachtet der Leiter der Gruppe das Tier auf einer erhöhten Plattform und wirft es dann hinab unter die versammelten ›Tiere‹, die nun über die Beute herfallen, wobei sie sich ganz wie jene Tiere benehmen, die sie verkörpern, indem sie wilde Laute ausstoßen und das Beutetier zerreißen, bis die Eingeweide bloßliegen. Dabei trinken sie das Blut und verschlingen das Fleisch roh.

Daß diese Opferfeste auf afrikanische, genauer gesagt: negroide Bräuche zurückgehen, ist offensichtlich. Ihre Ungesetzlichkeit im sunnitischen Islam ist jedermann bewußt. Doch da sie einen nicht geringen Anteil im Leben der marokkanischen Bruderschaften einnehmen, wollte ich es nicht unterlassen, kurz darauf hinzuweisen.

Verlier dich nicht im Pläne schmieden,
stärke nicht das ewige Fragen;
das Himmelsgewölbe ist nicht festgenagelt,
und es gibt keine Welt, die nicht erneuert würde! (134)

Das klingt anders, als wir es von einem Mystiker erwarten würden, und doch wird dieser ›Begeisterte‹, das besagt sein Beiname *Madschdhub,* zu den Sufis gerechnet und von mehreren Orden als Meister und Glied der Kette angegeben. Zahlreich ist seine Anhängerschar. Als wandernde Sänger und Prediger ziehen sie auf den Märkten Nordafrikas herum, schlagen eine kleine Trommel und tragen die Sprüche ihres Meisters vor wie Perlen einer Kette, die im Laufe der Jahrhunderte immer länger geworden ist. Alle einfachen Leute kennen seine Sprüche und führen täglich welche auf den Lippen, oft ohne zu wissen, wer sie geformt hat. Andererseits werden ihm eine große Zahl von Sprüchen zugeschrieben, die er nie verfaßt hat, denn »wer reich ist, erhält noch mehr«, wie er selbst sagte.

Schon vor einem Jahrzehnt kursierte auf den Märkten auch ein Heft, in dem 122 seiner beliebten Sprüche gedruckt erscheinen; in den letzten Jahren erschienen weitere Hefte, vor kurzem sogar ein ordentliches Büchlein mit Vorwort und Kommentar zu 125 Sprüchen.[192]

Das Leben des Sidi Madschdhub war von Wanderung und Entbehrung gezeichnet wie das vieler Derwische. Er wurde 1503 in Tit geboren als Sohn einer adligen Familie aus Tunis – sie führten ihre Abkunft auf den Propheten Mohammed zurück, was sie berechtigt, den Titel *Sidi* vor dem Namen zu tragen. Tit, die Hafenstadt am Atlantischen Ozean zwischen dem heutigen ElDschadida und Azemmur, war laut Leo Africanus »in der Zeit der Gotenherrschaft« (zwischen 428 und 534 unserer Zeitrechnung) gegründet worden, vermutlich aber schon mehr als ein Jahrtausend vorher, wie punische Überreste nahelegen.[193] 1507 eroberten die Portugiesen Azemmur und gründeten ElDschadida.[194] Da die Einwohner von Tit sich ergaben und Tribut an den König von Portugal zahlten, ließ der Sultan von Fes, enNaṣir, alle Bewohner fortführen und in der Gegend von Fes und Meknes neu ansiedeln. Die Stadt Tit verfiel und wurde nie wieder aufgebaut.

Diese frühe Entwurzelung scheint einen bleibenden Eindruck auf den jungen ʿAbd erRaḥman gemacht zu haben, denn heimatlos blieb er den größten Teil seines Lebens. Zwar erhielt er eine gute Schulbildung, wie es dem Stand seiner Familie entsprach, doch hat er sich schon bald auf die Wanderschaft begeben und mit dem Tamburin in der Hand Nordafrika durchzogen. Als Lehrer des Madschdhub wird ʿAli ben Aḥmad Sanḥadschi Dawwar genannt, ein Berber, der 1542 in Fes starb und dort hinter dem Bab Ftuh begraben liegt. Er sagte den Leuten ihr Schicksal voraus, wofür man ihn reich beschenkte; der König selbst gab ihm seine eigene Kleidung, aber der vom Geist ergriffene Sufi verschenkte die Gaben sogleich weiter an die Armen der Stadt. Zwei Jahre dauerte Madschdhubs Reise, auf der er auch Mekka erreichte, und diese zwei Jahre der Entbehrung wurden bestimmend für sein ganzes Leben, denn in dieser Zeit hatte er die Gabe der Weissagung und der Einsicht in verborgene Dinge erlangt – er war zum Sufi geworden.

In den folgenden Jahren versuchte er sich in verschiedenen Berufen, beobachtete die Menschen und sich selbst und begann seine ersten Verse zu dichten. Einige Zeit diente er als Hirte bei den Nomaden in der Gegend von Guercif in Ost-Marokko; die bitteren Verse, die dort entstanden, sind noch heute auf den Lippen der Hirten:

Auf Schnee habe ich mein Bett bereitet,
mit Wind bedeckte ich meinen Geist,
aus dem Mond machte ich mir eine Lampe,
mit den Sternen freundete ich mich an. (12)

Später war er Feldarbeiter und sang auch davon unvergessene Verse. Man nimmt an – aus seinen Sprüchen ist es zu schließen – daß er verheiratet war und Kinder hatte, doch scheint ihm kein häusliches Glück beschieden gewesen zu sein, vielleicht darf man in seinem harten Urteil über die Frauen den Nachhall einer unglücklichen Ehe sehen. Er sinkt immer tiefer in Armut und wird Mattenflechter, schließlich greift er zum Tamburin und nimmt sein unruhiges Wanderleben wieder auf. Er durchstreift den Maghreb bis nach Tunis und wirft über manchen Stamm und manche Stadt seine sarkastischen Verse, die so treffend sind, daß sie die Zeit überdauert haben.

Da sie nur dem etwas sagen, der die Städte kennt, übergehe ich sie hier, um einige andere Sprüche auszuwählen, die nicht weniger volkstümlich sind, ja seit einigen Jahren sogar auf Schallplatten erscheinen.[195]

Mein Herz kam zwischen Hammer und Amboß,
der Schmied übt keine Nachsicht;
er schlägt es Schlag auf Schlag,
und wenn es abkühlt, macht er's im Feuer wieder heiß. (67)

Daraus spricht unmittelbar die Tiefe seines Leidens, und er weiß sich darin mit allen Armen und Schwachen gleich, wie auch im folgenden Vierzeiler:

Lange schrie ich den Schrei der Verzweiflung,
nicht Vater noch Bruder ließen sich bewegen.
Der Freund spricht: Es sei genug!
während der Feind sagt: Noch mehr! (63)

Doch allmählich wandelt sich das Bild. Aus dem Geschlagenen wird ein Duldender, der Einsicht gewinnt in sein Schicksal.

Nackt schlaf ich auf Dornen
und verlache die, die mich verletzen.
Geduldig ertrage ich die Grimassen der Tage,
bis sich die Zeit erfüllt. (180)

Im Laufe der Jahre erblindet er und führt ein ruheloses Leben in jener Zeit, die von Kriegen und Umstürzen erfüllt ist.

Aus dem wandernden Dichter ist ein Mystiker geworden, der ein Anliegen an seine Umwelt hat und es vorzutragen weiß. So wie sein Herz in der Schmiede war und geläutert wurde, rät er den Menschen, sich zu wandeln:

Es schläft nicht bei Nacht, wer besorgt ist,
nur wer es erträgt, ist versorgt.
Die Seife wäscht nicht das Leid ab,
doch wer sein Herz umwandelt, ist Sieger. (203)

Die Unterwerfung unter den Ratschluß des Höchsten, die Zustimmung und das Ergreifen des festgelegten Schicksals, gehört den Lehren aller Sufis an, ist Bestandteil mystischer Haltung. Daraus entspringt eine Umkehrung der Werte, die christlicher und zenbuddhistischer Haltung an die Seite zu stellen ist:

Wer mich als Sieger sähe,
sähe mich als Flüchtling;
wer mich als Betrogenen sähe,
sähe mich in Hingebung. (178)

Noch prägnanter klingt es in dem folgenden kurzen Spruch, der große Verbreitung erlangt hat und als treffende Kennzeichnung islamischer Mentalität gelten kann:

Der Tod kommt gewiß,
warum also Furcht?
Und der Reichtum ist festgelegt,
warum dann die Mühe? (221)

Die letzten Lebensjahre verbrachte dieser leidgeprüfte Mann – ausgesöhnt mit seinem Schicksal – als Scheich eines Versammlungshauses in Qsar elKabir in Westmarokko, wie er von sich selbst sagt:

Madschdhub, der beliebte, vielbegehrte,
wohnt im Land des Melali-Stammes.
Und was der Herr festlegt, das geschieht,
es steht auf seinem Kopf geschrieben und wird nicht gelöscht.
(72)

Dieser unerschütterliche Glaube an das vorgeschriebene Schicksal gehört zu den grundlegenden Glaubenssätzen aller Moslems. Aus einigen Versen des Madschdhub ist geschlossen worden, daß sein Versammlungshaus in einen größeren Rahmen eingeordnet war, in die alle islamischen Länder durchströmende Lehre des *MuḥiyudDin* ʿAbd el-Qadir elDschilani, jenes überragenden Sufis aus Gilan im Iran, der seit seinem Tode 1166 geradezu abergläubische Verehrung genießt; nirgends mehr vielleicht als hier in Nordwestafrika, wo ungezählte Kuppelbauten und Naturheiligtümer wie Grotten, Bäume und Quellen seinem Namen geweiht sind.

Von weither pilgern die Gläubigen, besonders Frauen, mit ihren Bitten zu den »Zeichen« und überhäufen sie (und die Wächter) mit Gaben.

Dabei ist von der eigentlichen Person des großen Sufis fast nichts mehr übrig geblieben, sie ging auf in uralten Geistervorstellungen, die seit undenklicher Zeit an jenen Orten verehrt werden. Dadurch wurden zahlreiche Aspekte heidnischer wie auch sufischer Glaubensweise zu einer Prophetengestalt verschmolzen, die als *quṭb*, ›Achse‹, aller Mystiker, Helfer der Umherirrenden und Seelenführer der Verstorbenen fast gleichwertig neben den Propheten Mohammed gestellt wird. Seine Fähigkeit, körperliche Gestalt anzunehmen, wird ganz realistisch aufgefaßt: Er erscheint den Verirrten in der Wüste und leitet sie zur Quelle, heilt die unheilbar Kranken und erleuchtet die um Erkenntnis Ringenden. So wird auch folgender Ausspruch – neben vielen ähnlichen – dem Madschdhub zugeschrieben:

Schrei um Hilfe bis zum Ende
und schrei im verlassenen Tal,
und wenn dich dein Zustand ängstigt,
dann ruf nach dem Scheich elDschilani! (129)

Da es jedoch eine Eigenheit der *Qadiriya*-Bewegung ist, daß sie keinen strukturellen Überbau besitzt, keinen festen Orden und keine definierte Lehre, besagt eine solche Feststellung, Madschdhub habe dazugehört, nicht viel. Jedes Versammlungshaus besteht für sich und hat weitgehende Freiheit in der Nachfolge dieses großen Lehrers. Gerade dadurch war es möglich, daß sich von den einfältigsten Gebirgsbauern bis zu den gelehrtesten Intellektuellen der Städte alle Schichten unter diesem Namen zusammenfinden.

Was den Madschdhub an das große Vorbild aus Gilan band, läßt sich vielleicht als ›christliches‹ Selbstverständnis nach der Art des Halladsch oder des ›anderen *MuḥiyuDin*‹, Ibn elʿArabi aus Murcia, bezeichnen: in der Beispielhaftigkeit des persönlichen Lebenswandels und im Teilhaben am Leiden aller Wesen. So ist das begeisterte Lob zu verstehen, das er in dem folgenden Vierzeiler ausspricht:

O MuḥiyudDin, du Armer,
du, durch den Heiligkeit kommt:
Die Leute nennen dich den Fürsten der Moslems,
und ich nenne dich den Fürsten der Christen. (130)

Denn das ist eine in der islamischen Mystik allgemein gelehrte Ansicht, daß die Tat des Nazareners keine einmalige historische Handlung, sondern ein beispielhaftes Vorangehen war, das von jedem, der die Erlösung bewirken will, nachvollzogen werden muß. Nur so ist die hohe Selbsteinschätzung zu verstehen, die in den folgenden Versen zum Ausdruck kommt:

Man sah mich im schlimmsten Verderben,
man dachte, mir bliebe nichts übrig,
doch in Wahrheit bin ich ein wohlgesetztes Buch,
das viel Wertvolles enthält. (132)

Und wie ein christlicher Ausspruch klingt auch der andere Vierzeiler, der sich an jene wendet, die schon einen besonderen Grad an Reife gewonnen haben:

O Weiser! Schließe Frieden, dann lebst du in Frieden!
Tadle nicht den, dem ein hartes Los zufiel,
denn der Allmächtige wird auch dich prüfen,
wie Er jenen prüfte – Verzeihung sei ihm! (185)

Viele Sentenzen dieses Mannes sind Morallehren und Erziehungshilfen; gerade diese werden besonders gerne vom Volk aufgenommen und weitergegeben. Da gibt es z. B. eine Strophe, die dem deutschen Sprichwort: »Reden ist Silber, Schweigen ist Gold« gleicht:

Schweigen ist ein Schmuck wie Gold,
während Reden jedes Thema entwertet.
Was du siehst, behalt für dich,
und wenn man dich fragt, sag: Nein, nein! (189)

An feinere Leute gerichtet ist derselbe Gedanke in dem nächsten Ausspruch enthalten:

Sattle (dein Pferd) nicht, bevor du (es) gezügelt hast,
und bind es fest mit sicherem Knoten.
Sprich nicht, bis du wirklich Anlaß dazu hast,
damit keine Schande dir entgleite! (192)

Denn zum Verständnis des Anderen bedarf es keiner Worte, die Mitteilung kann auch ohne Sprache vor sich gehen, wie es alle Mystiker erfahren und gelehrt haben. Madschdhub sagt es so:

Wie das Öl aus der Olive fließt,
so das Verständnis aus dem Verstehen der Vogelsprache.
Wer aber die Worte treiben läßt,
für dessen Gewissen wäre es besser, sie in eine Höhle zu sperren. (193)

Das schließt natürlich nicht aus, daß dieser Moralist mit scharfen Worten die Untugenden seiner Mitmenschen geißelt und zur Bekehrung aufruft. In manchen Vierzeilern weist er sich als Reformator aus, der seiner Zeit voraus war. So bekämpfte er mit aller Strenge – dennoch vergeblich – den Gräberkult, der den islamischen Vorschriften am stärksten widerspricht. Bis heute ist die Geistlichkeit des Landes in diesem Streben kaum einen Schritt vorangekommen, denn hier handelt es sich um ein unausrottbares Verlangen der maghrebinischen Menschen, eine von den Vorfahren ererbte und in mannigfachen Formen seit Jahrtausenden gepflegte Sitte, die ihnen teuer ist. Wie vielgestaltig die Äußerungen auch sein mögen, der Kult an den Gräbern oder ›Zeichen‹ der Heiligen, der Vertrauten des Göttlichen, gehört zur Grundlage des Glaubens aller einfachen Leute in Marokko.

Die weißen Kuppelgräber sind das Wahrzeichen des Landes. So scheinen die schönen Verse des Madschdhub in den Wind gesprochen:

> Das Leben des Lehrers ist ein reines Leben,
> er fürchtet sogar, sich durch Eitelkeit zu beflecken.
> O du Besucher aller Heiligengräber,
> den Lehrer zu besuchen bringt dir Fortschritt! (118)

Neben seinem wohlgemeinten Reformwerk will ich jedoch nicht diejenigen Vierzeiler auslassen, die ihn unsterblich gemacht haben, wenn sie auch gerade uns heutigen Europäern ein Dorn im Auge sein mögen – ich meine seine bitteren Worte gegen die Frauen.

»Daß Madschdhub ein Seher war, ist unzweifelhaft«, schreibt Scelles-Millie[196], »daß er ein gläubiger Moslem war, dessen Schrei nach Gott einen Umfang erhielt, der im Laufe der Jahrhunderte seine Auswirkung auf alle Gemeinden des islamischen Nordafrika ausdehnte, ist ebenfalls sicher. Doch daß er sich als Moralist aufführte und besonders als Kritiker der Frauen, beeinträchtigt die Erinnerung an ihn in unangenehmer Weise.«

Markt der Frauen[197] ist wie Markt der Vögel,
das Feuer vernichtet die Reste.
Wer Madschdhub der Lüge zeiht,
der denke nach und schaue her! (285)

Da gibt es Strophen, die an Schärfe nichts zu wünschen übrig lassen, wie etwa die folgende, die als typisch gelten kann:

Anschauen schafft keine Mulde,
so wie der Wind ein Flußbett nicht füllt.
Die Liebe der Frauen gleicht dem treulosen Hund,
der erst freundlich ist, bevor er angreift. (154)

Diese Vergleiche gehören zur hiesigen Landschaft und ihren Menschen, sie sind kaum übertragbar. Denn wer würde bei uns daran denken, daß ein Flußbett fast das ganze Jahr hindurch trocken liegt und daß der sehnliche Wunsch nach Wasser »in den Wind gesprochen« bleibt; oder daß die Hunde dort nichts von der sprichwörtlichen Treue des deutschen Schäferhundes erkennen lassen und daß die orientalische Frau sich mit tausend Listen und Ränken rächt für das ihr angetane Unrecht, das sie seit Jahrhunderten vom öffentlichen Leben ausschließt, ihr selbst die Schätze des Wissens und der Religion vorenthält; wie aus einigen Versen des Madschdhub erkennbar wird:

Die Frauen zetteln zwei Arten von Hinterlist an,
und wen sie überlisten, der ist betrübt.
Sie reiten auf dem Rücken von Löwen
und sprechen: die Zicklein fressen mich! (281)

Natürlich spielt es eine Rolle, daß die Zuhörer der Madschdhubis, die noch heute die Verse Sidi ʿAbd erRaḥmans auf den Märkten vortragen, durchweg Männer sind, und daß gerade die scharfen Urteile über die Frauen die gängige Münze sind, mit der ein Sänger sich das Wohlwollen seiner Zuhörer erwirbt. Wieviele Geschichten gibt es da zum Thema ›Krieg der Frauen‹, in denen die haarsträubendsten Listen der Frauen verewigt sind, denen je Männer zum Opfer fallen konnten ...[198]

Vor diesem Hintergrund wirken die Verse des Madschdhub wie gewöhnliche Kritik, die ebensogut die Männer treffen könnte. Doch neben der Flatterhaftigkeit und Untreue greift Madschdhub auch den religiösen Ernst der Frauen an:

Trau nicht den Frauen,
auch wenn sie den Rosenkranz beten,
denn nach einer Zeit der Reue
treibt das Tieferliegende sie ins Verderben. (280)

Nach diesem knappen Hinweis auf die weniger transzendentalen Verse des Madschdhub möchte ich nun einige andere vorstellen, die den sufischen Charakter des Meisters besser zeigen.

Er hatte einen ganz erdnahen Sinn für das Wesentliche, das wird aus dem als Motto vorangestellten Vierzeiler ebenso klar wie aus dem folgenden, der sich großer Beliebtheit erfreut:

Wer mich liebt, liebe mich zu meinen Lebzeiten,
denn wer mich nach meinem Tode liebt, ist verrückt.
Der Lebende sehnt sich nach einer Dattel;
einen Toten hinrichten ist sinnlos. (162)

Angesichts der Behandlung, die unseren Dichtern und Künstlern seit jeher zuteil wird, möchte man diesen Spruch über jedes Museumsportal hängen.

ʿAbd erRaḥman ist im Laufe seines Lebens erblindet, doch da sich seine innere Wandlung schon vollzogen hatte, konnte ihm dieser Schicksalsschlag nichts mehr anhaben. Seine Abkehr von allen Bequemlichkeiten brachte ihm viel reicheren Lohn ein, wie er in kühler Sachlichkeit feststellt:

Das Leben in Schwäche ist eine große Annehmlichkeit,
aber allen Bürgern scheint es ermüdend;
das Leben im Prunk ist äußerst hassenswert,
doch alle Bürger haben großes Verlangen danach. (194)

Die Welt bedeutete ihm nichts, denn alles Geschaffene hat nur den einen Sinn: Hinweis auf die unfaßbare Schönheit des Schöpfers zu sein. In seiner derben und volksnahen Sprache hat Madschdhub es so gesagt:

Die Welt gleicht einer Wassermelone,
die neben vielen anderen Melonen dahinrollt.
Wer auch immer aus Begierde in sie eintritt,
den nimmt sie mit in einen bodenlosen Brunnen. (136)

Wer nun in diesem Vergleich die Melone mit der Erdkugel gleichsetzt und ihren rollenden Lauf im Kosmos gleichsam vor sich sieht, der hat nur wenig von der Mentalität des Sufis erfaßt, denn mit dem Wort Welt, *dunya,* bezeichnet er nicht die Erde, sondern unsere gesamte Sinnenwelt, also auch die Sterne und das All, das sich jenseits unserer einfachen Sinne ausstreckt. Daneben bestehen die anderen Welten, die ebenfalls herumrollen wie Melonen: die Welt der Träume, um ein einfaches Beispiel zu nennen, und die Welt der geistigen Erfahrung, die vielen fast verschlossen ist, vielleicht nur den Sufis bewußt wird. Und darüberhinaus gibt es noch andere Welten, zu denen wir nie einen Zugang haben; im ganzen sollen es sieben Welten sein. Der bodenlose Brunnen kann als Sinnbild der Zeit aufgefaßt werden.

Soviel haben jedenfalls alle Mystiker gesagt: daß diese unsere Welt der Sinne nur eine vorübergehende Erscheinung ist, ohne wirklichen Bestand. Das meint Madschdhub, wenn er in seiner kraftvollen Weise sagt:

Ich dachte über diese Welt nach
und fand sie ziemlich falsch;
sie lacht dich einen Moment an
und dreht dir danach den Rücken. (139)

Oder noch einfacher in den Worten des Volkes:

Unsere Welt ist wie ein Flitterkleid,
nur wer tanzen will, zieht es an.
Zieht's an und dreht sich eine Zeit
und ist verbittert, sobald die Freude vorbei ist. (137)

Im Gegensatz dazu steht das Bemühen um Einsicht und Gnade, der Lebensweg des Sufi, der im folgenden Vierzeiler erfaßt wird:

O ihr, die ihr strebt nach dem Wissen der Einzigkeit:
hier werden die Meere ausgetilgt!
Das verstehen (nur) die Anhänger der Mystik,
die sich aufrecht halten durch Einsicht. (131)

Darin ist eine Anspielung auf Koranverse[199] enthalten, wo von den beiden Meeren gesprochen wird; dieser Ausdruck wird von vielen Mystikern als das Verschmelzen von Diesseits und Jenseits ausgelegt, die Vereinigung im Einzigen; doch Madschdhub läßt die Meere ganz verschwinden, eine noch tiefere Einsicht, die wirklich nur einem Mystiker verständlich sein kann.

Zu dieser Einsicht gehört ständiges Sich-Aufrecht-Halten, gehören Beharrlichkeit und Geduld.

In seinen aus dem Alltag des marokkanischen Menschen genommenen Bildern hat Madschdhub es so ausgedrückt:

Wenn dich deine Welt bekümmert,
und deine Zeit dir nicht gefällig ist,
dann laß das Korn im Stroh noch liegen
und warte, bis der Wind sich erhebt! (197)

Denn das Worfeln des Korns geschieht hier noch immer einzig mit Hilfe des Windes, und das stellt einen Bauern oft auf eine harte Geduldprobe, wenn er auf der Tenne steht, mit der Worfelgabel in der Hand und wartet, daß sich ein Windchen regt. So geht es auch dem Mystiker, der in Hingebung an den unerforschlichen Willen ›seinen‹ Augenblick erwartet.

Davon, daß Madschdhub auch ein Seher war, der die Zukunft schaute, war hier kaum die Rede. Mit seinem berühmtesten Vierzeiler will ich nun diesen Aspekt des seltsamen Scheichs beleuchten:

O ihr, die ihr mich fragt nach dem 13. Jahrhundert:
Für Schwärzeres gibt es kein Beispiel.
Es kleiden sich die Moslems in ihre weiten Gewänder,
und ihre Herzen sind wie die Herzen der Christen. (114)

Das 14. Jahrhundert islamischer Zeitrechnung, das 1980 begonnen hat, gilt bei vielen Moslems als das Ende der Zeit, was auch ein gut belegter Ausspruch des Propheten besagt.

Da der allgemeine Niedergang des Glaubens in den Jahrhunderten vor dem Ende ebenfalls als sicher galt, ergab sich von selbst die Vorstellung, daß das 13. Jahrhundert zum Tiefpunkt islamischer Frömmigkeit führen werde. In gewisser Hinsicht ist das offensichtlich eingetroffen. Erstaunlicher ist jedoch der zweite Teil des Vierzeilers, der sicher auf eine Vision zurückgeht: Während die Moslems äußerlich die Tradition wahrten – die weiten Kleider und der Schleier der Frau blieben erhalten – machten sie innerlich einen Wandel durch, indem der Materialismus der ›Christen‹ ihre Herzen erfüllte. Die Schärfe, mit der Madschdhub vier Jahrhunderte im voraus das 13. islamische Jahrhundert kennzeichnet, ist bewundernswert, sofern dieser Spruch wirklich authentisch ist.[200] Wer weiß, wieviele Visionen der Scheich Madschdhub verschwiegen hat, getreu seinem Grundsatz, »Schweigen ist ein Schmuck wie Gold«? Einer seiner letzten Verse könnte dieser gewesen sein:

Begrabe dein Geheimnis und verbirg es
siebzig Klafter tief unter der Erde!
Laß die Menschen danach suchen
bis zum Tag der Auferstehung. (77)

Scheich ʿAbd erRaḥman elMadschdhub starb 1565 im Alter von 62 Jahren. Die klassische Einfachheit seiner Sprache und ihre aus der Tiefe des Glaubens geschöpfte Poesie haben seine Verse unsterblich gemacht, so daß sie noch heute von Mund zu Mund gehen, als wäre keine Zeit vergangen, seit sie ein armer und blinder Erleuchteter zum Rhythmus seiner kleinen Trommel vortrug.

»Ich habe auf Gott vertraut.«

5

Die *Marabuṭ*-Bewegung

Im Mittleren Atlas zwischen Qasba Tadla und Chenifra lag die *zawiya* edDila', in der die marabutische Idee ihre letzte große Gestalt hervorbrachte. In dieser Form wurde sie in Europa bekannt: als Gegner der christlichen Eroberer, als politisch-religiöser Befreiungskampf gegen die Eindringlinge. Sie hatte sich aus den *murabiṭun* des 11. Jahrhunderts entwickelt, den Mönchsrittern, die ähnlich wie die Ordensritter des christlichen Europa in klosterähnlichen Festungen, *ribaṭ,* wohnten. Daraus war eine volksnahe Strömung entstanden, die ihren Ausdruck in vielen lokalen Gruppen fand, an deren Spitze jeweils ein *marabuṭ* stand. Aber die *murabiṭun* waren mehr als nur Glaubenskämpfer; sie waren Missionare, die den schriftunkundigen Berbern des Gebirges, die höchstens nominell Moslems waren, den Islam brachten. Seit dem Untergang der frühen islamischen Berberstaaten, spätestens aber seit dem Tode Ibn Ṭumarts, war der Koran in Marokko in keiner Volkssprache mehr bekannt, und da nur wenige Berberstämme die arabische Sprache angenommen hatten, waren das heilige Buch sowie die Überlieferungen und auch die Mystik den meisten Gebirgsbewohnern unzugänglich gewesen. Darum wurde die Ausbreitung der Lehre unter den Berbern zur wichtigsten Aufgabe, zeitweise zur einzigen Tätigkeit der *murabiṭun*. Viele Abkömmlinge adliger Familien, Scherifen, widmeten ihr Leben dieser Mission und erwarben zeitlosen Ruhm als Heilige.

Der heute wohl bekannteste dieser Missionare ist Muḥammad ibn Naṣir (gestorben 1674), dessen *zawiya* in Tamghrut am Draa bis heute einen spürbaren Einfluß auf den ganzen Süden ausübt. Die Bibliothek mit kostbaren Handschriften, die der Scheich von Andalusien bis Timbuktu und dem Orient zusammengetragen hat, enthält manche schön illustrierte Texte, die einen Einblick in die geistigen Strömungen jener Mission geben. Neben mystischen und poetischen Schriften – manche zweisprachig, d.h. arabisch und berberisch – finden sich jedoch auch solche, die eine gewisse Nüchternheit aufweisen, denn das Anliegen der Naṣiriten ist bis heute eine Art ›innere Mission‹, eine ganz wirklichkeitsnahe Bekehrungsabsicht, die von den Geistlichen der großen Städte im Norden wohlwollend gefördert wird.

Der Orden erlangte auch nördlich des Hohen Atlas Macht und strahlt nach Süden weit bis nach Schwarzafrika hinein aus.

Da der Gründer sich als Nachfolger von Scheich Schadhili ansah und dessen Meditationsformen weitergab, wurde die sufische Idee auch hier verbreitet, so daß in der Folgezeit alle Berber des Gebirges den Islam in sufischer Gestalt annahmen. Jedes größere Dorf hat seine *zawiya*, die praktisch die Stelle der Moschee einnimmt, mit einem *muqad-*

ḍim an der Spitze und mit den allabendlichen Versammlungen zum *dhikr*-Gebet.

Wie bei der Bekehrung der Berber durch die Almoraviden (das Wort ist von *murabiṭun* abgeleitet) entwickelte sich auch diesmal in den Stämmen eine politische Kraft, die fanatische Auswüchse hatte. Der letzte Scheich der *zawiya* Dila', Muḥammad elḤadsch, ergriff die Gelegenheit in den politischen Wirren seiner Zeit und formte ein überregionales Heer, mit dem er bald große Teile Marokkos eroberte. Er stürzte die Dynastie der Sa'aditen, besetzte den Gharb bis zum Atlantik und vereinigte die meisten freien Berberstämme zu einem großen Verband, mit dem er die gerade zur Herrschaft aufstrebenden 'Aliden aus dem Tafilalet in einer Schlacht im Jahre 1646 schlug.

Damit war noch einmal die Möglichkeit einer unumschränkten Berberherrschaft in Marokko in greifbare Nähe gerückt, doch der Scheich *elḤadsch* war dieser Aufgabe offensichtlich nicht gewachsen. Es fehlte ihm die organisatorische Größe seiner Vorbilder. 22 Jahre nach seinem Sieg wurde er von einem Heer der 'Aliden in der Ebene des heutigen Tadla geschlagen und ins Exil verjagt. Seine *zawiya* wurde völlig zerstört, sein Orden aufgerieben. Doch ganz war die Kraft noch nicht erloschen, die von diesem Scheich ausgegangen war. Elf Jahre später mußte Sultan Isma'il, der inzwischen zum unbestrittenen König des ganzen Landes geworden war, einen Aufstand der Dila'iten niederschlagen.

Zwei große Personen haben den Untergang der Dila'iten überstanden: Sidi elḤasan elYusi und Sidi Sa'id, der Gründer des Hanṣaliya-Ordens. Der erste wurde zum typischen Volksheiligen, der andere blieb ein Einzelner, der mit seinem persönlichen Charisma einen großen Teil des Gebirges bekehrte und eine politische Bewegung ins Leben rief, die nach zwei Generationen das Schicksal der Dila'iten wiederholte.

In zeitlicher Reihenfolge sind vorher noch zwei andere große Gestalten der Marabuṭen-Bewegung zu erwähnen:

Sidi Aḥmad u Musa von Tazerwalt und Muḥammad esch-Scharqi. Letzterer ist ein Scherif vom Stamm der Banu Zammur in der Tadla-Gegend. Er gründete dort den Ort Bu Dschad, dessen Schutzpatron er heute ist. Sein Orden hat ein recht großes Einflußgebiet im Herzen Marokkos: Vom Fluß Um erRbiʿa zum Bu Ragrag und vom Sattel des Mittleren Atlas bis zum Atlantik. In Casablanca besitzt er ein großes Versammlungshaus. Zum Jahresfest Anfang Oktober pilgern Zehntausende von Anhängern zum Grab ihres Ordensgründers in Bu Dschad. Sein dortiges Versammlungshaus ist zu einem großen Gebäudekomplex angewachsen, der den Südteil der Stadt einnimmt.

Die Nachfahren von Sidi Muḥammad, der dort 1601 starb, genießen enormes Ansehen als Überträger der Segenskraft des Heiligen und vereinigen dadurch in ihrer Familie eine nicht zu übersehende politische Macht.[201]

Sidi Aḥmad u Musa von Tazerwalt

Nach Mulay Bu ʿAzza im Zayan-Land und ʿAbd esSalam ibn Maschisch im Dschabala ist Sidi Aḥmad u Musa von Tazerwalt, der Gründer des Ordens der Schützen und Akrobaten, der vom marokkanischen Volk am meisten verehrte Heilige. Die jährliche Zahl seiner Besucher dürfte mehr als Hunderttausend betragen. Dies ist um so bemerkenswerter, als sein Wirkungskreis und seine Grabstätte tief im Süden, fast schon in der Wüste, liegen.

Sidi Aḥmad u Musa gehört zu den Erneuerern der sufischen Idee nach Dschazulis Vorbild; Missionstätigkeit und Kampf gegen die vom Atlantik her eindringenden Portugiesen kennzeichnen sein Lebenswerk.

Aḥmad wurde 1460 im Ort Abu Marwan im Stammesgebiet der Ida u Samlal im Anti-Atlas geboren. Sein Vater, Musa, war ein Scherif, heißt es, also Abkömmling des Propheten Mohammed, über die Linie des heiligen Idris, des ersten großen Missionars Marokkos. Die Vorfahren von

Musa stammten aus dem Dschabala, vermutlich aus dem Gebirge ʿAlam, dem Wirkungskreis von ʿAbd esSalam ibn Maschisch, dem auch Aḥmad sein Leben lang nacheiferte. Bescheidenheit und Askese bildeten die eine Seite seiner Lebensform, die andere Seite jedoch Kampfbereitschaft und Wehrhaftigkeit.

Von den unzähligen Wundern, die seine frommen Anhänger von ihm berichten, läßt sich nur wenig als echt sufisch bezeichnen: zumeist sind es Landnahme-Gesten, wie zum Beispiel das Steinewerfen, mit dem er seinen Umkreis absteckte, oder Kämpfe gegen Stämme, die sich seiner Macht nicht unterwarfen. Außerdem hat er die Rolle des fruchtbarkeitfördernden Geistes des Landes übernommen: ohne seinen Segen können weder Menschen noch Tiere noch Pflanzen sich vermehren.

Etwa in seiner Lebensmitte, um 1515, dem Höhepunkt der portugiesischen Eroberung der Küste, macht sich sein Wirken bemerkbar. Sidi Aḥmad ist Mystiker und Glaubenskämpfer zugleich gewesen, der Inbegriff des *marabuṭ*. Er hat selbst keinen Orden gegründet und auch keine Schriften oder Lehren hinterlassen, doch ohne ihn ist die geistige und politische Geschichte des südlichen Marokko nicht verständlich. Als er 1564 mehr als hundertjährig starb, war seine *baraka*, Segensausstrahlung, schon zu einer wichtigen Macht zwischen Sus und Wüste geworden.

Sein Großenkel in direkter Linie, ʿAli abu Dmiʿa, besaß die Weitsicht und militärische Fähigkeit, diesen Einfluß auszubauen und ein selbständiges theokratisches Fürstentum in Tazerwalt zu errichten. Nachdem er zunächst Tagschgat besetzt hatte, schuf er sich eine neue Residenz in Iligh, das bis heute Mittelpunkt des religiösen Machtbereichs von Tazerwalt geblieben ist. Dreimal im Jahr finden hier bedeutende Jahrmärkte statt; der größte davon, der gegen Sommerende abgehalten wird, gilt den ärmeren Bewohnern des Südens als Ersatz für die Wallfahrt nach Mekka.[202]

Als Sultan Maulay elḤasan 1882 das bis dahin fast selbständige Fürstentum von Tazerwalt zerschlug, baute er an der Stelle des alten Kuppelgrabes ein modernes Grabmal nach dem Vorbild der Idrissiden-Gräber des Zarhun: quadratisch mit einem pyramidenförmigen Dach, das mit grünen Ziegeln gedeckt ist. Dieses betreten die Pilger und erwerben den Segen des toten Heiligen durch ihre Geldgaben, die in einer großen Kiste gesammelt werden und einmal im Jahr an die Nachkommen des Heiligen verteilt werden. Ein Drittel dieser Einkünfte kommt der Schule zugute, und zumindest in dieser Weise setzt sich der erzieherische Anstoß fort, den Sidi Aḥmad in jenem von ungebildeten Bergstämmen bewohnten Wüstenbereich einst gegeben hat.

Fragen wir nach den Gründen, die dazu führten, daß gerade dieser Heilige eine so große Anhängerschar bekommen und behalten hat, dann ergeben sich drei Hauptursachen, die in gewisser Weise typisch für die *marabuṭ*-Bewegung sind:

1. Die Verbreitung der Wundertaten dieses Mannes, wofür vor allem ein Gebildeter aus dem Norden gesorgt hat, Si Ba'aqili, der seinen Meister um rund 30 Jahre überlebte; er schuf ein Geschichtswerk, das alle späteren Schriftsteller, die über Sidi Aḥmad schrieben, benützt haben.

2. Ein augenblickliches Machtvakuum während der Herrschaftszeit des Saaditen-Sultans Aḥmad elʿArdsch, so daß mutige Männer mit Initiative nötig waren, die eindringenden Christen abzuwehren und den Islam auszubreiten.

3. Ein zentral gelegener Ort, der als Mittelpunkt und Schiedsort vieler Stämme gelten konnte; Iligh am Tazerwalt-Fluß, einem Nebenfluß des Massa, war schon vorher Mittelpunkt eines theokratisch regierten Gebietes gewesen[203] und häufte als Warenumschlagplatz der Karawanen von Timbuktu und Tinduf nach Norden beträchtliche Reichtümer an.

Die Wehrhaftigkeit des Sidi Aḥmad fand in mehreren Gruppen und Vereinigungen ihren Niederschlag, wenn man auch hier nicht von sufischen Orden im strengen Sinne spricht: Die Aulad Sidi Aḥmad u Musa sind Reiter, Schützen und Akrobaten, die auf allen Märkten des Königreichs auftreten und selbst Tourneen in Europa und Amerika durchführen. Grundlage aller ihrer Übungen sind jedoch sufisch-magische Ideen, die zu mystischer Erfahrung führen können. Dies lassen auch die Lieder, Gedichte und Erzählungen erkennen, die in ihren Versammlungshäusern weitergegeben werden.

Größter Beliebtheit erfreuen sich die Gedichte von Sidi Ḥammu, einem dunklen Berber aus Azgeruz bei Tifnit, der der Überlieferung zufolge vor sechs Jahrhunderten lebte. Aus der schönen Sammlung von Hans Stumme *Dichtkunst und Gedichte der Schluh*[204] bringe ich hier vier Gedichte.

I

Gott sei dir gnädig, Sidi Ḥammu! – Er, der Arme, sagte:
Die heutige Liebe will ich vergleichen
mit dem Brot der »Fremden«: wer es ißt,
auch wenn er sich daran voll ißt, muß doch sagen: es schmeckt nicht.
Die heutige Liebe will ich vergleichen
mit einem Gang auf dem Hausdach: wer drauf herumgeht,
kann sieben Schritte tun, dann fehlt ihm der Boden.
Die heutige Liebe ist wie ein Brot, das im Wasser liegt:
nimmt man's heraus, so zerfällt's in der Hand.
Die heutige Liebe ist wie ein Baum ohne Früchte:
er trägt nur Blätter und bringt nichts hervor.

II

Ich warne dich vor dem Stolz: er vernichtet die Familien!
Ich warne dich vor dem Stolz: dem, der seine Pfade betritt,
wird sein festes Schloß – und baute er's mitten ins Wasser
und mit tausend Türmen – durch die Heerschar des Herrn zerstört!

III

Wenn ein Fluß von Schießpulver auflodern würde
zwischen mir und meinem Freund, ich würde ihn nicht verlassen.
Und wenn ich aufgehängt würde, daß ich nicht reichen kann
an Himmel oder Erde, und wenn ich ins Feuer getaucht würde,
und wenn man mein Herzblut auf die Erde fließen ließe
oder meine Leber auf Steine schlüge – ich verlasse dich nicht!
Ich verlasse den nicht, den die Friedensstörer von mir rissen!

IV

Die Schönheit hat Gott verteilt, sechs nahmen sie:
Die Rosse erhielten etwas von ihr. Du, o Silber,
nahmst deinen Teil. Ein Weniges nahm sich auch das Gold.
Die Sonne, die von oben schaut, hat auch ein Teil genommen,
und auch der Mond, der über die Ebene blickt, nahm einen Teil.
Alles Übrige aber hat der Prophet Mohammed genommen.

Sidi elYusi und die ›Sieben Männer‹

Der Heilige, Sidi elYusi, der die Siebenmännerwallfahrt von Marrakesch ins Leben rief, ist ein eigentümliches Beispiel für einen *marabuṭ* in der Krisenzeit des 17. Jahrhunderts. Er hieß mit vollem Namen Abu ʿAli elḤasan ibn Masʾ ud elYusi und wurde 1631 als Sohn von Berbernomaden im Mittleren Atlas geboren.[205] Während seiner Jugend entwikkelte er sich zum eifrigen Gottsucher und unternahm mit zwanzig Jahren die Wallfahrt nach Mekka. Zurückgekehrt durchwanderte er den Maghreb in allen Richtungen auf der Suche nach einem geeigneten Lehrer, besuchte fast jede *zawiya* und jeden Meister.

Eine Zeitlang war er Schüler des Sufi-Scheichs Ibn Naṣir edDarʿi in seinem Versammlungshaus in Tamghrut am Rande der Sahara. Fünfzehn Jahre diente er dem Scheich elHadsch in der *zawiya* Dilʿa, dessen Orden als einziger einen ernstzunehmenden Anspruch auf nationalpolitischer Ebene vertrat.

Etwa im vierzigsten Lebensjahr – dem entscheidenden Lebensalter eines Mannes nach mystischer Ansicht – begab er sich nach Fes und lehrte dort zahlreiche Schüler, doch alles Wohlwollen der Gebildeten konnte ihn nicht lange dort halten. Die Bürger mit ihren erstarrten Glaubensresten schienen ihm geistig tot, und darum begab er sich wieder auf die Wanderschaft, von Stamm zu Stamm ziehend und predigend wie viele *murabiṭun* seiner Zeit. Bunt und zusammengeflickt wie der Mantel der Derwische war die religiöse Landkarte Marokkos damals, denn jede Gemeinde folgte einem anderen Heiligen; es war ein anarchischer Zustand, der oft als ›marabutische Hagiokratie‹ bezeichnet wird.

Ein treffendes Bild gibt elYusi von diesem Zustand in dem folgenden Gedicht[206]:

> Mein Herz ist über mein Land verstreut!
> Ein Stück liegt zweifelnd in Marrakesch,
> ein anderes in Halfun, ein weiteres in Meknes bei meinen Büchern;
> noch ein Stück liegt im Gebiet Fazaz,
> und dann eins am Muluya-Fluß bei meinen Stammesleuten;
> und schließlich ein Stück bei meinen Freunden im Gharb, in Stadt und Land.
> O Gott, vereinige sie, denn niemand kann es außer Dir!
> O Gott, setze sie wieder zusammen!

Mit dem Aufstieg des Aliden-Sultans Maulay Isma'il in Meknes wurde der marokkanische Staat aufs Neue gefestigt und die Bevölkerung – sogar die meisten Berberstämme – der Zentralherrschaft unterworfen. In einem berühmt gewordenen Streit zeigte elYusi dem maßlosen Gewaltherrscher die Grenze zwischen Menschenherrschaft und Gottesherrschaft. Als Dank für seinen geistigen Sieg bedingte sich elYusi aus, fortan als *Scherif*, (Adliger, Abkömmling der Prophetenfamilie), zu gelten und somit den Titel *Sidi* zu führen, obgleich jeder wußte, daß er ein Berber war. Das allein besagt viel über die Einstellung des Volkes zu ihren ›Heiligen‹: Man erkannte nur den als geistigen Führer an, der den begehrten Titel *Sidi* vor seinem Namen führte, ganz gleich wie er ihn erworben haben mochte. Dies hat sich bis heute nicht geändert, darum führt jeder Heilige automatisch den Titel *Sidi* vor dem Namen, denn nur dies macht seine *baraka*-Kraft glaubwürdig.

Abgesehen von seiner großen Volkstümlichkeit – seine Nachfahren spielen bis heute eine Rolle in der Politik des Landes – hat elYusi einen bemerkenswerten religiösen Eindruck auf seine Zeitgenossen gemacht. In zwei Büchern sind die grundsätzlichen Gedanken dieses schillernden Predigers erhalten geblieben; das eine trägt den bezeichnenden Titel *Kanonische Sammlung*.[207] Es ist eine Enzyklopädie nach Art der *Ichwan eṣṢafa'* oder Ghazalis *Ihya*, in wissenschaftlicher, nüchterner Sprache verfaßt, die kaum ahnen läßt, daß elYusi ein Sufi war.

Das andere trägt den Titel *Vorträge*[208] und bietet ein Mosaik seines geistigen Umfangs, von Anekdoten über Ermahnungen, Lehrstücken bis zu Aufrufen, ohne feste Form, anarchisch wie seine Zeit. Die Absicht, eine eigene Aussageform zu finden, die seiner Generation gemäß war und sich von der früherer Ordensgründer unterschied, ist spürbar.

Kurz vor seinem Tode (1691 in Fes) richtete er im Auftrag des Sultans Maulay Isma'il die Wallfahrt der Sieben Männer von Marrakesch ein und hat sich damit für immer in die Geschichte Marokkos eingeschrieben. Dieser Sultan hatte durch den Stamm der Schiadma eine militärische Niederlage erlitten, die er in seinem Stolz nicht ertragen wollte. Da man den Sieg der Schiadma auf ihre geistigen Patrone, die *sab'atu ridschal*, ›Sieben Männer‹[209], zurückführte, wünschte sich der Sultan eine entsprechende Wallfahrt für die Stadt Marrakesch, von der aus er den Feldzug unternommen hatte. Dies mußte mit entsprechender Autorität geschehen, darum wandte er sich an den allgemein beliebten Sidi elYusi, der ihm den Wunsch erfüllte und die ›Sieben Männer‹ von Marrakesch zu einer Institution machte, die wachsenden

Erfolg verzeichnen kann. Der Ausdruck *sabʿatu ridschal* wurde gleichbedeutend mit dem Ortsnamen Marrakesch und hat dadurch die einst so berühmten sieben Heiligen der Schiadma in den Schatten gestellt.

Mit einem Lied, das wegen seines Endreims auf den Buchstaben ʿAin *Qaṣida ʿAiniya* genannt wird, verewigte er die Namen der sieben Sufis und die Reihenfolge, in der ihre Gräber in der Hauptstadt des Südens aufgesucht werden sollen:

Die Sieben Männer von Marrakesch

In Marrakesch sieht man die hohen Sterne, die mächtigen Berge und besonders die scharfen Schwerter,

und diese sind: Abu Yaʿqub Yusuf, der Mann der Höhle, auf den man mit dem Finger zeigt;

der Sohn von Abu ʿImran, ʿIyad, dessen Wissen allgemein bekannt ist;

Abu l-'Abbas, der Ozean, in den außer ihm keiner tauchen kann, sei er auch noch so freigiebig, denn seine Ufer sind unerreichbar;

ben Sliman elDschazuli, berühmt für seine Verdienste: er eilt zu denen, die ihn um Hilfe anrufen;

ihnen folgt eṭṬubba', ein Meer der Güte und Gerechtigkeit, und el Ghazwani mit dem Glanz des frühen Morgens;

Abu Qasim esSuhaili schließt sich ihnen an, ein Führer zur Frömmigkeit und Erkenntnis. Weit wie das Meer ist sein Wissen.

Besucht die Gräber dieser Heiligen, und in dieser Reihenfolge! Der Herr erleichtere eure Aufgabe und schütze euch!

Erhebt euch schnell, o Männer Gottes, und eilt zu mir, der ich euch um Mithilfe bitte!

Es wäre eine Schande für euch, meinem Ruf nicht zu folgen, denn ich bin ein bescheidener Diener, der euch Hände und Finger entgegenstreckt.

Euer Stern, o ihr Heiligen, ist ein Stern des Heils und des guten Weges, und eure Verdienste sind in der ganzen weiten Welt bekannt.

Die Hanṣaliya des Hohen Atlas

Der Einflußbereich des Scheichs der *zawiya* Ahanṣal am Nordhang des Hohen Atlas – etwa 180 km Luftlinie östlich von Marrakesch – überschreitet bei weitem die Grenzen seines Stammesbereichs, denn er erstreckt sich bis nach Marrakesch und zum Dades und Todgha am Südhang des Hohen Atlas. Diese Macht haben die Franzosen zu spüren bekommen, als sie nach dem Ende des ersten Weltkriegs begannen, die freien Berberstämme des Hohen Atlas zu unterwerfen. Während sich einige Stämme kampflos ergaben, setzten die unter dem Einfluß der *zawiya* Ahanṣal Stehenden den Eindringlingen erbitterten Widerstand entgegen. Der Scheich kämpfte mit seinen Getreuen bis zu seinem Tod 1930, als schon die Granaten der Franzosen die *zawiya* ʿAskar am Fluß elʿAbid erreichten. Sein Stamm gehörte zu den zuletzt unterworfenen Berbern.

Es hat allerdings den Anschein, daß sich in Freiheitsbedürfnis und Heldenmut die Besonderheit dieses Stammes erschöpft, denn vom religiösen Ursprung ihrer drei Versammlungshäuser haben sie keine Kenntnis mehr.[210] Die islamische Mission des Scheichs Saʿid ibn Yusuf Ahanṣal im 17. Jahrhundert ist davongespült wie der fruchtbare Boden, den die Regengüsse Jahr für Jahr vom Gebirge abtragen. Die Nachfahren, die wie *murabiṭun* verehrten Scheichs der *zawiya* Ahanṣal wissen nicht einmal, daß der Orden in Nordmarokko (in Tanger, Tetuan, Qsar elKabir u. a.) und vor allem in Algerien mit vielen Versammlungshäusern besteht und das Bildungswerk fortsetzt.

Der Gründer, Sidi Saʿid, war als Waise von seinem Onkel aufgezogen worden und hatte schon als Kind besondere Neigung zur Frömmigkeit gezeigt. Sein ganzes Leben lang strebte er das Ideal eines Heiligen an. Nach dem Koranunterricht in Tislit (südl. Bani Mallal) lebte er je sieben Jahre in den drei großen Zentren islamischer Gelehrsamkeit: in Qsar elKabir, in Fes und in Sidschilmasa (im Tafilalet). Nach dieser strengen Ausbildung widmete er sich dem Dienst eines Meisters, dem Scheich Abu ʿAbdallah in der *zawiya* Achenusch im Atlasgebirge. Die übliche Orientreise mit Pilgerfahrt nach Mekka und ein dreijähriger Aufenthalt in Medina sowie eine längere Studien- und Lehrzeit an der Universität elAzhar in Kairo rundeten die Ausbildung ab. In Damietta in Ägypten wurde Saʿid durch Scheich ʿIsa ibn elDschunayd in den Sufismus eingeweiht. Dieser lehrte ihn die *Qaṣida Damyatiya* des Imam ʿAbdallah Muḥammad edDamyati, die seitdem als Einweihungsspruch des Hanṣaliya-Ordens gebetet wird. Sie soll große Heilkraft und Macht über die Geister besitzen.

Am Grabe des großen andalusischen Sufis Abu l-ʿAbbas elMursi in Alexandria hatta Saʿid eine Vision, in der er die ›Vierzig Heiligen‹ des Islam sah; ihm wurde eine Peitsche übergeben, wobei der Prophet Mohammed selbst erschien und die Vision bekräftigte. Saʿid nahm es als Auftrag an, einen Orden zu gründen, was er nach seiner Rückkehr in Marokko ausführte. Doch zuerst wurde er noch einmal Schüler, und zwar bei Muḥammad ibn Naṣir in Tamghrut am Draa, dann bei ›vierzehn weiteren Meistern‹, wie die Legende berichtet. Eine Pilgerfahrt zum Grab des Ibn Maschisch schloß sich an mit einjährigem Aufenthalt in der dortigen *zawiya,* danach lebte er zwei Jahre in Fes – alles dies sind die wichtigen Stationen, die dem zukünftigen Ordensmeister Autorität verliehen. Den Endpunkt bildete der Besuch bei Sidi ʿAli etTadschmuti in Qasba Tadla, der ihn mit dem Auftrag zur Mission der Berber in den Hohen Atlas schickte, wo er als Urzelle des Ordens die *zawiya* Ahanṣal gründete. Dort lebte und lehrte er bis zu seinem Tode 1702 wie ein Asket und Heiliger.

Sein Sohn Yusuf setzte die Arbeit fort und benützte den von seinem Vater geschaffenen Einfluß, eine politische Vereinigung der umliegenden Stämme ins Leben zu rufen, mit deren Hilfe er Maulay Aḥmad, dem Sohn von Sultan Ismaʿil, der 1727 auf den Thron gelangt, aber von seinem Bruder

ʿAbdallah vertrieben worden war, 1729 wieder auf den Thron setzte. Nach dem Tode Aḥmads wurde ʿAbdallah zum Sultan und rächte sich vier Jahre später, indem er mit Heeresmacht ins Tadlagebiet einfiel und Sidi Yusuf mit seinem ungeordneten Berberheer schlug (1732/3).

Augenzeuge dieser Schlacht war ein Engländer namens Thomas Pellow, der von Kind an 23 Jahre in Gefangenschaft am Sultanshofe lebte und 1739 in London seinen Bericht veröffentlichte. Darin schreibt er, wie der Heilige Yusuf Ahanṣal einige Jahre vor seiner Niederlage am Hofe in Meknes auftrat und die Leute in Staunen versetzte durch seine hypnotischen Kräfte: Auf einen Wink von ihm öffneten sich alle Tore des Palastes von selbst; auf den Mauern sah man Reiter kämpfen ... und ähnliche Gaukelbilder.

Der algerischen Legende zufolge sei Sidi Yusuf schon im Jahre 1727 am Hofe des Sultans in Meknes getötet worden, denn zu dieser Zeit floh einer seiner Schüler, Sidi Saʿdun, nach Algerien und gründete dort den Orden neu, der seitdem im Gebiet von Constantine sein Zentrum besitzt.

Außer am Fluß Ahanṣal im Hohen Atlas gibt es auch in Marrakesch eine Gedenkstätte von Sidi Yusuf, der ständig Kranke und Frauen ihren Besuch abstatten, doch außer dem Namen hat sich dort nichts über den Heiligen erhalten.

Dieser Umstand ist typisch für die marokkanische Heiligenverehrung, er hat Allgemeingültigkeit. Die Lebensgemeinschaft, die der Sufi Saʿid einst durch seine Mission schuf, hält zwar den Ort und den Namen heilig, aber die geistige Substanz ging – mangels Schriftkenntnis – wieder verloren. Wäre nicht der Orden die sichtbare Fortsetzung dieses Lebenswerkes bei den gebildeten Arabern des Nordens und wären nicht die spärlichen historischen Dokumente wie zum Beispiel das Buch des aus der Gefangenschaft freigekommenen Engländers, so müßten wir den Scheich Ahanṣal für einen legendären *marabuṭ* halten, der das Erbe einer Lokalgottheit jenes Berbergebietes angetreten hat.[211]

»Dein Herr wird dir bald geben, und du wirst zufrieden sein.«
(Koran, Sure 93, Verst 5)

6
Die dritte Phase der Schadhiliya

Durch die *frisa*-Orgien und magischen Rituale hatte der Dschazuli-Schüler Ben ʿAisa die Schadhiliya-Bewegung auf einen Nebenweg geführt. Die Weitergabe der Lehre im Sinne des Dschazuli erfolgte durch einen anderen seiner Schüler, durch Scheich Aḥmad Zarruq elBarnusi, der zum neunten Großmeister des Ordens wurde. Er ist 1442 in Barnus in Marokko geboren, war eine Zeitlang Schüler von Thaʿalibi in Algier und bereiste auch das Nilland, wo er in der *zawiya* von Abu l-ʿAbbas Aḥmad ben elʿUqba el Haḍrami studierte.[212] Er starb 1493 in Mezraba in Tripolitanien.

In harmonischer Weise vereinigte Barnusi die weltliche und die mystische Form des Islam miteinander und wird darum »Meister der beiden Wege« genannt. Gesetzesreligion und Sufismus galten ihm nicht als unversöhnliche Gegensätze, sondern als Ausdrucksmöglichkeiten eines gläubigen Geistes, wie er in seiner Autobiographie mitteilt.[213]

Seine Einstellung zur Religion wurde wegweisend für die späteren Schadhiliten, die alle diesen Mittelweg anstrebten, einen offenen Zusammenstoß mit dem orthodoxen Glauben vermeidend. Die Weitergabe der Einweihung erfolgte im Stillen. Über die einzelnen Glieder der Kette ist wenig bekannt. Der direkte Nachfolger von Scheich Barnusi wurde selbst ein berühmter Meister: Sidi Aḥmad ibn Yusuf. Er stammte aus einem kleinen Ort bei Mascara an der algerischen Mittelmeerküste und ist heute Stadtpatron von Miliana, wo er 1524 begraben wurde. Als Barnusi in Bugi lehrte, schreibt Dermenghem[214], richtete er einst an drei seiner Schüler die Frage:

»Was wünschst du dir am allermeisten?«
Der erste Schüler antwortete:
»Ich wünsche mir, die Pilgerfahrt nach Mekka zu machen.«
»Die Pilgerfahrt nach Mekka kann man auch im Geiste ausführen«, sagte der Scheich, »aber wenn du dich unbedingt abmühen willst, dann wird dir dieser Wunsch in Erfüllung gehen.«
Der zweite Schüler antwortete:
»Ich bitte, daß die Flüche, die ich gegen die Unterdrücker ausspreche, in Erfüllung gehen.«
»Mehr wirst du bis zu deinem Tode nicht erreichen«, sagte der Meister darauf.
Der dritte Schüler, Sidi Aḥmad ibn Yusuf, sagte: »Möge Gott mir geben, daß ich wie die Erde sei, auf der Gläubige und Ungläubige, Gerechte und Böse, Freie und Sklaven, Männer und Frauen leben.«
Dies gefiel dem Scheich Barnusi sehr und er bekannte vor allen, daß dieser Schüler der am besten Eingeweihte sei; er segnete ihn und sagte:

»Du wirst ein Wohltäter der Menschen sein!«
Diese Anekdote gibt Aufschluß über den mystischen Weg des Meisters Barnusi wie auch seines Schülers und Nachfolgers.

An 18. Stelle in der Kette der Schadhiliya-Weitergabe steht Sidi ʿAli ibn ʿAbd erRaḥman elDschamal, der 1780 in Fes starb und dort in seiner *zawiya* begraben liegt. Bei den Versammlungen des Ordens werden die Briefe dieses Meisters laut vorgelesen.[215]

Sein Schüler, Maulay elʿArbi edDarqawi, zitiert einen typischen Satz seines Meisters:

»Entspanne deinen Geist und lerne schwimmen!« und erklärt dazu: »Wenn du in einem Zustand der Hoffnungslosigkeit bist (weil du meinst, nichts mehr zu verstehen), dann verkrampfe dich nicht darin, sonst schließt du eigenhändig das Tor der Notwendigkeit, denn dieser Zustand nimmt dann für dich den Platz des Höchsten Namens (Gottes) ein.«

Darqawi belebte den Orden neu und pflanzte Zweige, die bis heute grünen. Um 1790 gründete er ein Versammlungshaus in Bu Brih beim Stamm der Banu Zarwal in Nordmarokko, das zum Mittelpunkt der Bewegung wurde. Scheich Darqawi war naiv gläubig und volksverbunden. Er achtete auch die früheren Heiligen des Sufismus und vollzog selbst die Pilgerfahrt zu zwei alten Heiligengräbern, zu Ibn Maschisch im benachbarten Gebirge ʿAlam und zu Bu Selham an der Atlantikküste.

Volkstümlich war auch das Auftreten des Scheichs: mit dem Flickenmantel behängt wie ein klassischer Sufi, einen Rosenkranz mit großen Holzkugeln um den Nacken, den Stab in der Hand wie die Wander-Derwische – so wird er von seinen heutigen Anhängern beschrieben und nachgeahmt. In politischer Hinsicht hatte er wenig Erfolg, denn obgleich er sich nach dem Vorbild der Meister zunächst zurückhielt, weil er die weltlichen Kämpfe als unwirklich ansah, wurde sein Orden doch in die sich widersprechenden Strömungen hineingezogen und zum Spielball der Mächte.

Sultan Mulay Soliman ließ den Scheich ins Gefängnis werfen, aus dem er erst nach der Thronbesteigung des nächsten Sultans, ʿAbd erRaḥman, 1822 wieder entlassen wurde.

In vielen Briefen, von denen Abschriften und auch neuere Drucke in ganz Marokko verbreitet sind, ermahnte er die neugewonnenen Derwische, von denen sich ein großer Teil in den Verfolgungen der ersten Jahre wieder abgewandt hatte, und empfahl ihnen das Zerreißen, *charq*, der Verbindungen mit der Umwelt als Handlung zur Selbsterziehung, denn Gott allein soll die Beziehung aller Dinge sein. Darqawi hinterließ ein wichtiges Buch, das aber noch unveröffentlicht ist.

Seine Briefe sind auszugsweise bekannt[216], außerdem einige Sprüche und Anekdoten. Im folgenden gebe ich einige Kostproben:

Auf die Frage, ob ein Derwisch heiraten solle, antwortet der Meister[217] – und diese Antwort ist kennzeichnend für die Haltung der gesamten Schadhiliya-Richtung:

> Es gibt Mystiker, die ihre Schüler vor der Heirat gewarnt haben; ich dagegen empfehle sie ihnen, damit sich ihr Bewußtsein erweitert, ihr Wissen zunimmt und ihre Gewißheit wächst.

Die Besonderheit des sufischen Weges erklärt Darqawi in folgendem schönen Bild[218]:

> Einer, der Wasser sucht und hier und da ein wenig gräbt, wird kein Wasser finden, sondern verdursten; dagegen wird derjenige, der an einem einzigen Ort gräbt und Gott vertraut, sich voll auf ihn verlassend, Wasser finden, davon trinken und anderen davon zu trinken geben.

In seinen Briefen erzählt er, wie er eines Tages mitten in einer Meditations-Übung eine unabweisbare innere Stimme hörte, die ihm immer wieder den folgenden Koranvers vorsagte: »Er ist der Erste und der Letzte, der Äußere und der Innere.«[219] Zuerst achtete er nicht darauf und fuhr mit der Rezitierung des Heiligen Namens fort, aber da ihn die Stimme nicht in Ruhe ließ, antwortete er schließlich:

»Was Seine Worte angeht, daß Er der Erste und Letzte und Innere ist, die habe ich verstanden, aber Seine Aussage, Er sei der Äußere, verstehe ich nicht, denn im Äußeren sehe ich nur die Schöpfung.«

Da antwortete ihm die Stimme:

»Wenn Er mit seinem Ausdruck, Er sei der Äußere, etwas anderes meinte als das Äußere, dann wäre es nicht das Äußere sondern ein Inneres. Ich sage dir aber: Er ist das Äußere!«

Da verstand der Meister, daß es keine Wirklichkeit außer Gott gibt, und daß im All nichts sein kann außer Ihm.

Die folgenden vier Zitate[220] sind eine gute Einführung in die Gedanken dieses Eingeweihten:

Und halte dich gefestigt in Geduld zu Gott, denn Er, der Erhöhte, wird deine Schwäche mit Seiner Stärke vergelten, deine Erniedrigung mit Seinem Ruhm, deine Armut mit Seinem Reichtum, deine Ohnmacht mit Seiner Macht, deine Unwissenheit mit Seinem Wissen, deinen Zorn mit Seiner Güte, so daß du das göttliche Leben schon in dieser Welt vor dem Tode erfährst.

Unser Prophet hat gesagt: »Nie sah ich etwas, ohne nicht zugleich Gott darin zu sehen.« Ja, es ist unmöglich, daß wir unseren Herrn sehen und dabei etwas anderes als Ihn sehen, wie jeder bestätigt, der diesen Grad der Erkenntnis erlangt hat. ... Es besteht kein Zweifel, daß es außer Gott keine Wirklichkeit gibt, sondern es ist Einbildung, was Ihn unseren Augen verhüllt, und die Einbildung ist eitel. ... Wer Gott erkannt hat, flieht aus der Welt nicht mehr in jener Weise, in der die anderen aus ihr fliehen, weil sie der Augenblick und die Umstände daran hindern, Den zu sehen, von Dem alles Sein ausgeht.

Man sieht ja Menschen, die – ohne zu den Begüterten zu gehören – inmitten zahlreicher Sorgen leben und doch so, als gäbe es die Sorgen nicht; und andere Menschen, die – obgleich sie nur für sich selbst zu sorgen haben – sich dermaßen verstricken, daß sie in ständigem Leid leben. Wer ist tadelnswerter als der, der alle Schuld auf seine berufliche Tätigkeit schiebt, wenn er sich nicht selbst vervollkommnen konnte! Er spricht: Hätte ich meine Arbeit gelassen, um mich ganz und gar meinem Herrn zu widmen, ich wäre in einem besseren Zustand! Dennoch hat er viele Augenblicke seines Lebens achtlos vorübergehen lassen und sieht es doch nicht und auch nicht, daß er seine Zeit vergeudet hat, ohne sich um seinen Herrn zu kümmern. Das ist sein Schaden und Verlust.

Alles Heil ist in der Anrufung Gottes, denn Er, der Erhabene, hat im Koran[221] gesagt: »Den Männern und Frauen, die Gott häufig anrufen, hat Gott Verzeihung und eine große Belohnung bereitet.« Alles, was uns nottut, ist der Kampf gegen unsere sinnlichen Begierden, denn dadurch erwerben wird die durchdringende Erkenntnis und erlangen die große Gewißheit, und diese große Gewißheit befreit uns von allen Zweifeln und Sorgen und führt uns in die Gegenwart des allwissenden Herrschers.

Der Nachfolger von Darqawi, Sidi Muḥammad ibn Aḥmad el Buzidi, hat durch die Autobiographie seines Schülers, ʿAḥmad ibn Adschiba, Gestalt gewonnen und ist zu einer dem Darqawi gleichgestellten Persönlichkeit geworden. Er führte ein Versammlungshaus in Tigissest im Ghumara-Land, an der Grenze zwischen den Stämmen Banu Ziyat und Bu Zra. Als er 1814 ohne Erben starb, wurden die Einkünfte seines Ordenshauses nach Bu Brih abgeführt. Das Grab des Buzidi in Tigissest ist heute verlassen[222], doch seine Lehre ist viel weiter verbreitet, als man vermuten könnte: Drucke des Buzidiya-Weges erschienen kürzlich auch in Damaskus und Aleppo in Syrien.[223]

Eines seiner Gedichte, die *Ra'iya,* wurde von seinem Schüler ʿAdschiba um 1800 kommentiert. Es heißt *Gedicht über das Gehen* (auf dem Sufi-Weg) und beginnt mit den Worten:

> Halte dich in Ehrfurcht vor Gott,
> wo auch immer du dich hinwendest,
> sei von freigiebiger Wesensart,
> heimlich wie auch öffentlich!

Aḥmad ibn ʿAdschiba

Wisse, daß das Ziel der Wissenschaft die Ausübung ist,
und das Ziel der Ausübung das Erreichen eines höheren Zustandes,
und das Ergebnis des höheren Zustandes ein Verlangen,
und dieses wiederum führt zum Trinken,
und darauf folgt die Trunkenheit,
und daraus ergibt sich die Klarsicht,
und auf diese folgt die Befreiung,
die soviel wie Festigung und Verwurzelung im Gegenstand der Betrachtung bedeutet.
Wissenschaft ohne Ausübung ist wie ein Werkzeug ohne Bestimmung,
eine Ausübung ohne Erreichen eines höheren Zustandes ist eine Wanderung ohne Ziel,
ein höherer Zustand ohne Verlangen ist unbefriedigend,
ein Verlangen ohne darauffolgendes Trinken ist Entbehrung,
das Trinken ohne anschließende Trunkenheit entspricht fortwährendem Durst,
Trunkenheit ohne Klarsicht ist unzureichend,
Klarsicht ohne Befreiung bedeutet, daß die Trunkenheit eine Täuschung war.
Dies sind die einzelnen Stufen, die nur diejenigen begreifen,
die das Verlangen danach in Gemeinschaft jener erfahren,
die sie schon begriffen haben.
Und jeder Erfolg kommt von Gott!

Mit diesen Worten beginnt Ibn ʿAdschiba in seiner Biographie[224] die Beschreibung des Weges, der ihn zur Mystik führte.

Abu l-ʿAbbas Aḥmad ben Muḥammad ibn ʿAdschiba von Tetuan ist 1747 beim Stamm der Andschara in den Bergen südlich der Straße von Gibraltar geboren als Sproß einer adligen und hochgeachteten Familie; er studierte in Tetuan und später in Fes. Im Alter von 28 Jahren gab ihm ein Freund die *Weisheitssprüche* des Ibn ʿAṭa-ullah von Alexandria und den dazugehörigen Kommentar des Ibn ʿAbbad von Ronda zu lesen, was ihn zur Verinnerlichung seines Koran-Studiums bewegte. Von nun an begann er schrittweise die der Scheinwelt zugewandten Wissenschaften abzulegen und sich durch fromme Lernübungen dem wahren Glauben anzunähern. Er lernte die *Hinweise zum Guten* des Imam Dschazuli von Marrakesch auswendig und wiederholte unzählige Male die Lektüre des Koran, den er monatlich bis zu 14mal aufsagte. Während dieser Übungen bekam er Visionen von Lichtern, Palästen und Ornamenten, und in Träumen sah er Heilige oder den Propheten Mohammed, die ihn in seinen Übungen bestärkten. Mit 33 Jahren heiratete er und lehrte nun an verschiedenen Schulen und Moscheen in Tetuan etwa 16 Jahre lang, wobei er großes Ansehen erlangte.

Auf der Rückreise von Fes nach Tetuan suchte er 1793 den Sufi-Meister Muḥamad elBuzidi elḤasani beim Stamm der Banu Zarwal auf, und da dieser sofort die Eignung des Ibn ʿAdschiba zur Mystik erkannte, brachte er ihn zu seinem Meister Mulay elʿArabi edDarqawi, der einige Jahre zuvor die *zawiya* von Bu Brih gegründet hatte. Auch dieser erkannte Ibn ʿAdschibas Eignung und sagte ihm eine große Zukunft als Sufi-Scheich voraus. Bis zum Eintritt des Ibn ʿAdschiba in den Orden verging aber noch ein Jahr, denn der Bruch mit den festgeknüpften gesellschaftlichen Banden ließ sich nur schwer vollziehen.

Ibn ʿAdschiba beschreibt dies sehr anschaulich in seiner Autobiographie. Scheich Darqawi hatte ihm zwei wichtige Sufi-Werke zum Abschreiben und Lesen übergeben: Das Buch *Über die grundsätzlichen Fragen* von Ibn elBanna etTudschibi aus Saragossa[225], zu dem er drei Jahre später einen Kommentar schrieb, und den Kommentar des Yusuf elFasi[226] zum Werk des marokkanischen Sufis eschScharschi[227], *Das Licht der Geheimnisse und die Geheimnisse des Lichtes.*[228]

Nach seiner Rückkehr nach Tetuan blieb Ibn ʿAdschiba in Verbindung mit Scheich elBuzidi durch einen Briefwechsel und durch dessen Schüler aus Tetuan, die ständig im Dienste des Meisters zur *zawiya* reisten. Dieser forderte Ibn ʿAdschiba zum Eintritt in den Orden auf, und der Gerufene folgte, indem er die Schwierigkeiten überwandt, die sich ihm als Professor und anerkanntem Mitglied der Tetuaner Gesellschaft stellten. Er war damals etwa 48 Jahre alt und – nach seinen eigenen Worten

in wirtschaftlicher Hinsicht wohlgestellt: Ich besaß einen Garten und zwei Orangen-Plantagen, eine Milchkuh, ein Salzlager und eine Bibliothek wissenschaftlicher Werke.

... Als Unterrichtender genoß ich eine hervorragende Stellung und war von den Vornehmen wie vom Volke geachtet; ich konnte bei der Regierung aus und ein gehen und für manchen eintreten (um ihm zu helfen). ... Man hielt mich für einen vollkommen tugendhaften Menschen, fast vergleichbar einem Heiligen. Wenn ich auf den Markt ging, fielen mir die Leute zu Füßen, wie man es tut, wenn man ein Heiligengrab besucht.

Nachdem ich den Spruch des Meisters elBuzidi angenommen hatte, zog ich einen groben Wollmantel an, den einer meiner Begleiter besaß. Als der Meister mich so bekleidet sah, freute er sich sehr in der Gewißheit, daß mir das Licht der geistigen Geheimnisse zuteil werden würde. Wir befanden uns damals auf einem Bauernhof außerhalb der Stadt Tetuan, wo wir die Nacht verbrachten. Am folgenden Tage betrat ich mit diesem Mantel bekleidet zusammen mit der Gruppe der Derwische, die das Glaubensbekenntnis sangen, die Stadt. Viele Leute betrachteten uns erstaunt. Da hörte ich in mir, wie meine Seele um Hilfe schrie. Der Schweiß rann mir über den Leib – dies war das erste Mal, daß ich einen Bruch (mit den Gewohnheiten) erlebte.

Als ich zuhause ankam, gab es ein großes Wehklagen in meiner Familie, doch nachdem man eingesehen hatte, daß ich fest entschlossen war, fügten sich alle und begannen zu klagen, wie man einen Gestorbenen beklagt; sie sprachen sich gegenseitig ihr Beileid meinetwegen aus, während ganze Züge von Frauen das Haus füllten, die meiner Familie ihr Mitgefühl ausdrücken wollten.

Schrittweise vollzog er nun die Trennung vom bürgerlichen Leben. Nachdem er vom Meister die Erlaubnis erhalten hatte, den Flickenmantel zu tragen, das Kennzeichen der Derwische, begannen die Leute ihn zu meiden, und so fand er endlich die Ruhe, die nötig ist für den, der sich auf den Weg gemacht hat. Eines Tages erhielt er von seinem Meister einen Brief mit dem Befehl, alles Überflüssige wegzugeben. Dies tat er nach und nach, vor allem nachts, damit es die Frauen seines Hauses nicht sahen. Von nun an verarmte er und widmete sich ganz seinen Mitbrüdern, wusch ihre Kutten und diente ihnen.

Der nächste Befehl traf sein Selbstbewußtsein am härtesten: der Befehl zum Betteln in den Straßen seiner Stadt:

Mehrere Male täglich wünschte sich meine Seele den Tod des Leibes. Schließlich – es war an einem Freitag – erhob ich die rechte Hand und schwor feierlich, heute zu beginnen. Nachdem der Gebetsführer die Schlußworte gesprochen hatte, begab ich mich zum Eingang der Moschee, setzte mich mitten unter die Bettler, von denen einige blind waren, andere Derwische, und streckte wie sie die Hand aus mit der Bitte um Almosen. Die Leute, die bei mir vorbeigingen, bedeckten ihr Gesicht vor Scham, um mich nicht in diesem Zustand zu sehen. Viele Male nahm ich mit den Bettlern meinen Platz ein, stellte mich auch direkt an die Tür und streckte die Hand aus und tat dies der Reihe nach an allen Moscheen von Tetuan. Dann begab ich mich zu den Läden und Marktplätzen, und dies wurde mein tägliches Los nach dem Nachmittagsgebet; dies behielt ich bei, solange ich in Tetuan wohnte.

Aber auf die Anfrage bei seinem Meister, ob er sich nun zur Meditation zurückziehen dürfe, erhält er einen noch strengeren Befehl: Nun muß er sich ganztägig auf den Gassen der Stadt aufhalten, nur jeden zweiten Tag darf er mit den Brüdern das *dhikr*-Gebet verrichten. Nachdem er dies den ganzen Fastenmonat hindurch ausgeführt hat, folgt der nächste Befehl: Er soll die Gassen der Stadt reinigen und die Abfälle eigenhändig hinaustragen auf der Schulter. Besonders im Winter wurde ihm dies recht schwer, aber er fügte sich in alle Erniedrigungen und hörte seine innere Stimme, die ihm zusprach: »Reinige dein Gold!«

Später war er Wasserverkäufer nach dem Vorbild seiner beiden Meister, doch das Geld, das er dabei einnahm, brachte er stets dem Mann, der ihm den Wassersack und die Glöckchen, das Handwerkszeug der marokkanischen Wasserverkäufer, gegeben hatte. Diese Tätigkeit ist eine der klassischen Übungen der Derwische, auch heute noch.

Tatsächlich sind viele Derwische denselben Weg gegangen, den Aḥmad ibn ʿAdschiba genommen hat, und gerade darum ist seine Erzählung zeitlos und typisch. Andererseits hatte er es besonders schwer, aus dem Käfig der Gewohnheiten auszubrechen, denn sowohl seine Abstammung als auch seine gesellschaftliche Stellung und schließlich sein Alter – mit zwanzig Jahren fällt es gewiß leichter – waren große Hindernisse. So hat er denn auch diesen Bruch als Kennzeichen des Sufi-Weges empfunden und in allgemeingültiger Weise ausgedrückt:

Wisse, daß der Weg notwendigerweise einen Bruch mit den Gewohnheiten erfordert, ebenso wie die Aneignung wertvoller Eigenschaften und den Kampf gegen die selbstsüchtigen Bestrebungen, wenn du eintreten willst in die heilige Gegenwart.

Dazu zitiert er zwei Sätze des großen Meisters der Schadhiliya-Schule, Ibn ʿAta-ʾullah aus Alexandria:

Wie kann sich denn bei dir ein Bruch der Gewohnheiten vollziehen, wenn du es nicht einmal schaffst, mit den Gewohnheiten deiner Seele zu brechen?

und:

Wenn es nicht diesen Zwischenbereich des Seelischen gäbe, würde kein Reisender die Reise zu einem Ende bringen!

Ibn ʿAdschiba fährt fort:

Denn die Hervorragenden unterscheiden sich von der großen Masse nur durch den Kampf, den sie gegen ihr eigenes Selbst führen. Und die allerdauerhaftesten Gewohnheiten, die es auszumerzen gilt, sind die Ruhmsucht und die Gier nach Reichtum, und zwar soll die Ruhmsucht sich in Bescheidenheit und die Gier sich in Armut verwandeln. Bescheidenheit und Armut sind zwei großartige Pforten, um Gott zu erreichen und in seine Gegenwart zu gelangen.

Und nach zwei Zitaten aus Werken des Abu Yazid elBistami und des ᶜAbd elQadir Dschilani fügt er hinzu:

Bescheidenheit besteht darin, sich vor seinesgleichen zu erniedrigen, sowohl vor hohen als auch vor niederen Menschen, besonders aber vor den Genossen und Brüdern, die euch hoch achten. Und die Armut: sie besteht darin, sich von Reichtum zu befreien und sein Herz loszulösen von der Beschäftigung damit.

Doch der völlige Bruch mit allen bürgerlichen Gewohnheiten läßt sich in einer Stadt nicht vollziehen, er ist erst in der freien Natur, besonders in der Einöde möglich, wie unzählige Mönche und Derwische seit alten Zeiten erkannt haben.

Eines Tages fordern auch Scheich Buzidi und sein Meister, Mulay elᶜArabi edDarqawi, die Schüler Tetuans auf, die Stadt zu verlassen:

Die Städte sind durch unmäßige Sitten beherrscht, und in ihnen regiert großes Durcheinander, das ziemt sich nicht für jene, die sich auf den Weg begeben haben!

Ibn ᶜAdschiba berichtet weiter:

Allerdings konnte ich Tetuan wegen meiner vielen Familienmitglieder nicht verlassen, die in der Stadt aufgewachsen waren und die ich kaum mitnehmen konnte; da ich selbst aber eine zweite Frau vom Lande genommen hatte, konnte ich die Gewohnheit der Städter und der Bauern verbinden. Doch erst nach der Pest, nachdem meine Kinder zu Gott zurückgerufen worden waren, und nach meiner Gefangenschaft im Gefängnis dieser Stadt, von der ich gleich berichten werde, wenn es Gott gefällt, konnte ich Tetuan verlassen.

Die Gefangenschaft begann damit, daß sein Bruder – ebenfalls Derwisch des Darqawa-Ordens – vor Gericht beschuldigt und eingesperrt wurde, und da Ibn ᶜAdschiba ihn nicht allein lassen wollte, sperrte man ihn mit ein; die übrigen

Ordensbrüder schlossen sich an, sogar einige berühmte Derwische aus Taza, die gerade in Tetuan zu Besuch weilten, so daß das Gefängnis eher einer *zawiya* glich, wie Ibn ʿAdschiba voller Freude schrieb; man hatte mehr als nötig zu essen, verbreitete das Wort Gottes unter den Mitgefangenen und einige von ihnen nahmen sogar den Spruch der Aufnahme in den Orden an. Nach der anschließenden Verhandlung vor Gericht wurden alle freigelassen, wobei man von ihnen nur verlangte, dem Ordensweg mündlich und schriftlich abzuschwören, was die Derwische leichten Herzens taten, denn derlei Schaustücke bedeuten nichts vor Gott.

Ibn ʿAdschiba schreibt in seiner Autobiographie weiter:

Unerläßlich für den Derwisch am Anfang seines Weges ist die Zeit der Wanderung. Die Fahrt entschleiert die Unzulänglichkeiten und reinigt das Selbst und das Herz. Sie erweitert das Bewußtsein, und dank dessen gewinnt die Kenntnis vom hohen Herrscher und Schöpfer an Größe. Tatsächlich betrachtet der Reisende täglich eine neue Ausstrahlung Gottes und trifft auf Ansichten, die er nicht kannte und die ihm nicht naheliegend schienen. Sein Wissen und sein Unterscheidungsvermögen erweitern sich. Man hat gesagt, daß der Derwisch wie Wasser sei: Wenn er sich zu lange an derselben Stelle aufhält, verändert er sich und wird stinkend. Der Meister unserer Meister, Sidi ʿAli elDschamal, hat einmal gesagt: ›Die Zeit der Wanderung sollte mindestens vierzehn Jahre dauern.‹ Offensichtlich ist es ihr fernstes Ziel, eine sichere Betrachtung der Wahrheit zu gewinnen, und darum hängt ihr Wert von der jeweiligen Zucht und dem Einsatz ab. So schaffen es einige in vierzehn Jahren, andere schon eher und wieder andere später. ›Gott schenkt seine Gnade wem Er will! Er ist unbegrenzt und allwissend.‹«[229]

Anschließend beschreibt Ibn ʿAdschiba, wie er selbst – nachdem er der Erkenntnis der Wahrheit geöffnet worden war und von seinem Meister die Erlaubnis zum Reisen und Predigen erhalten hatte – etwa vier Jahre lang das Land zwischen Tetuan, Tanger und der Atlantikküste bis nach Rabat durchzog mit dem Ziel, die einfachen Menschen auf dem Lande für den Glauben zu gewinnen. Durch die anschauliche Darstellungsweise kann man sich ein Bild von der Begeisterung machen, die jene Männer beflügelte. Als er mit seinen Schülern die Meeresküste erreichte, warfen sich alle mit der Kleidung ins Wasser, obgleich es mitten im Winter war; die Nacht verbrachten sie in dem Dorf des ›Bades‹, das sowohl ein körperliches als auch ein geistiges Bad war, wie der Scheich sich ausdrückt. Mehr als vierzig Leute schlossen sich dort dem Orden an. Ähnliche Erfolge hatte die Gruppe auch in anderen Dörfern, wenn auch Berichte nicht fehlen, in denen von Ablehnung seitens der Landbevölkerung die Rede ist: Manchmal wurden die Derwische am Ortseingang mit Steinen und Schimpfreden angehalten.

Doch der Zug wuchs stetig an. Einhundertzwanzig Derwische folgten Ibn ʿAdschiba, als er die spanische Stadt Ceuta an der Meerenge betrat. An der Stadtmauer bildeten sie einen Kreis und sangen Gebete mit der typischen Körperbewegung, wobei der Kopf hoch erhoben und dann auf die Brust gesenkt wird, zusammen mit den Worten »O Er!«, die den Atem kontrollieren, was nach einer Weile selbst den Uneingeweihten in Trance versetzen kann. Zu Pferde und zu Fuß kamen die Christen aus der Stadt und sahen sich das Schauspiel an, ja manch einer von ihnen trat in den Kreis und nahm teil an der Übung. So kam es, daß zwei Christen voller Begeisterung den Derwischen bis zur Grenze folgten ...

Nach einem Zug durch die Ebene am Atlantik und einem Besuch beim ältesten sufischen Heiligtum, dem des Bu Salham, betraten sie die Städte Salé und Rabat, wo der Meister über das Gedicht *Chamriya* des Ibn elFarid und über die *Taṣliya* des Ibn Maschisch Vorträge hielt.

Diese Reisen hatten eine große Wirkung auf die einfachen Menschen, die sich in großer Zahl der Erneuerung des Glaubens öffneten, was in jener Zeit der religiösen Erstarrung nötig war wie Regen für ein ausgedörrtes Land. Beim

Stamm der Banu Sa'id an der Mittelmeerküste südöstlich von Tetuan gründete Scheich Ibn 'Adschiba sein erstes Ordenshaus; das andere – in Zammidsch bei den Banu Andschera westlich von Tetuan – gründete er einige Jahre später, nachdem ihm die Pest seine Kinder geraubt hatte und er durch den schon erwähnten gerichtlichen Beschluß Tetuan nicht mehr betreten durfte.

Die große Bekehrungswirkung ist nicht zu trennen von der Bewunderung, die dem Meister und seinen Schülern seitens der einfachen Leute entgegengebracht wurde, und diese Bewunderung führte bald zum Wunderglauben des Volkes, wie es zu allen Zeiten und nicht nur in orientalischen Ländern der Fall ist. Ibn 'Adschiba berichtet davon ebenfalls in seiner Autobiographie, jedoch ohne falschen Stolz und eigentlich eher, um nichts auszulassen und späteren Verfälschungen vorzubeugen. Dabei stellt er nur jene Wunder dar, die einen mystischen Sinn offenbaren oder dem gottsuchenden Derwisch auf seinem Weg einen Fingerzeig geben können.

Als echter Nachfolger des Scheich Schadhili hält er magische Handlungen für Randerscheinungen, die vom Glauben ablenken. Denn die wahre Gnadengabe ist die Entschleierung des Geheimnisses, sagt er, und zitiert dazu unter anderem den folgenden Ausspruch des Schadhili-Schülers Ibn 'Ata-ullah: »Wer magische Gaben erhalten hat, ist noch kein Erwählter.«

So erwähnt Ibn 'Adschiba zahlreiche Träume mit vorausschauender Bedeutung, sowohl seine eigenen als auch Träume anderer, die ihn betreffen.

Eine wunderbare Vermehrung der Speise bei einer Feier und das Hervorsprudeln einer Quelle zur Waschung fürs Gebet gehören zu den allen Mystikern bekannten Wundern, die auch Ibn 'Adschiba widerfahren sind. Schließlich berichtet er auch von Verdoppelung seiner Person und geheimnisvollen Zusammentreffen mit Chaḍir, dem verborgenen Führer der Gläubigen.

Zur größten Gnade rechnet der Meister jedoch die Fähigkeit, andere zum Glauben zu führen. Darum betont er wie seine Vorgänger der Schadhiliya-Richtung die wichtige Stellung des Meisters: kein Schüler kann ohne ihn auskommen! Am Anfang des 13. Kapitels seiner Autobiographie sagt er darum:

»Möge Gott dich und uns führen auf dem Wege der Verwirklichung und leiten auf dem Weg des Erfolges! Wisse, daß man – wenn man die Entschleierung der Sinneswelt und die Verwirklichung der inneren Wahrheit anstrebt – nur dann auf dem Wege der Mystik reisen sollte, wenn man einem wahrhaftigen Meister gehorcht und sich ihm ständig und vollkommen unterwirft, und zwar einem geistigen Führer, der sowohl die innere Wahrheit als auch die äußeren Gesetze in sich vereinigt. Denn der Weg des Geistes ist gefährlich, und die kleinste Abweichung vom vorgezeichneten Wege bewirkt eine äußerste Entfernung vom Ziel.

Zur Unterstützung dieser Forderung wiederholt er die Aussprüche vieler Meister, die dasselbe beinhalten, unter anderem Sätze des Schuschtari, des Abu lʿAbbas aus Murcia und des Ibn ʿAta-ullah aus Alexandria. Hier will ich nur den Satz seines eigenen Meisters, elBuzidi, anfügen:

Wer nicht hervorragende Persönlichkeiten zu Weggenossen wählt, bleibt gefangen in der Einbildung.

Die letzten sechs Jahre seines Lebens verbrachte Ibn ʿAdschiba in seiner heimatlichen *zawiya* bei den Banu Andschera; dort verfaßte er weitere mystische Kommentare zu berühmten Sufi-Werken, unter anderem zu Schriften des Ibn elʿArabi und des Schuschtari. Von besonderem Interesse ist eine Sammlung sufischer Fachausdrücke, *Aufstieg des Blickes zu den Wahrheiten der Mystik*[230], das 143 Stichwörter erläutert.

Hier zwei Beispiele aus diesem Verzeichnis:

Faqir, Derwisch, ist einer, der nichts mehr braucht außer Gott. Man sagt auch, daß ein *faqir* nichts besitzt und von nichts besessen ist.

Malamati nennt man einen, der sich nicht mit anderen Menschen vergleicht, der nichts Gutes vorweist und nichts Böses verhehlt.

Im November 1809 starb Aḥmad ibn ʿAdschiba im Hause seines Meisters beim Stamm der Ghumara während einer Pestepidemie. Da seine Stammesangehörigen die sterblichen Reste in ihrer Nähe haben wollten, holten sie den Leichnam heimlich des Nachts und bestatteten ihn in Zammidsch, wo auch das Versammlungshaus und das Wohnhaus seiner Familie steht.

Sein zuletzt geborener Sohn, ʿAbd elQadir, der beim Tode des Vaters nur wenige Monate alt war, wurde später zum Führer des Ordens.[231]

Jedes Jahr am 15. September zieht eine Pilgerschar von Hunderten von Derwischen zum Grabe des von ihnen verehrten Heiligen und feiert einen Tag und eine Nacht lang mit Gesängen und Tänzen sein Andenken, um durch seine Erscheinung seinen Segen zu empfangen. Dabei werden Gedichte, Merksprüche und Gebete von ihm rezitiert, deren Texte im übrigen auch in der *zawiya* als Handschriften aufbewahrt werden.

Im folgenden sind einige ausgewählte Verse wiedergegeben:

Nahrung

So wisse denn, daß die Wissenschaft für den Geist das ist,
was die Nahrung für den Körper bedeutet.

Das religiöse Gesetz entspricht der Ernährung des Leibes,
aber sein reiner Nährwert, die Mystik, kommt dem Herzen zugute.

Das Salz dieser Nahrung ist die kritische Sprache,
und als Teppich, auf dem man ißt, dient die Sprachwissenschaft.

Ihre Gewürze sind Logik und Theologie,
und der Weg dahin: die vollständige Kenntnis der religiösen Grundlagen.

Vortragskunst und Beredsamkeit sind ihre Tischleuchter,
Recht und Mathematik fügen ihr Nutzen hinzu.

Vergiß den Geschichtsunterricht nicht
und stütz dich auf die sichere Auslegung des Korans mit Kraft!

Die überlieferten Aussprüche des Propheten Mohammed mahnen:
laß Sterndeuterei und Dichtung beiseite,

denn mit Ernst betrieben hält die Dichtung den Geist gefangen,
und die Sterndeuterei wirst du am Ende bereuen.

Willst du Vollkommenheit erlangen,
dann widme dich den sieben Arten der Koranlesung, Nacht für Nacht!

Die Bedingungen für die Heiligkeit

Du, der du den Grad des (vollkommenen) Menschen erlangen willst,
erziehe dein Gewissen bei jeder Gelegenheit!

Nimm zu Begleitern die besten der Fachleute dieser Kunst,
übe dich in der Disziplin, die allen Schein vernichtet!

Wiederhole vielzählig die Gebetsanrufung im Herzensgrunde!
Auf diese Weise wachsen die geistigen Auszeichnungen.

Verlaß das Sinnliche in jeder Lage,
sei es in Gedanken, Handlung oder Rede!

Hast du diese Eigenschaft erworben,
dann wird dir die Erkenntnis zuteil.

Die Wachsamkeit des Herzens

Erkenne, daß Gott alles weiß, auf jeder Seite,
daß Er jederzeit im Bilde ist über deinen Zustand.

Hüte dich zu vergessen, daß der Höchste Zeuge ist
und dir ganz nahe auf dem Grund deines Herzens,
ganz fein, allmächtig und liebend,
verzeihend, barmherzig, und wohlwollend dem Gläubigen.

Über die Weisheit

Wenn man sich nicht an die Dunkelheit des Seins hielte,
wäre das Herz erleuchtet von der Sonne des Sehens.
Wären die Fesseln und Hindernisse (der Sinneswelt) nicht,
man sähe die Sonne der Wirklichkeit leuchten.
Gäbe es keinen eigenen Willen und keine freie Wahl,
dann würde sich der Schatten der Gegenstände vom Herzen entfernen.
Ohne unsere Leidenschaften und Wünsche
würde sich unser Streben in einem Augenzwinkern verwirklichen.
Gäbe es nicht die bösen Neigungen und Fehler,
würden die unsichtbaren Geheimnisse offensichtlich werden.
Ohne den Kampf gegen das Ich-Begehren
tritt das Geheimnis der Erwählten nicht hervor.
Ohne Gemeinschaft mit wahrhaftigen Menschen
kann niemand die Unvollkommenheit von der Vollkommenheit unterscheiden.
Ohne die Begleitung der Großen
kann sich das Herz und sein Urgrund nicht reinigen.
Ohne die Hilfe wahrhaftiger Menschen
kann niemand den Grad der Vollkommenheit erlangen.

Über den Weg, den der Suchende einschlagen soll,

... Zu Anfang des Weges ist es nötig, daß der Derwisch eine Zelle besitzt, wo er sich von allen Wesen abschließen kann, sodaß sein Herz eintreten mag in die innige Gemeinschaft mit dem wahrhaftigen Herrscher. Wenn er stark geworden ist im innigen Einssein mit Gott, wenn die Sonnen der Erkenntnis ihn erleuchtet haben und sein Schauen die Weite gewonnen hat, ist es nicht mehr hinderlich, wenn er seinesgleichen auch in der Körperwelt aufsucht, solange er sein Herz zu Gott hält. Denn während sein Körper unter den Menschen wandelt, weidet sein Geist im Licht der Engelswelt; das ist das Alleinsein des Wissenden, das sich in seinem Herzen abspielt, nicht mit dem Körper.

Ferner ist es absolut nötig, sich in die Gemeinschaft eines Meisters zu begeben, den Gott befähigt hat, die islamische Erziehung zu vermitteln. Der Schüler soll bei ihm bleiben und ihm dienen, bis der Meister ihn in die heilige Gegenwart Gottes geführt hat. Derartige Erzieher gibt es zu jeder Zeit; wenn jemand das Gegenteil behauptet, wird er verloren und verlassen sein.

Und schließlich soll sich der Lernende die Zeit nehmen, sich mit den Brüdern zu vereinen und mit ihnen die Anrufungen Gottes zu üben und die gegenseitige Ermunterung. Wenn es an seinem Wohnort keine Brüder gibt, dann soll er hinziehen zu ihnen oder ihnen häufige Besuche abstatten, damit er die Süße des Weges erfahre und trinke von den Quellen der Verwirklichung. So befreit er sich zu Gott hin von allem, was nicht Er ist.

Liebe

Mein Geliebter hat mich mit dem Wein Seiner Liebe getränkt,
und ich erwachte vom Rauschtrank der Leidenschaft.

Während Er mir zu trinken gab, verstärkte sich mein Durst,
und mein Herz barst fast vor Verlangen.

Das ganze All von Seinem Thron bis zu Seinen Grundfesten war gefüllt
mit Bechern des Weins seiner Liebe, doch mein Durst wurde nicht gestillt.

Und wenn ich schöpfte an den Quellen beider Welten und tränke Liebe
mit jedem Atemzug – ich würde nicht müde zu trinken.

Erwacht vom Rausch der Liebe findet niemand die Trennung wieder,
und da ich in der Schenke blieb, genoß ich den Wein der Gemeinschaft.

Als mich der Wein fortriß, fand ich die Ruhe,
Beruhigung und Wohlgeruch und wohltuende Geruhsamkeit.

In der Trunkenheit sind wir eingetaucht in den Glanz Seiner Schönheit,
und vor Seinem strahlenden Licht schwinden uns die Sinne.

Die Sonne des Tages ist erschienen in ihrem Glanz,
in ihrer Gegenwart scheint kein Stern mehr.

Der schützende Schleier hob sich weg vor unserem Herrn,
und wir eilten zum Licht des Geliebten.

Er sprach zu uns: »Seid willkommen!
Dies ist Meine Schönheit in ihrer wirklichen Art, erfreut euch an ihr!

O ihr Freunde der Liebe, vergnügt euch bei uns,
denn hier wohnt das Ziel aller Wünsche!

Hüte dich, o hüte dich zu scheiden von meinem Geliebten
durch einen Mangel an Haltung, dem Grund der Trennung!

Handle gut und voller Rücksicht mit den Freunden
und betrachte Meine Schönheit, denn ich vereinige das All!

Fern von Mir wie in Meiner Nähe, im Wohlsein
wie in der Prüfung: schau Mich demütigen Herzens an!

Handle gleich, ob du bei dir Meine Zustimmung oder Meinen Zorn fühlst,
denn Ich bin es ja, der alle Dinge hervorgehen läßt und sie beschließt.

Auch die Herzensweite verlangt ein Benehmen, das es einzuhalten gilt,
damit nicht deine Füße ausgleiten und danach dein Herz:
Scheu, Ehrfurcht und Verherrlichung Meiner Wohltaten,
und Zucht der Zunge, die immer so schnell entfliehen will.

Und wenn die dunkle Nacht der Herzensangst dich überfällt,
ertrage sie standhaft, denn das Licht wird wieder leuchten.«

Sei still und ergeben, was auch geschieht,
das unausweichliche Schicksal geht von deinem Herzen aus.

Der Armut entspricht ein Benehmen, durch das der Schüler seine Verbundenheit
mit dem hohen Meister der mystischen Wissenschaft erweist:
Absage an die Welt und verstärktes Streben,
Nächstenliebe und ein gebefreudiges Herz,
Demut und Unterwerfung unter den Allmächtigen,
und Gemeinschaft mit einem Meister, der das wahre Wissen besitzt,

jeden Augenblick im Gehorsam verbringen,
denn Zeitvergeudung führt bekanntlich ins Verderben.

Dem Meister gegenüber ziemt sich rechtes Benehmen, und wenn es fehlt,
kann man nur irren im Tal der Trennung.

Ergebensein, Achtung und echte Liebe,
völlige Zustimmung – das ist der ganze Weg.

Erhebe deine Stimme nicht in Seiner Gegenwart und lach nicht,
denn Gelächter gibt Anlaß zur Trauer.

Widersetz dich Ihm in keiner Weise,
denn Er sieht das Licht aus Hellsicht.

Wirf auch nicht deinen Blick auf eine andere als Seine Quelle,
sonst wirst du verworfen, zerbrochen, verlassen in einsamer Wüste.

Verlaß nicht das Nest, in dem du erzogen wirst, damit dir danach nicht-endendes Licht gegeben wird,
bis du mit der Zeit deine Reife erlangst,
und durch Taten gefestigt bist in der Wahrheit.

Dann kommen dir Lichter von allen Seiten zu Hilfe,
und du kannst deinesgleichen tränken, die kommen, um dir zu folgen.

Halte dich fest auf dem Wege der Offenbarungsreligion,
denn sie schützt vor dem Übel,
das sonst dein Rückgrat zerbricht.

Ergreif sie mit beiden Händen wie der Geizige seinen Schatz, denn die höchste Vollkommenheit, die du erlangen kannst, ist die Wahrung der Gebote.

Gott am nächsten ist der, der Ihn im Geheimen betrachtet,
während er nach außen hin aus der Quelle des Gesetzes schöpft.

Ein solcher wird das ganze Erbe empfangen,
angefüllt mit dem größten Reichtum, denn er folgt den Spuren des Geliebten (Muhammad),

– über ihn sei das Gebet Gottes und Sein Heil –
denn beide richten sich achtungsvoll an den Fürsprecher
(Muhammad).

Mögen alle seine Gefährten das Wohlgefallen Gottes finden,
die Nachfahren des Propheten und jene, die ihm folgten.

Scheich elḤarraq von Tetuan

Dem Ordensweg der Darqawa nahe verwandt ist die Ḥarraqiya, die ebenfalls bis heute in Nordmarokko besteht. In seiner *Geschichte von Tetuan* gibt Muḥammad Dawud eine Skizze vom Leben des Gelehrten und Sufi-Meisters Muḥammad ibn Muḥammad elḤarraq aus Tetuan, der diesen Orden ins Leben rief. Er ist in einer begüterten Familie[232] in der kleinen Stadt Schafschawan am westlichen Ausläufer des Rif zwischen 1772 und 1774 geboren und erhielt eine klassische Ausbildung in den islamischen Wissenschaften, die er in der Universitätsstadt Fes vervollständigte. Nach Studienabschluß berief ihn der Sultan Sulaiman als Imam und Lehrer an die Große Moschee von Tetuan, wo auch Aḥmad ibn ʿAdschiba gelehrt hatte. Ob die beiden sich persönlich kannten, läßt sich nicht in Erfahrung bringen. Die Ähnlichkeit ihres Lebensweges ist jedenfalls auffällig.

Muḥammad elḤarraq lehrte drei Wissenschaften: das religiöse Gesetz, islamische Literatur und Mystik. Sein Ruhm durchdrang wie ›ein strahlendes Licht‹ das ganze Königreich Fes und den Maghreb und erreichte auch die Sufis im Orient, heißt es in den überschwenglichen Lobesworten des Historikers.

Nicht weniger begeistert von ihm sprechen die beiden anderen Quellen: Muḥammad ibn elʿArabi aus Rabat in seiner *Chronik von Wazzan* und ein Schüler des Ḥarraq, ʿAbd elQadir elWardighi in seinem Buch *Das Begehren des Gewünschten.*[233]

Zwei europäische Arabisten, die sich mit elḤarraq beschäftigt haben, spenden ihm ebenfalls höchstes Lob:

Jacques Berque[234] reiht die Dichtung des Ḥarraq unter die beste der arabischen Poesie ein und bringt einen kurzen Ausschnitt in französischer Übersetzung.

Bernd Manuel Weischer vergleicht elḤarraq in einem glänzenden Vortrag *Der Orient im Spiegel des Okzidents*[235] mit dem persischen Dichter Auḥad udDin Kirmani, in dessen Versen trotz des großen geographischen und zeitlichen Abstandes (sieben Jahrhunderte) ähnliche Aussagen über den mystischen Rausch gemacht werden.

Tatsächlich hat elḤarraq eine überragende Stellung unter den Gelehrten in Tetuan eingenommen und zahlreiche Menschen seiner Generation in die Tiefen des Islam eingeführt. Seine freie Lehrweise und seine große Beliebtheit zog ihm den Neid seiner Kollegen zu, die ihn durch ein negatives Gutachten über seinen Unterricht verleumdeten. Nach einer heftigen Auseinandersetzung wurde elḤarraq krank und zog sich von seinem Amt zurück. Die Ruhe der Genesung nützte er, um eine Abhandlung[236] zu schreiben, deren Gedankenschärfe und erschöpfende Ausdrucksweise seinen Ruhm festigte.

Eine Annäherung an den der Mystik nahestehenden Philosophen Abu Ḥamid elGhazali ist in der ausgewogenen orthodoxen Sprache des Ḥarraq zu spüren. Damit wäre er aber noch nicht als Sufi anzusehen; die äußeren Umstände, die ihn zum *schaich* machten, sind berichtenswert, wenn sie auch weniger aufsehenerregend als bei Ibn ʿAdschiba zwanzig Jahre vorher waren.

In der Nähe des Wohnhauses des Ḥarraq in Tetuan stand das Versammlungshaus von Maulay elʿArabi edDarqawi, aber obgleich die beiden Männer sich wohl schon lange kannten und elḤarraq sich zeitlebens mit der mystischen Dichtung beschäftigt hatte, war doch ein Ereignis nötig, das es dem berühmten Gelehrten ermöglichte, seinen gesellschaftlichen Stand aufzugeben und die Armut des Ordensweges anzunehmen.

Dieses Geschehnis wird so geschildert:

Nachdem der Ordensmeister edDarqawi zu seinem Stamm der Ghumara an der Mittelmeerküste gereist war, schickte er eines Tages ein gesatteltes Reittier zu seinem Versammlungshaus in Tetuan, allerdings ohne Nachricht oder Befehl. Den ratlosen Derwischen erklärte der Gelehrte elḤarraq darum mit der ganzen ihm eigenen Autorität:

»Der Meister schickt dieses Reittier, damit ich aufsteige und fortreise, um ihn zu besuchen.«

So nützte er die Gelegenheit, seinem Wunsch nach engerer Verbindung mit dem Scheich nachzugeben, bestieg das Reittier und ritt fort. An der Quelle beim Versammlungshaus des Meisters im Ghumara-Land angelangt, vollzog er die rituelle Waschung in gleicher Weise, in der es einst Scheich Schadhili getan hatte, bevor er seinen Meister ʿAbd esSalam Maschisch getroffen hatte.

Der Scheich edDarqawi hieß den Gelehrten elḤarraq herzlich willkommen und sprach zu ihm:

»Gedenke Gottes und erinnere dich Seiner!«

Und dann ernannte er ihn ohne weitere Umschweife zum Meister mit den Worten:

»Wahrlich, der ist ein vollkommener Meister, der gleichermaßen den höchsten Grad des Rausches und den höchsten Grad der Klarheit, den höchsten Grad der Verlockung und den höchsten Grad der Führung, den höchsten Grad der Selbstaufgabe und den höchsten Grad des Verharrens (in der Einheit mit Gott) erlangt hat.«

Dieses denkwürdige Treffen fand der Überlieferung zufolge etwa im vierzigsten Lebensjahr des elḤarraq statt (um 1815). Er lebte nun längere Zeit in der *zawiya* seines Lehrers und wurde zu einem hervorragenden Meister des mystischen Lebensweges. Später kehrte er dann nach Tetuan zurück.

Die zweite Tetuaner Zeit gilt als seine bedeutendste geistige Phase, denn er widmete sich der Erziehung der Menschen zur Verinnerlichung und Beherzigung des Glaubens, der im Islam nur allzu leicht nach außen gekehrt und in mechanisch vollzogenen Riten zur Schau getragen wird. Im Auftrage des Scheich edDarqawi gründete er ein eigenes Versammlungshaus in der Stadt, aus dem sein Orden hervorging, der sich in vielen Städten Marokkos, vor allem auch in Fes und Rabat, ausbreitete. Die Festigung einer Gemeinschaft in der diesseitigen Welt als Brücke zur jenseitigen war sein Anliegen.

In den Versammlungshäusern pflegt man noch heute seine Gedanken, die in einer Reihe von Büchern und geistlichen Briefen festgelegt sind. Unsterblich geworden sind seine Gedichte, die bei allen Erinnerungsfesten in den Versammlungshäusern aufgesagt werden und in einfachen Drucken auf den Märkten erhältlich sind.

ElḤarraq starb in seinem Haus nahe der Großen Moschee in Tetuan im Jahre 1845.

Aus seiner Ode, die mit dem Vers beginnt: »Du suchst Leila und sie ist doch in dir, und du glaubst nur, daß sie es nicht sei ...« zitiere ich einige Ausschnitte[237]:

Herr, wenn Du Dich Deinem unterwürfigsten Verliebten zeigst,
übersteigt Deine Gabe der Vollkommenheit alle Höhen.

Aller Glanz erscheint in Dir: Ruhm dem, der zu Dir gelangen kann!
Aufgang und Untergang der Schöpfung sehnen sich gleichermaßen nach Deiner Erleuchtung.

Du bist höher als Alles, denn Du bist Quelle und Zeichen –
O Tag der Quelle aller Quellen, wenn Du da bist, bin ich am Ziel.

Deine Schönheit tränkt mich mit ihrem Wein, sie verwandelt meinen Schlaf in Wachen;
ruhelos suche ich nach Dir, o Du, der Du meinen Körper und mein Herz bewohnst!

Um Deinetwillen habe ich meine Freunde verlassen –
was könnte ich tun, wenn von Dir nicht der Antrieb dazu käme?

O Wunder der Schönheit, wenn das Licht Deines Antlitzes aufgeht
bis zu dem Gipfel, auf dem sich alle Höhen öffnen.

Beschuldige mich nicht ihretwegen,
denn süß ist dieses Leiden, und das Paradies ist meine Hölle!

Die ausströmende Gnade hat mir ihr Geheimnis verraten,
ein Trunk von ihr ist mir Lehre und Glaube.

Wenn ich sie ganz rein begehre, trinke ich sie, wie sie ist,
und wenn ich anders will, trinke ich sie vermischt.

Alles ist in meiner Hand, Glas auf Glas trank ich aus.
Wer nach mir davon trinken wollte, tränke, was ich übrigließ.

Die Allmacht hat mich schon beschenkt, sie stellt die Willenskraft wieder her;
der Ruhm des ganzen Reiches fällt mir zu, wenn Gottes Ruhm mein Weltall wird.

Mein Wein beglückt ganz und gar durch sein Licht,
zu Recht zeigt er sich in allen Formen des Daseins.

Der Rebensaft zerstreut die Ängste mit seinem Körper,
und alle Wesen belebt er mit seinem Duft.

Du siehst, wie er das Glas füllt und zum Glase wird,
und wenn du nicht in ihm bist, zerrinnt er sogleich.

In ihm ist er gefangen, und sogleich bist du gefangen;
es färbt sich mein Glas in der Farbe meines Weins.

Dadurch begütigt er, wenn sein Licht hervorströmt,
der Sonne vergleichbar, die der Mond widerspiegelt.

Wie wunderbar ist das Glas: es ist die Quelle seines Weins,
und doch wird es zur Form des Atoms.

Die Freien sind nur dem Weine vergleichbar
in ihrem leidenschaftlichen Verlangen nach tiefblickenden Augen.

Er zeigt sein Geheimnis denen, die verstehen,
zeigt die versammelten Lichter in der Gestalt der Macht.

Sie kommt in der Dunkelheit, damit ihr Wächter sie nicht sieht,
und sie das Übel meidet, ihren Geliebten zu verraten.

Ihre Schönheit breitet sich aus wie heraufkommendes Licht,
ihr ausströmender Duft kündigt sie an.

Denn bei Gott! nur ihr Geliebter ist nicht frei von ihr;
empfindsam ist mein Gefühl in den Dingen des Herzens.

Gekonnt zeigt sie mir dann ihre einzige Bindung an die Welt,
und daß für sie darin kein Zweifel besteht.

Wieder sehe ich vor mir, wie beim Weckruf die Morgenröte aufsteigt
und wie der frische Wind der Frühe den frohen Gruß der Vögel herträgt,
und die Art, wie Leila ihren Schleier wegzieht,
damit ihr Geliebter sie sieht, wenn er vor Ungeduld vergeht.

Der Glanz deines Gesichtes ist meine schönste Empfindung,
so wie die leidenschaftliche Liebe der Schmuck meiner Seele ist.

O wie mein Verstand verrückt wird durch ihre Liebe,
und sogar mein Körper leidet durch ihre Zuneigung.

Wenn mich ihre Blicke berühren,
erregen sie meine Begierde,
und ihr Blick macht mich schwach.

Ich wußte genau, daß du wahrhaftig nur für mein Verlangen da bist,
und wahrlich – o Gott – nur für Dich bin ich da!

Der Liebhaber hat sein Leben für die Geliebte hingegeben
und seine Leidenschaft auf der Waage seiner Tugenden gewogen.

Bei Gott! Wenn nicht sein Blick auf sie fiele,
würden sich seine Augenlider nicht mehr öffnen.

Aber die Verbindung mit ihr ist eine wahre Gnade,
aus dem Innersten verströmt sie ihren Wohlgeruch.

Nur durch den Blick des unvergänglichen Seins
sieht jener die Wirklichkeit seines eigenen Seins.

Wir haben uns in die Schule der Armut begeben,
damit uns die Beweise der Geliebten freisprechen.

So wie nur Er sich der Vernunft zeigt,
so kleidet Sein Glanz die vielen Welten.

Und in allen Dinge, die du sehen kannst, siehst du Ihn,
denn Er ist für immer das All allein.

Das Aufgehen in Ihm ist wie ein Hervorströmen leidenschaftlicher Liebe,
dieser Strom kommt gewiß in der Gefolgschaft des Herrn.

Nur in den anderen zeigt sich ihr Wesen,
doch wenn sie sich verbirgt, bist du ganz allein.

Jeder, der zu sehen wünscht, was sich offen zeigt und
was sich verbirgt, ist weit von mir entfernt.

O mein geliebtes Alles,
wenn wir Dich eines Tages sehen,
das ist gewiß der glücklichste Tag aller Zeiten.

Alle Leute haben zwei Feste im Jahr und
für mich ist jede Zeit mit Dir ein Fest.

Die heftigsten Gefühle zeigen sich in der Freude am Vaterland,
in den Mengen auf den Märkten und im Lob der Berauschten.

Ist Wein im Glase, dann rückt die Freude näher,
bis sich die Grundlage der Willensanstrengung im Weine trübt;
hoffentlich wird die Grundlage geheilt durch die Heilkraft des Weins.
Er festigt den Willen und versöhnt den Körper,
und seine Farbe durchstrahlt alle übrigen Daseinsformen.

Sogleich neigt sich mein Herz zu Ihr und Sie überschwemmt mich mit Ihrer Liebe,
dann erlange ich die Erleuchtung und Ihre Lampe scheint hell,
sodaß mir Hoffnung entsteht auf diesem Wege.

O Gefährte in der leidenschaftlichen Liebe und ihr, o Schar von Brüdern,
tadelt nicht den Sehnsüchtigen! Der Liebestolle ist verrückt.

Wenn Tränen fließen, ist's ihm gleich gesegnetem Regen,
und wenn du ihn weinen siehst, ist es, als schwebe sein Geist;
im Zustand des Weinens wird er reich an dem, was ihm gegeben wird.

O ihr, die ihr mich umringt: matt werden die Augenlider,
und in der Umringung wird mir die Gegenwart des Barmherzigen zuteil.

O Du, mach mein Herz ruhig,
denn in Deiner Liebe wird mein Herz nie stillestehn!

Fremd sind mir die Wohnungen,
denn Du bist mir Familie und Heim.

»Gott gebe Gnade und Heil und Segen dem Propheten des Lichts.«
(In der Sonne steht der Name »Mohammed«.)

7
Sonderentwicklungen

Eigenartig mögen uns die Lobeshymnen des Ḥarraq berühren in ihrer Hingebung an den Rausch, der uns so bekannt und den Moslems so fremd sein müßte. Aber die überschwenglichen Preisungen des Weins, des Trinkbechers und der Schenke waren gewiß nicht aus der Luft gegriffen, sowenig wie die der iranischen Dichter, die ihnen so ähnlich sind. Sie scheinen auf Erlebtem zu beruhen, so genau sind sie in der Ausdrucksweise und so echt in der Wirkung auf die Zuhörer. Und das bedeutet, daß beide – die Sufimeister und ihre Schüler wie auch das Volk, das diese Lieder begeistert aufnahm – den Wein trotz des religiösen Verbotes noch als Genußmittel verwendeten.

Verständlicherweise findet sich in den Geschichtsbüchern nur wenig darüber, aber das Wenige ist bezeichnend genug: Abdallah Laroui nennt[238] bei den Einfuhrgütern Marokkos aus Europa im 14. Jahrhundert den Wein an erster Stelle, gefolgt von Stoffen und Metallen. Schon vorher, 1185, hatte der große Sultan Yaʿqub elMansur Mühe, den allzugroßen Weingenuß seiner Untertanen einzudämmen. In seiner Hauptstadt, Marrakesch, durfte Wein – zwecks Überwachung der Steuerabgaben, die auf Wein erhoben wurden – nur durch ein einziges Stadttor in die Medina gebracht werden: durchs *Bab erRubb*, das ›Traubensaft-Tor‹, das diesen Namen bis heute behielt. Die Unterdrückung des Weingenusses ging wohl in ganz kleinen Schritten vor sich. Noch um 1970 konnte man in den einheimischen Marktvierteln vieler marokkanischer Städte Wein zu normalen Preisen kaufen und ohne sich der allgemeinen Verachtung ausgesetzt zu sehen. Mit dem Auszug der jüdischen Bevölkerung und der Rückführung des Islam zu puritanischen Formen ist auch in Marokko diese Toleranz verschwunden. Heute können praktisch nur noch Europäer in ihren eigenen Neustädten alkoholische Getränke erwerben. Und das wird gewiß zu einer Entfremdung all jener Lobeshymnen führen, in denen mit Selbstverständlichkeit vom Wein Gottes die Rede ist.

Die Ursprünge der weinseligen Lyrik müssen wir lange vor der Einführung des Islams suchen; sie liegen in den bacchantischen Liedern der Griechen und Römer, in der Gnosis und im byzantinischen Christentum, wo ja der Wein als Sakrament höchstes Lob empfing. Eigentlich geht es dem Sufi ja nicht um den Rausch als solchen, sondern um ein Sinnbild des heiligen Ergriffenseins, wenn er den Becher preist. Daß er am narkotischen Erlebnis kein Interesse hatte, ist offensichtlich, denn leicht hätte er sich anderer im Orient gebräuchlicher Rauschmittel bedienen können und sich damit nicht einmal direkt dem koranischen Verbot entgegengestellt, denn jenes Verbot wurde – und wird auch heute – hauptsächlich auf alkoholische Getränke bezogen, während Tabak und Haschisch, Opium und Aphrodisiaka zwar als verpönt gelten, aber doch geduldet werden. Es ist erstaunlich, wie ›nüchtern‹ die Derwisch-Orden des Maghreb sind. Nur ein Orden macht da eine echte Ausnahme, der des Sidi Haddi, über den ich gleich berichten werde.

Tatsächlich erlangen die Derwische ihren *sukr*, ›Rausch‹, auf die älteste Art, die man sich denken kann: durch Atemregelung und Tanz. Als extremes Beispiel hatte ich schon die ʿIsawiya beschrieben.

Auch Askese und Schmerz führen bekanntlich zur Abstumpfung der Sinne und damit zur Befreiung und zeitweiligen Lösung des Geistes aus seinen engen Banden. Mit einigen Notizen über die Ḥamad-scha und Dughughiya werde ich diesen Punkt berühren. Wenn sie auch mit dem literarischen Sufismus nichts mehr zu tun haben, auch vom Marabutismus schon weit entfernt sind, so stehen sie doch beispielhaft für die Entwicklung des mystischen Weges in der Zeit des islamischen Niedergangs.

Daran anschließend stelle ich eine Bewegung vor, die als Reinigungsbestrebung dem Erwachen des Islam, *nahḍa* vorausging und einen entgegengesetzten Weg beging: die *ṭariqa* Tidschaniya, die 1781 gegründet wurde. Sie ist heute der Orden mit der größten Mitgliederzahl in Marokko.

Die Bedeutung, die der Genuß von Rauschmitteln für die Derwische und ihre erstaunlichen Darbietungen spielt, ist meist übertrieben worden. Man vergißt dabei, daß in Marokko seit mehreren Jahrtausenden Hanf geraucht wird und daß dieser ›Rauch‹ zu den Gewohnheiten eines großen Teils der Bevölkerung gehörte, etwa wie der Biergenuß bei den Deutschen. Raynaud schätzte, daß etwa zwei Drittel aller Bewohner Marokkos Hanf rauchen, doch dies wird stark übertrieben sein; nicht einmal für die erwachsene männliche Bevölkerung würde ich heute eine so hohe Zahl annehmen. Dennoch bleibt die Tatsache bestehen, daß der Hanfgenuß zum täglichen Leben des Volkes gehört und auch durch religiöse Ächtung kaum wesentlich eingeschränkt werden konnte.

Rituelle Verwendung der Hanfpflanze, wie sie der ›Alte vom Berge‹, Hassan von Alamut, in Syrien im 12. Jahrhundert für seinen Orden der Assassinen (das Wort ist von Haschaschiyun abgeleitet) vorschrieb, und wie ihn Scheich Ḥaidar für alle Zeiten durch seine Derwische im Orient bekannt gemacht hat, gab es in Marokko zunächst nicht. Die Sufi-Schulen waren weit nüchterner eingestellt.

Sidi Haddi

Erst im 16. Jahrhundert wird auch im Maghreb der Genuß von Kif als Gewohnheit einiger Derwisch-Orden beobachtet, besonders bei den ʿĪsāwīya, den Dschilala und den Ḥamadscha. Aber nur ein einziger marokkanischer Orden hat das Kif-Rauchen seinen Mitgliedern zur Pflicht gemacht: die *ṭariqa* des Sidi Haddi. In dieser und einigen anderen Ansichten gleichen sie den Haidaris des indischen Subkontinents. Mit wilder Haartracht und zerrissenem Mantel (*muraqqaʿa* genannt), der stets dreckig und unansehnlich ist – im Gegensatz zum Flickenkleid der ›nüchternen‹ Sufis, das zwar zerrissen ist, aber peinlich sauber gehalten wird – durchzieht der Haddawi planlos das Land von Markt zu Markt, bettelt und singt, predigt – sofern man seine rauhe Art, die den Umstehenden oft nur als Orakelspruch gilt, so bezeichnen kann – und führt manchmal kleine Kunststückchen vor, zum Beispiel mit einer dressierten Ziege, die auf der Spitze eines aufgestellten Stockes stehen kann und auf Befehl ein Bein hebt, was überall fröhliche Bewunderung auslöst. Sind mehrere Haddawis zusammen, so tanzen sie zum Rhythmus einer kleinen Trommel oder des Tamburins und ermahnen mit wilden, oft unartikulierten Schreien die Zuschauer zum Glauben an den einzigen Gott. Ihr wichtigstes ›Werkzeug‹ ist jedoch ihr kleines Pfeifchen, von dem sie sich nie trennen.

Zahllos sind die Sprüche, die auf die Gewohnheit, Hanf zu rauchen, Bezug nehmen, wie etwa die Aussage, mit der man etwas völlig Unmögliches beschreibt: »Ein Haddawi ohne Kif – das gibt es nicht.«

Auch der Genuß der beliebten Süßigkeiten, die man aus dem Hanf herstellt, sowie der Mischungen mit dem Saft des weißen Mohns gehören zur rituellen Disziplin, die der Haddawi seinem Körper abverlangt. Von den lustigen Sätzen, die jeder Haddawi zum besten gibt, will ich nur diesen einen wiederholen:

»Kif ist herrlich. Wenn eine Kuh es probieren würde, dann gäbe sie ihre Haut dafür.«

Die ziellose Wanderung der Haddawi-Derwische hat ihre festen Bezugspunkte. Außer den Wochenmärkten sind es die zahlreichen Versammlungshäuser und Heiligengräber, die ihnen Obdach gewähren. Einmal im Jahr kommen sie alle zusammen zum Jahrmarkt am Grabe von Ibn Maschisch im Gebirge Alam, denn der Gründer ihres Ordens hat selbst kein Jahresfest gestiftet, eine Ausnahme, die auffällig ist. Offensichtlich wollte Sidi Haddi vermeiden, daß er zu einem gewöhnlichen *marabuṭ* deklariert würde, wie es deren schon mehr als genug im Lande gab.

Obgleich es mehrere Bücher über die *ṭariqa* des Sidi Haddi gibt, ist doch nur wenig über den Ordensgründer bekannt.[239] Nur das Todesdatum ist belegt: 1806 starb er in seinem Versammlungshaus im Gebirge Alam, glücklich lächelnd, wie es sich für einen Kif-Raucher ziemt.

Dieses Versammlungshaus besteht bis heute. Nie fehlt es dort an Nahrung für die vielen Gäste, die sich jederzeit einfinden, und auch die Hunderte von Katzen und die zutraulichen Fische und Schildkröten im Bach werden davon gefüttert. Von einem eigentlichen Kult heiliger Tiere, wie es manch ein Europäer beschrieb, kann aber doch nicht die Rede sein. Kult treibt der Haddawi nur mit dem Kif-Rauchen, durch das er die *ḥaḍra*, die Verschmelzung mit der Schöpfungsmacht, erlebt. Dazu ist die Einhaltung strenger Riten nötig, denn Mißbrauch führt gerade hierbei zu schweren Schäden: aus dem zeitweilig Berauschten, der in der Begeisterung Gott sieht, kann plötzlich ein unheilbar Verwirrter werden.

Aus den vielen legendären Berichten über Sidi Haddi, die Brunel gesammelt hat, lassen sich einige als wahrscheinlich auswählen, obgleich auch diese mit den für Legenden grundlegenden Kennzeichen – den vorherrschenden heiligen Zahlen usw. – behaftet sind:

Sidi Haddi sei das siebente Kind seiner Eltern gewesen. Vierzig Jahre lang habe er in der Wüste im Süden gelebt und sei eines Tages in erschreckendem Aussehen – mit langen Haaren und langen Fingernägeln wie ein wildes Tier – und begleitet von Negern und Dämonen wieder in die Heimat zurückgekehrt. Nachdem seine Eltern ihn aufgrund seiner Kenntnisse des Elternhauses als Sohn wiedererkannten, blieb er einige Zeit zuhause; doch die Bürger konnten seine Anwesenheit nicht ertragen.

So reiste er weiter durch das Land und kam schließlich zur *zawiya* der Bani ʿArus im Gebirge ʿAlam, wo die *ṭariqa* des Ibn Maschisch gelehrt wird. Er trat in den Orden ein, was ihn berechtigte, seinen später in demselben Gebirge gegründeten Orden als Zweig der Schadhiliya zu bezeichnen.

Dem geistigen Ahnherrn Ibn Maschisch hat er zeitlebens die Treue gehalten und seine Anhänger stets aufgefordert, alljährlich zu ihm zu pilgern. Bei dieser Wallfahrt, so schreibt Brunel, findet auch ein heimliches Mahl statt, bei dem die Haddawi eine Wildkatze verspeisen (was gegen die islamischen Speisevorschrift verstößt). Gewiß lebt darin eine ortsgebundene uralte Überlieferung fort, doch hier von einem Katzenkult zu sprechen, halte ich nicht für angebracht.

Ein kleiner Ausschnitt aus einem der vielen Lieder des Sidi Haddi, in dem die verworrene Lage des Maghreb in jener Zeit zum Ausdruck kommt, sei hier mitgeteilt[240]:

Das Feuer ist angezündet,
die Pferde sind losgaloppiert,
ich verlange von Gott das Heil!

Das Paradies ist über Fes,
vielleicht ist es unter Fes,
vielleicht in Fes selbst.

Ich komme vom Propheten als Bote,
Maulay Idris bringt euch frohe Nachricht:

Fes ist vor jedem Unglück gefeit,
selbst wenn es von Christen umgeben wäre!

Blase, o Wind des Sus,
die schützenden Reiter stehen bereit!

Marrakesch, du Quelle des Unglücks,
Salé und Rabat, ihr seid ihr Becken!

Meknes ist ein Meer von Blut.
Fes lädt die ein, die ihr Glück machen wollen.

Die Ḥamad-scha und Daghughiya

Die Bruderschaften der Ḥamad-scha[241] und Daghughiya werden von europäischen Schriftstellern meist als Verirrungen des mystischen Weges bezeichnet, die islamischen Theologen fällen sogar noch strengere Urteile. Wenn man jedoch von dem abschreckenden Schauspiel der Selbstverletzungen absieht, unterscheiden sich die beiden Orden von den anderen Bruderschaften nicht wesentlich. Ihr Gründer, Abu l-Ḥasan ʿAli ibn Ḥamdusch, rechnete sich zur Bewegung der Schadhiliya und zählte Scheich Dschazuli zu seinen Vorläufern; über Scheich Scharqi, den Patron von Bu Dschad, leitete er seine »Kette« her. Tatsächlich lehrte ʿAli ibn Ḥamdusch wie alle Schadhiliten das Lob des Propheten als vornehmste Pflicht, verwendete die Gedichte des Ibn el-Farid aus Ägypten und pflegte den Tanz zur Erlangung der Ekstase. Lange Jahre hatte er ein Versammlungshaus in Fes nahe dem Tor der Qarawiyin-Universität. Er starb im nahen Gebirge Zerhun etwa 1720 und liegt in Bani Raschid begraben, wo alljährlich eine Woche nach dem Geburtstag des Propheten Mohammed sein Erinnerungsfest gefeiert wird.

Man nennt ihn auch *qa'id esch-schams*, den ›Führer der Sonne‹, und erzählt dazu eine Wundergeschichte, die an Josua erinnert, wenn sie auch hier zur Anekdote geworden ist:

Eine schwarze Sklavin des Sultans Raschid[242], die sich einen Sohn wünschte, aber schon lange darauf warten mußte, begab sich zum Heiligen und bat um seinen Segen, den ihr jener auch versprach. Dabei war es fast Abend geworden und die Sklavin fürchtete sich, durch Verspätung den Zorn ihres Herrn zu erregen. Da sprach Sidi ʿAli zu ihr:

»Geh jetzt und wenn du zuhause angekommen bist, dann sprich sogleich: ›»O Sonne, bei Gottes Allmacht, setze deinen Gang fort!‹«

Tatsächlich hielt die Sonne in ihrem Lauf inne, während die Sklavin heimeilte, und bewegte sich erst wieder, als jene sie durch das verabredete Wort freisetzte.

Die Legende zeigt das Milieu an, in dem Sidi ʿAli seine Anhänger gewann. Einer seiner größten Nachfolger war ein schwarzer Sklave namens Aḥmad ed-Daghughi, der eine eigene Bruderschaft parallel zu der seines Meisters ins Leben rief. Die Mehrzahl seiner Derwische sind ebenfalls Schwarze, wenn dies auch nicht zur Bedingung für den Beitritt gilt. Wie die Anhänger des Ḥamdusch stammen sie hauptsächlich aus den ärmeren Handwerksberufen: sie sind Schlächter, Schuster, Schmiede oder Färber. Vom ʿĪsāwīya-Orden übernahm Sidi Aḥmad die Tierverkörperungen, ohne ihren tieferen Sinn zu erhalten.

Sein Grab in Bani Warad wird am selben Tage wie das seines Lehrers geehrt, auch die Riten sind ähnlich.

Diese Riten, die heute verboten sind, waren der Stein des Anstoßes für Theologen und Europäer: mit hellebardenähnlichen Doppeläxten verletzten die Anhänger dieser *ṭariqa* sich beim Fest den Kopf und ließen das Blut frei fließen ... vergleichbar den schiitischen Bräuchen zum ›Aschura‹-Tag im Iran und in Indien.

Die Ḥamad-scha-Derwische nehmen große Tonkrüge und füllen sie zur Hälfte mit Wasser – sie haben dann etwa ein Gewicht von 6 kg – und zerbrechen diese Krüge in der Ekstase auf ihrem eigenen Schädel, ohne Verletzungen davonzutragen. Das herabfließende Wasser könnte wie eine Taufe oder ein die Zeugungskraft der Natur anregender Ritus gedeutet werden, wenn dies auch weithergeholt scheint. Ob Sidi ʿAli den Ritus selbst eingeführt hat, ist nicht sicher, wird aber durch Legenden nahegelegt.

Von Sidi Aḥmad edDaghughi heißt es, daß er häufig seinen Kopf gegen die Wand schlug, um sich bei nächtlichen Meditationen wachzuhalten. Als er vom Tode seines Meisters hörte, zertrümmerte er alle ihm gerade erreichbaren Gegenstände auf seinem Kopf. Es werden auch andere Legenden erzählt, die diese seltsamen Riten erklären sollen, sodaß man den Eindruck gewinnt, die brutaleren Formen wie blutige Verletzungen durch Geißelung mit kleinen Messern, die an langen Ketten hängen, oder das Schlagen mit eisernen Keulen auf den Kopf sowie die schon erwähnten Schläge mit den Hellebarden seien erst nach dem Tode des Meisters eingeführt worden und gingen auf Anregungen aus dem Iran und Indien zurück, wo ebenfalls an Ketten hängende Messer verwendet werden.

Ihnen verwandte Orden sind die der Schadikiyun, die gegenseitig ihre Köpfe aneinanderschlagen, und die Riyaḥiyun, die sich Messerspitzen in den Bauch stechen, ebenfalls ohne ernsthafte Wunden davontragen, da ihre Körperbeherrschung in der Ekstase dies verhindert.

Unblutig, doch nicht weniger schauerlich, ist die Fähigkeit der in Kamele ›verwandelten‹ Derwische, die mit unzähligen kleinen haftenden Stacheln besetzten Kaktusfeigen zu ›fressen‹.

Ähnlich wie die Anhänger der ʿĪsāwīya und anderer Orden glauben die Ḥamad-scha an die große Wirkungskraft des Speichels. Zum Zwecke der Heilung oder zur Besiegelung der Aufnahme in den Orden spuckt der Scheich dem Kranken und dem Aufnahmewilligen auf den Kopf oder in den Mund. Das afrikanische Element dieser Riten ist nicht zu übersehen, doch haben diese ursprünglichen Bedürfnisse durchaus neue Formen angenommen, die zur mystischen Schule des Islam gehören.

Auffällig ist die Gestalt der Doppelaxt, die offensichtlich keine Kampfwaffe und kein Gebrauchsgegenstand ist, sondern ein der kretischen Labrys verwandtes Ritualobjekt, wie J. Herber[243] ausgeführt hat.

Der Gründer des Tidschaniya-Ordens

Der Tidschaniya-Orden unterscheidet sich von allen anderen Orden maghrebinischer Mystiker ganz beträchtlich; man kann sagen, daß er als einziger nicht auf Schadhilis Bewegung aufbaut, wie sie sich mit all ihren verschiedenartigen Zweigen im Laufe der Jahrhunderte entfaltet hatte. Besonders von der volkstümlichen Schule des Darqawi trennte sich Aḥmad et-Tidschani scharf ab und verurteilte ihre ›heidnischen‹ Bräuche. Die grundsätzlichen Tätigkeiten der Sufis werden aber auch hier gepflegt: die *dhikr*-Gebete zu Gott und über den Propheten Mohammed bei den allabendlichen Versammlungen an Tidschanis Grabmal in Fes und in den anderen Versammlungshäusern, die in großer Zahl vom Mittelmeer bis zum Senegal und vom Atlantik bis in den Orient bestehen. In Casablanca liegt die *zawiya* gleich neben der Großen Moschee, und der Orden wird von den orthodoxen Lehrern überall gefördert, denn er ist von puritanischer Geisteshaltung, streng in der Einhaltung der Pflichtgebete, der Steuern und Armenabgaben und der übrigen Vorschriften, die ja durch Koran und Hadith bis ins Detail festgelegt sind. Außer der Pilgerfahrt nach

Mekka, Medina und Jerusalem ist seinen Anhängern jede Art von Wallfahrt untersagt, selbst der Besuch lebender Meister, die nicht dem Orden angehören. Die Ausschließlichkeit der Zugehörigkeit zum Orden wird auf die Spitze getrieben: man tritt fürs ganze Leben bei und selbst fürs Jenseits nach dem Tode ...

Der Lebensweg des Ordensgründers weicht von dem der anderen Scheichs nicht sonderlich ab, viele Wesenszüge sind geradezu typisch. An einigen Punkten hat man[244] den Eindruck gewonnen, die charakteristischen Züge seien gesucht, ja sogar von Scheich Tidschani bewußt angewandt worden, um dem Orden Festigkeit und Berechtigung zu geben, was beim Fehlen der Einweihungskette, die den anderen Ordensgründern so wichtig war, vielleicht unerläßlich schien.

Sidi Aḥmad ist etwa 1737 in ʿAin Maḍi geboren; der Ort liegt am süd-östlichen Rand des Amur-Gebirges in Westalgerien. Schon mit sieben Jahren konnte der Knabe den gesamten Koran auswendig aufsagen, eine enorme – wenn auch nicht einmalige – Leistung, die ihn zum theologischen Studium befähigt erscheinen ließ. Als Kind lernte er im heimatlichen Ort; da beide Eltern früh starben, wurde er von einer älteren Schwester aufgezogen und jung an die ihm von Kindheit versprochene Frau verheiratet, von der er sich jedoch bald wieder schied. Er kaufte dann zwei Sklavinnen, ließ sie frei und heiratete sie, jede schenkte ihm einen Sohn.

Mit zwanzig Jahren ging Sidi Aḥmad nach Fes und trat in die Bruderschaft des Scheich Ṭaiyib el-Wazzani ein, wechselte aber nach kurzer Lehrzeit den Orden mehrmals – es scheint, als konnte oder wollte er sich nicht festlegen, denn als Festlegung betrachtete er wohl den Gehorsam, den ein Schüler seinem Meister entgegenbringen muß. Aus seiner Zeit als Schadhiliya-Derwisch gibt es ein typisches Gedicht von ihm:

O könntest Du mich beschenken mit einem Rausch der Liebe,
der das belebt, was in mir verdorrt ist!
Haben die Welten einen Zugang zu den Gipfeln der Tugend?

Entschleiert sich das wahre Sein meinem bohrenden Denken?
Wird der Anstoß zur Annäherung mich mit Gnade füllen
und auslöschen meine natürlichen Eigenschaften?
O leuchtende Aufrufe, werdet ihr mich leiten,
mich befreien von meinem Verhaftetsein?

Fünf Jahre lebte er zurückgezogen in el-Abyaḍ, einem kleinen Ort am Rand der Wüste, und meditierte; erst 1768 kehrte er in den Norden zurück. Nun lehrte er in Tlemcen, wo er die erste Vison hatte, die ihm der Prophet Mohammed schenkte, wie er froh erzählt:

Als ich nicht schlief, sondern wach war, gab mir der Prophet Mohammed die Erlaubnis, alle Menschen ohne Unterschied zu lehren, und er gab mir den Spruch, den ich weitergeben soll.

Daraufhin begab er sich auf die Pilgerfahrt nach Mekka und besuchte auf dem Wege die großen Zentren der islamischen Wissenschaften, Tunis und Kairo. In Ägypten ließ er sich in den Chalwatiya-Orden aufnehmen und erhielt das Recht, diese Einweihung weiterzugeben. Nach dem Besuch der heiligen Stätten Arabiens kehrte er wieder in den Maghreb zurück und ließ sich nach Aufenthalten in Fes und Udschda wieder am Wüstenrand nieder, in Bu Schamghun unweit von el-Abyaḍ. Dort wurde ihm die höchste Erleuchtung zuteil. Dieser Ort ist seltsam ursprünglich geblieben, schreibt Berque in seiner ausgezeichneten Betrachtung über Tidschani; die Herren der Oase nennen sich selbst Könige der Sahara und vererben sich den Ring weiter, der einst König Salomon befähigte, die Armee der Dschinn zu befehligen.

Im Alter von 60 Jahren zog Aḥmad et-Tidschani endgültig nach Fes und leitete dort sein Versammlungshaus bis zu seinem Tode 1815. Er wurde in der *zawiya* begraben, doch er legte in seinem Testament fest, daß neben seinem Grab kein anderer Scheich bestattet werden dürfe. Um der Verfälschung seiner Lehre vorzubeugen, sorgte er sich von Anfang an um strenge Zucht in seinem Orden und um genaue Weitergabe seiner Schriften. Nur ein einziger Schüler, ʿAli Berrada Ḥarazm aus Udschda, durfte seine Texte aufschreiben.[245]

So wie er sich gegen die Heiligenverehrung gewandt hatte, so auch gegen Wundertaten und die Berichte davon; hierin entsprach er den frühesten Sufis. Kennzeichnend ist ferner seine Abwendung vom politischen Kampf, also vom Marabutismus der vergangenen Jahrhunderte. Verinnerlichung der Pflichthandlungen und Gebete war sein Anliegen.

Als Herr seiner Epoche – *ghauth*, wie ihn seine Anhänger in Nachahmung des Abu Madyan nennen – fühlte er sich als Urheber einer geistigen Kraft, die nur ihm eigen war, und die auf dem Weg über seine ›Versammlung‹ bis heute alle Bevölkerungsschichten durchzieht.

Ganz besonders pflegt man in den Bruderhäusern der Tidschaniya die Verehrung des Propheten Mohammed, indem man allnächtlich sich zu seinem Lobe versammelt und in Hingebung an das große Vorbild die Verse singt, die zu seinem Andenken geschrieben wurden.[246]

Die unbedingte Bindung an Scheich Tidschani als einzigen Meister und die Einfachheit der Aufnahme in den Orden haben seine Ausbreitung in hohem Maße gefördert. Hinzu kommt, daß sich der Orden nach dem Vorbild seines Gründers stets den weltlichen Mächten unterworfen hat und somit nie Verfolgungen ausgesetzt war. Heute ist die Tidschaniya-Bewegung die stärkste in Nordafrika. Vor allem im Sudan und den islamischen Grenzgebieten Schwarzafrika erfüllt der Orden die Rolle der inneren und äußeren Mission.[247]

»Gott, der Einzige, ist der Bewahrer; Er ist gnädig und barmherzig.« (Koranspruch in esoterischer Manier; die verschlungene Schreibweise weist auf den tieferen Sinn hin.)

Epilog

Von großen Sufis und neuen Orden ist im 19. Jahrhundert kaum noch zu berichten, nur zwei Persönlichkeiten ragen wie Felsen heraus: Der ältere war Muḥammad ibn ʿAli es-Sanusi (1791–1859), geboren in einem Dorf bei Mostaganem in Algerien, Gründer des berühmten Sanusi-Ordens, der in Libyen und im Sudan viele Anhänger zählt.

Scheich Sanusi folgte schon jung dem Sufismus, vor allem der Ordensregel von ʿAbd elQadir elDschilani, der im Maghreb ganz besonders geliebt wird. Er reiste durch Marokko, später nach Mekka, wo er lange wohnte und ein Versammlungshaus auf dem Berge Abu Qubais gründete. Bei seiner Rückreise durch Nordafrika siedelte er sich in der Cyrenaika an, wo er mehrere Versammlungshäuser ins Leben rief, die seine Lehre durch ganz Libyen bis tief in die Sahara und den östlichen Sudan trugen.

Nach marabutischer Art war diese Lehre nicht rein sufisch, sondern auch nationalpolitisch und bewirkte außer der religiösen Neubesinnung einen politisch motivierten Widerstand gegen die europäischen Besatzungsmächte. Dennoch blieben die Unterrichtung des Volkes und die Wahrung der grundsätzlichen islamischen Vorschriften die Hauptaufgaben des Ordens.

Die andere Persönlichkeit ist von fürstlicher Abstammung: ʿAbd elQadir, geboren 1808 in Mascara in Algerien. Er bewerkstelligte einen volksweiten Widerstand gegen die französische Besetzung Algeriens und wurde 1832 zum König der Araber ausgerufen. Der französische Staat duldete den Emir zunächst, konnte ihn aber 1847 besiegen und brachte ihn als Gefangenen nach Frankreich. 1852 wurde er freigelassen; er zog sich nach Damaskus zurück, wo er als Sufi und Gelehrter ein frommes Leben führte und 1883 – fast wie ein Heiliger verehrt – starb. Man bestattete ihn neben Ibn elʿArabi, dessen Schriften er glühend verehrt und kommentiert hatte. Nach der Unabhängigkeit Algeriens wurden seine sterblichen Reste nach Algier überführt, wo er heute als nationaler Vorkämpfer geehrt wird.[248]

Nachzutragen bleibt, daß der Gräberkult in Marokko im Begriff ist, zu einem vorgeschichtlichen Relikt zu werden: als Überbleibsel einer fernen Vergangenheit, an die man sich kaum noch erinnert. Dieser Wandel, der gerade stattfindet, läuft mit erstaunlicher Schnelligkeit in wenigen Jahren ab. Die eifrigen Bekämpfer des parareligiösen Gräberkultes, die Fürsprecher der islamischen Reinheitsbewegung, sind über ihren plötzlichen Erfolg überrascht. Doch das Ergebnis ist nur zu einem ganz kleinen Teil auf ihre Bemühungen zurückzuführen. Die islamische Aufklärung konnte so wenig eine Bresche in diese mittelalterliche Festung primitiver Gläubigkeit hineinreißen, wie es den strengen Gesetzeslehrern im Laufe der letzten beiden Jahrhunderte durch Predigten und Verbote gelungen war.

Eine völlig andere Macht hat diesen Wandel bewirkt. Zur Erklärung ist die große wirtschaftliche Bedeutung, die die Marabuten in Marokko hatten, hervorzuheben: Zu allen Zeiten war ein ganz beträchtlicher Anteil des »überschüssigen« Geldes der Bauern und Handwerker, Fischer und Diener mit stetiger Stärke den Heiligtümern zugeflossen, nämlich beim jährlichen Weihefest und bei den periodischen Wallfahrten, ferner auch bei den individuellen Besuchen und durch Gelübde und Vermächtnisse. Das Heiligengrab war immer das schönste, höchste und reichste Gebäude eines Ortes, es war Ausdruck der wirtschaftlichen Macht seiner ›Kundschaft‹. Hinzu kamen die dem Heiligtum angeschlossenen Gebäude mit ihren Einkünften, vor allem die Schule und auch das Gästehaus (mit seinem Asylrecht).

Heute jedoch fließt der überwiegende Anteil des überschüssigen Geldes der marokkanischen Bevölkerung, die so fortschrittsgläubig ist wie irgendwo auf der Welt, in jene Kanäle, die nach europäischem Vorbild alle jene Sorgen und Ängste, den Aberglauben und die Hoffnungen der einfachen Menschen in sich aufnehmen, (die einst den Heiligen und ihren Gräbern zufielen) in Apotheken und Krankenhäuser, Lotterien und Kreditbriefe der Banken. Bei schwerer Erkrankung pilgert man nicht mehr zum Sidi Bu l-Baraka (dem ›heiligen Segensbesitzer‹), sondern zum »spital« und »farmacien«. Das Ersparte liefert man nicht mehr dem Scherifen oder *Wali* ab, sondern legt es in Bankbriefen an oder spielt Lotterie. Die Beweggründe sind identisch: es geht um die Sicherung der Zukunft mittels gewisser Mechanismen, die zwar durch das selbst erarbeitete Geld in Gang gesetzt werden, deren Funktionsweise jedoch den Verstandeshorizont des Einzelnen weit übersteigt, sodaß sie mit ebenso heiliger Scheu und vertrauender Hingabe an das Numinose vollzogen werden wie bisher die Abgaben und Opfer an den Gräbern. Das Ausbleiben der wirtschaftlichen Grundlage hat den plötzlichen Niedergang der einst so großen Bedeutung der Heiligengräber zur Folge. Hinzukommt, daß das Asylrecht de facto genommen wurde und daß moderne Volksschulen nach französischem Vorbild die alten Koranschulen der Heiligtümer verdrängt haben. Damit ist auch die gesellschaftliche Macht der *marabuṭe* zu Ende gegangen.

Der Sufismus der einfachen Leute ist dennoch nicht zum Aussterben verurteilt, er nimmt nur andere Formen an. Einerseits werden die großen Jahreswallfahrten weiterbestehen, denn ihre kommerzielle Bedeutung und die Attraktion, die sie durch moderne Vergnügungsweisen ausüben, ziehen immer größere Besucherscharen an. Andererseits haben die Orden, die sich der inneren Mission widmen, neuerdings wieder viel Zulauf bekommen, seit das islamische Erwachen auch die ärmsten Bevölkerungsgruppen erreicht hat. Und schließlich ist der Einfluß einzelner Personen, die durch ihre Lebensweise und ihr Charisma Eindruck auf die Gläubigen machen, im Wachsen begriffen. In allen diesen Ausprägungen, besonders in der zuletzt genannten, lebt der Sufismus weiter und hütet selbst in dieser äußerst materialistischen Epoche die verinnerlichten Glaubenswerte, die eine so lange Geschichte mit Verfolgungen und tiefgreifenden Wandlungen durchlebt haben.

Anhang

Anmerkungen

1 Ähnliche Bräuche habe ich bei den Christen auf der Iberischen Halbinsel gesehen; es ist wohl kaum eine Frage, ob die Berber sie von den Iberern übernommen haben oder umgekehrt, sondern es handelt sich eher um ein seit Jahrtausenden ungebrochenes Bedürfnis dieser Völker.

2 Arabisch *simiya* genannt; das Wort kommt vermutlich aus dem Griechischen.

3 *Istichara,* bei den Römern Inkubation genannt, war schon in ägyptischen Heiligtümern üblich.

4 Siehe M. Mokri in *Encyclopédie des Mystiques,* Bd. II, Paris 1972–77.

5 H. Corbin, *L'Imagination créatrice dans le Soufisme d'Ibn Arabi,* Paris 1958/1975, S. 30, Anm. 5. M. E. Michaux-Bellaire vertrat schon 1923 in einem Vortrag dieselbe Ansicht und gab denselben Grund für die Verschleierung der Ableitung von Sophia an: *Les confréries religieuse au Maroc,* Archives Marocaines, 1927, Bd. XXVII.

6 Zitiert nach der französischen Übersetzung eines uigurischen Manuskripts der Heiligenlegenden des Farid udDin ʿAṭṭar von A. Pavet de Courteille, 1889 und Paris 1976.

7 Die *Risala* wird auch heute in Marokko viel gelesen und ist in modernen Drucken erhältlich.

8 Die phönizische Stadt hieß Mullelascha, Plinius d. Ä. erwähnt sie als Hafenstadt, auf den Karten des Ptolemäus findet sich der Name Emporischer Golf. Der arabische Hafen scheint seit dem 12. Jahrhundert verlassen zu sein, da die Fahrrinne versandete.

9 *Hadith* genannt; die beiden folgenden Aussprüche zitiert M. Asín Palacios, *El Islam cristianizado,* Madrid 1931, S. 11.

10 Im Anhang zu *Abenmasarra y su escuela,* Madrid 1914.

11 Über die Muʿtaziliten siehe H. Corbin, *Histoire de la Philosophie islamique,* I,7 und III, Paris 1964.

12 Asín Palacios bringt 17 arabisch überlieferte Fragmente des Empedokles in »Abenmassarra y su escuela«, 1914.

13 Asín Palacios, »Vidas de santones andaluces«, Einleitung, Madrid 1935.

14 Franz Carl Endres/A. Schimmel, *Das Mysterium der Zahl.* Zahlensymbolik im Kulturvergleich, München [5]1990.

15 Muhammad ben elMaururi aus Morón de la Frontera bei Sevilla.

16 Haiy ibn ʿAbd elMalik; ein anderer Schüler war Aḥmad ben Ibn Montiel.

17 *Kitab elḤuruf.*
18 Das *Buch der Erklärungen, Kitab etTabṣira,* ging ebenfalls verloren. Der spanische Gelehrte Miguel Asín Palacios hat die Grundzüge von Ibn Masarras Lehre aufgezeigt: *Ibn Masarra y su escuela,* Madrid 1914, nachgedruckt in Obras escogidas I, 1946.
19 *Märchen der Berber,* gesammelt und übersetzt von U. Topper, München 1986, Nr. 33.
20 Das Wort *ṭaquiya* stammt wohl aus dem Maghreb, es ist berberischen Ursprungs, von *agayu* = Kopf.
21 *Risala,* zitiert von Ibn Chaldun, Muqaddima VI, 16.
22 *Hobot Halebot* genannt. Das arabische Original, *Kitab elHidaya ila fara'id elQulub,* wurde von André Chouragi ins Französische übersetzt, Paris 1950. Siehe auch J. M. Millás Vallicrosa, *Literatura hebráico-española,* Buenos Aires 1967 und [3]1973.
23 Nach Abu Zakariya aus Wargla (Algerien, gest. 1079), *Bücher der Bani Mzab,* ins Französische übersetzt von E. Masqueray unter dem Titel *Chronique d'Abou-Zakaria,* 1878.
24 Nach El Bakri; Ibn Chaldun gibt 727 als Gründungsdatum für Sidschilmasa an.
25 *Mahasin elMadschalis,* herausgegeben und übersetzt von Asín Palacios, Obras escogidas, Bd. 1, Madrid 1946.
26 *Kitab ulMasa'il.*
27 *Kitab elḤada'iq,* übersetzt und kommentiert von Asín Palacios, *Ibn alSid de Badajoz y su Libro de los cercos,* Obras escogidas, Madrid 1948, S. 485–557. Siehe ferner sein Aufsatz in: Al Andalus III, Madrid/Granada 1935, Heft 2, S. 372–374.
28 Abu Naṣr Muḥammad aus Farab (Turkestan), *Risala fi ara' Ahl elMadinat elFaḍila,* ed. A. Nadir.
29 *Tadbir elMutawaḥḥid,* 1859 durch S. Munk in Paris nach einer hebräischen Übers. herausgegeben; Asín Palacios veröffentlichte ein arabisches Manuskript und übersetzte es: *Avempace, El régimen del solitario* Madrid-Granada 1946.
30 *Risalat elQuds,* spanische Übersetzung von M. Asín Palacios *Vidas de santones andaluces,* Madrid 1935. – Englische Version R. W. J. Austin, *Sufis of Andalusia;* französische Version G. Leconte, *Les Soufis d'Andalousie,* Paris 1979.
31 *etTaschawwuf ila Ridschal etTasawwuf* von Y. etTadili, genannt Ibn ezZaiyat.
32 Siehe hierzu G. S. Colins Artikel in Archives Marocaines, Paris 1926, Nr. 26.
33 Der in Anm. 31 genannte; siehe E. Dermenghem, *Le culte des saints dans l'Islam maghrébin,* Paris 1954, S. 59f.
34 Ḥalima Ferḥat, in: *Regards sur la culture marocaine,* Casablanca 1988, Nr. 1, S. 69.

35 Lalla Mimuna, ›die Glückliche‹, wird im gesamten Maghreb an vielen Orten verehrt. Sie war eine freigelassene Sklavin, die in rührender Liebe und Naivität ihre Hingabe an Gott zum Ausdruck brachte. Für viele marokkanische Kinder stellt sie den ersten Berührungspunkt mit dem Sufismus dar. Siehe auch E. Dermenghem, *Le culte des saints* ..., S. 13f. und 68f.

36 Dazu den Aufsatz von A. Roux, *Lex Imdyazen ou Aèdes berbères* in Hesperis VIII, 1928 und U. Topper, *Märchen der Berber*, Köln 1986, Nachwort.

37 Ibn el'Arabi, *Risalat elQuds.* Siehe auch A. Bel, *Sidi Bou Medyan et son maître Ed-Daqqaq à Fés*, Mélanges René Basset, Paris 1923, Bd. 1.

38 Über das Leben Abu Madyans schreibt L. Bargès, *Vie du célèbre marabout Cidi Abou Médien*, Leroux, Paris 1884. – Das Todesdatum des Meisters ist ungewiß, etwa 1200; es heißt auch, er sei auf Befehl von Sultan Ya'qub elMansur 1198 getötet worden.

39 *Mawaq'i enNudschum*, teilweise übersetzt von Asín Palacios, Madrid 1931.

40 Nach Übersetzungen von E. Dermenghem und B. Messikh, Damaskus 1938, S. 57, 60 und 76. – Die ersten beiden Gedichte sind klassische *qasiden*, das dritte ist ein *zadschal* im volkstümlichen andalusischen Stil, der auch auf die Troubadoure Okzitaniens eingewirkt hat. – Diese Gedichte werden oft zusammen mit ähnlichen Liedern von 'Umar ibn elFarid (gest. 1235, Ägypten) gesungen.

41 Mit dem Fürsprecher ist der Prophet Mohammed gemeint.

42 E. Dermenghem, *Le culte des saints dans l'Islam maghrebin*, Paris 1954, S. 89.

43 Ibn Chaldun, *Geschichte der Bani 'Abd elWad, Könige von Tlemcen*, französische Version von Alfred Bel, Algier 1903, zitiert in Dermenghem. – Ibn Mara' starb 1214 in Murcia.

44 L. Massignon, *Recueil de textes inédits*, 1929, S. 139; und *Recherches sur Shushtari*, 1950, S. 266. – Am Anfang der Kette steht der in der Gnosis so wichtige Hermes Trismegistos, dem Propheten Idris (= Henoch) gleichgesetzt.

45 Siehe Kapitel *Drei Dichter*, S. 130ff.

46 E. Dermenghem und Bouchouchi in *Forge*, Paris 1947, No. 2.

47 E. Dermenghem, *Le culte des saints* ..., S. 88–89. Die folgenden drei Verse sind nach dem französischen Text, S. 87, übersetzt.

48 Übers. von E. Dermenghem in seiner schönen Sammlung *Les plus beaux textes Arabes*, Paris 1951, S. 503.

49 ElManaqib; der Sufi 'Ali ben Muḥammad elHuwari schrieb einen Kommentar dazu.

50 *Za'iradscha* genannt; Ibn Chaldun, Muqaddima, I,6,10.

51 *eschSchafa' bil ma'din*, Metallschau; etwa so, wie wir dies in der Silvesternacht tun.

52 Zu diesem Thema: U. Topper, *Erdbefragung, Anleitung zur Geomantik,* München 1988.

53 J. Spencer Trimingham, *The Sufi Orders in Islam,* London 1971, bringt auf S. 276 eine Aufstellung der Schadhili-Kette, in der als Meister von Ibn Maschisch statt elMadani Abu Madyan genannt wird, was wohl auf einer Verwechslung der ähnlich klingenden Namen beruht.

54 Zitiert nach der *Fahrasa* des Scheich Aḥmad ibn ʿAdschiba, Kap. 15, in der Übersetzung von J.-L. Michon, Arabica, Leiden 1969.

55 Mitgeteilt von Louis Massignon, in: *Opera Minora,* S. 406.

56 Nach der *Fahrasa* des Ibn ʿAdschiba, übersetzt von Michon, 1969. Zwei längere *qasiden,* die *Nuniya* und eine *Muqaṭṭaʿat,* wurden von Ibn ʿAdschiba kommentiert (1800); die Handschriften befinden sich in den Bibliotheken von Tetuan und Rabat. Siehe Michon, *L'Autobiographie du soufi marocain Ahmad Ibn ʿAgiba,* Arabica 15 und 16, Leiden 1969.

57 R. Brunel, *Le monachisme errant dans l'Islam: Sidi Heddi et les Heddawa,* Paris 1955.

58 M. Lings, *What is Sufism?,* London 1975.

59 *Diwan des Schuschtari,* herausgegeben von ʿAli Sami enNaschar, Alexandrien 1960, S. 88–91; kürzlich in maghrebinischer Schrift mit (etwas ungenauer) spanischer Übersetzung abgedruckt in M. José Hagerty, *Ajimez,* Granada 1985, S. 99–105.

60 Nyberg, *Kleinere Schriften des Ibn elʿArabi,* Brill, Leiden 1919. – R. Nicholson, *Studies in Islamic Mysticism,* London 1921. – M. Asín Palacios, *El místico murciano Abenarabi,* Monografías y documentos, Boletin de la Academia de la Historia, Madrid 1925, 1926 und 1928. – Ders., *El Islam cristianizado* Madrid 1931. – Ders., *Vidas de santones andaluces* Madrid 1935. – ʿAbdalhadi (John Gustave), *Risalat elAhadiya,* in Le Voile d'Isis, Paris, Februar 1933. – T. Burckhardt, *Fusus el Hikam,* Auszüge, Paris 1955/1974. – O. Yahya, *Histoire et classification de l'œuvre d'Ibn ʿArabi,* Damaskus 1964. – H. Corbin, *L'Imagination créatrice dans le soufisme d'Ibn ʿArabî,* Paris 1958/1975. – H. Koffler, *Das Buch der Siegelringsteine der Weisheit,* Graz 1970. – R. Deladrière, *Ibn ʿArabi, La profession de la foi,* Paris 1978. – R. W. J. Austin, *The Bezels of Wisdom,* London 1980. – M. Gloton, *L'Arbre du Monde d'Ibn ʿArabi,* Paris 1982. – Ders., *Ibn ʿArabî, Traité de l'amour,* Paris 1986.

61 In wissenschaftlichen Werken auch Ibn ʿArabi.

62 *El Futuḥat elMakkiya, Mekkanische Eröffnungen,* Bd. I, 363; nach dem Text bei Asín Palacios, Ausgabe Bulaq 1293 H.

63 *Muḥadarat elAbrar, Unterhaltungen der Frommen,* II, 51.

64 *Futuḥat elMakkiya,* IV, 648.

65 Das 36. Kapitel des Koran.

66 In der *ḥadith*-Sammlung von Abu ʿIsa Muḥammad etTirmidhi, 43, 6.
67 *Futuḥat elMakkiya*, I, 289.
68 *Risalat elQuds*, ins Spanische übersetzt und kommentiert von Asin Palacios, *Vidas de santones andaluces*, Madrid 1935.
69 Siehe hierzu vor allem H. Corbin, *L'Imagination créatrice dans le soufisme d'Ibn ʿArabi*, Paris 1958, S. 55f.
70 Koran, Sure 18, Verse 65–82, wo der Name jedoch nicht genannt wird; es handelt sich um eine uralte Vorstellung von einem Fruchtbarkeitsgott (Chaḍir, der Grüne). Im Maghreb spielt diese Gestalt eine überragende Rolle, der Name wird hier elChiḍr ausgesprochen. Siehe auch Ibn Chaldun, *Muqaddima*, III, 50; ferner U. Topper, Märchen der Berber, München 1986, Nr. 58.
71 *Futuḥat elMakkiya*, I, 241.
72 Er stammte aus Loulé in der Algarve und war wohl der erste Lehrer von Ibn elʿArabi; in der *Risalat elQuds* ist er als erster aufgeführt, mit Namen Abu Dschaʿfar elUryani.
73 *Futuḥat elMakkiya*, IV, 165.
74 *Futuḥat elMakkiya*, I, 242.
75 Vermutlich handelt es sich um den Ort, der heute Meca heißt, Los Caños de Meca, in der Nähe von Vejer de la Frontera am Ozean, wo man bei Ebbe noch Spuren von Gebäuden sieht.
76 *Futuḥat elMakkiya*, I, 242
77 *Futuḥat elMakkiya*, I, nach den Texten bei Corbin und Asin Palacios.
78 In den *Futuḥat elMakkiya*, und sehr ähnlich auch in der *Risalat elQuds*, III, 8.
79 Yusuf ibn Chalaf elKumi; *Risalat elQuds*, III, 2.
80 *Risalat elQuds*, III, 19.
81 *Risalat elQuds*, III, 1.
82 Wird als ›höchster Berberadel‹ angegeben.
83 Nach dem *ḥadith* des Propheten Mohammed, aufgezeichnet bei el-Qurtubi, *Tadhkirat*.
84 Beim Opferfest, dem ʿId ulKabir, findet alljährlich die Pilgerfahrt nach Mekka statt.
85 Ebenfalls in der *Risalat elQuds*, III.
86 In den *Futuḥat elMakkiya*, II, 640 und IV, 95.
87 Wie Ibn elʿArabi in den *Futuḥat elMakkiya*, IV, angibt, hat er später einen Kommentar dazu verfaßt; eine Abschrift befindet sich in Istanbul.
88 *Inscha' edDawa'ir we-lDschadawil, Herstellung der Kreise und Tabellen.*
89 *Tardschuman elAschwaq.*
90 *L'Imagination créatrice dans le soufisme d'Ibn ʿArabi*, 2. Aufl., Paris 1975, S. 110f.
91 *El Islam cristianizado* Madrid 1931, S. 82.

92 *Ḥilyat el'Abdal;* eine Abschrift liegt in Berlin.
93 *Mawaqi' enNudschum.*
94 *Maschahid elAsrar* und *Risalat elAnwar.*
95 H. Corbin, a.a.O., S. 60.
96 *Risalat elQuds,* I.
97 Der in dem Brief angeredete Sufi.
98 Dies sagt auch Trimingham, *The Sufi Orders in Islam,* Kap. IV, bei der Beschreibung der strengen Ordensregeln des Orients.
99 *Futuḥat elMakkiya;* teilweise Übersetzungen durch Asin Palacios und H. Corbin.
100 *Fusus elḤikam;* teilweise Übersetzung durch T. Burckhardt, Paris 1955 und H. Koffler, *Das Buch der Siegelringsteine der Weisheit,* Graz 1970.
101 Siehe dazu auch R. Nicholson, *Studies in Islamic Mysticism,* London 1921.
102 *Fusus elḤikam,* I. Siehe auch H. Corbin, *L'Imagination …,* S. 158.
103 A.a.O. S. 159.
104 *Futuḥat elMakkiya,* I, 124; der Begriff *barzach* ist typisch maghrebinisch.
105 R. Austin, *Sufis of Andalusia,* London 1971, S. 49, wollte einen Einfluß Ibn el'Arabis auf seinen Zeitgenossen Abu-lḤasan esch-Schadhili feststellen, doch das ist unwahrscheinlich.
106 Asín Palacios, *El Islam cristianizado,* Madrid 1931, S. 272.
107 *El Insan elKamil.*
108 *Sufis of Andalusia,* S. 48 u. 49.
109 Asín Palacios, *El Islam cristianizado;* ferner seine Aufsätze in Al-Andalus ab 1942: *Šadilies y Alumbrados.*
110 Abu Ḥamid elGhazali hatte dies in seiner Streitschrift gegen gewisse Sufis zur Methode erhoben.
111 *Futuhat elMakkiya,* II, 821, nach dem Text bei Asín Palacios, *El Islam …,* S. 70.
112 *Mawaqi enNudschum we Matlu' ahlat elAsrar we-l'Ulum,* Buch vom Herabsteigen der Sterne und dem Aufsteigen derer, die sich mit den Geheimnissen und den Weisheiten beschäftigen, Abschn. 2.
113 *Risalat fi kunhu ma la budda li-lMurid minhu, Schreiben über das, was der Sufi-Schüler unbedingt beachten muß,* nach dem Text bei Asín Palacios, nach der Ausgabe Kairo 1328 H.
114 *Tadhkirat elChawaṣṣ we 'Aquidat Ahl elIchtiṣaṣ.*
115 Nach der Übersetzung von Roger Deladrière, *Ibn 'Arabi,* La profession de la foi, Paris 1978.
116 Anderen Angaben zufolge sei er in Ceuta geboren.
117 A. F. Mehren, in: Journal Asiatique, Bd. XIV, Paris 1879.
118 Siehe vor allem L. Massignon, *Ibn Sab'in et la critique psychologique* in Memoriam Henri Basset, Paris 1928.

119 H. Laoust, *Les schismes dans l'Islam,* Paris 1965/1977. Als Todesjahr gilt auch 1269 in Mekka.
120 Ibn Ruschd = Averroes aus Cordoba (1126–1198); s. u.
121 *Ḥaiy ibn Yaqẓan; lebendig* wie der Geist, und Sohn des *Wachsamen,* d. h. Sohn Gottes.
122 Wie Menendez y Pelayo (1900), Asín Palacios (drei Aufsätze in Revista de Aragon, 1901) und Leon Gauthier, *Ibn Thofail, sa vie, ses œuvres,* Paris 1909 feststellen, ist *El Criticón* von Baltasar Gracian (1650) eine spanische Nachahmung des Romans von Ibn Ṭufail; sie wurde 1697 ins Französische übersetzt.
123 *Philosophus autodidactus sive Epistola Abi Jaafar ibn Thofayl de Hai ebn Yoqdhan in qua ostenditur quomodo ex inferiorum contemplatione ad superiorum notitiam Ratio humana ascendere possit, ex arabica in linguam latinam versa.* Noch im selben Jahr erschienen zwei englische Versionen des lateinischen Textes, im nächsten Jahr eine holländische und ein halbes Jahrhundert später eine deutsche. Leibniz schrieb 1768 eine lobende Betrachtung dazu.
124 Der Naturmensch oder Geschichte des Hai Ebn Joktan. Ein Neudruck wurde von S. Schreiner besorgt: Leipzig/Weimar 1983.
125 Übers. unter Benützung der französischen Übersetzung von L. Gauthier, Algier 1900; unter den neueren Übersetzungen ist die von A. Gonzalez Palencia ins Spanische beachtenswert: *El filósofo autodidacto,* Madrid 1934.
126 Koran, Sure 95, Vers 5.
127 Koran, Sure 15, Vers 85.
128 Koran, Sure 56, Vers 6.
129 Koran.
130 *ḥadīth.*
131 Sure 2, Vers 7.
132 Siehe L. Gauthier, *Ibn Thofail,* Paris 1909, S. 109.
133 *Tadbir elMutawaḥḥid;* siehe Munk, *Mélange de philosophie juive et arabe,* Paris 1859. Spanische Übersetzung von Asín Palacios, *El régimen del solitario,* Madrid-Granada 1946.
134 Abu ʿAli ibn Sina aus Buchara (980–1037), der Avicenna der Scholastiker.
135 *Risala fi-lQadar* und *Ḥaiy ibn Yayẓan;* A.-M. Goichon, *Le récit de Ḥayy ibn Yaqẓan commenté par des textes d'Avicenne,* Paris 1959.
136 Hunain ibn Ishaq elʿIbadi hat die griechische Legende ins Arabische übersetzt.
137 Averroes ist 1126 in Cordoba geboren.
138 *Faṣl elMaqal we taqrir ma baina eschSchariʿati we l-Ḥikma min elIttiṣal,* herausgegeben und übersetzt von M. J. Müller, *Philosophie und Theologie von Averroes,* München 1851–1875.
139 Abu Ḥamid Muḥammad elGhazali, Bruder des Sufis Aḥmad elGha-

zali, ist 1059 in Chorassan geboren und lebte längere Zeit in Baghdad; er starb 1111 in seiner Heimat. Zehn Jahre lang wanderte er selbst als Sufi durch den ganzen nahen Orient.

140 *Faiṣal etTafriqa bain elIslam we-zZandaqa,* Abschn. 8; siehe hierzu die neue Untersuchung von Hogga Mustapha, *Le critère décisif de distinction entre l'Islam et le Manichéisme,* Casablanca 1983.

141 *Muqaddima,* Abschn. IV, 16.

142 Ibn Chaldun, *Schifa' esSa'il li tadhib elMasa'il,* neu herausgegeben von Muḥammad ibn Tawit aus Tanger, Istanbul 1958, übersetzt von Mohammed-Aziz Lahbabi, Paris 1968.

143 Abu Ḥamid elGhazali, *Faiṣal etTafriqa ...,* Anm. 139.

144 Mit Taqi udDin Aḥmad ibn Taimiya beschäftigte sich H. Laoust in zwei Schriften, Kairo 1939, und in *Les Schismes dans l'Islam,* Paris 1965.

145 M. Asín Palacios, *Šaḏilies y Alumbrados,* in: Al-Andalus IX–XI, Granada 1944–46; ferner Salvador Gomez Nogales, *La filosofía musulmana y su influjo determinante en el pensamiento de occidente,* Madrid 1969.

146 Asín Palacios, *Šaḏilies y Alumbrados,* Al-Andalus XI, S. 27.

147 *Scharḥ Ḥikam,* II, Übersetzung von Asín Palacios.

148 Als Geburtsdatum wird auch 1212 angegeben, das Todesdatum schwankt zwischen 1294 und 1296. Der volle Name des Scheichs lautet: Scharif udDin Muḥammad Abu ʿAbdallah ben Saʿid esSanḥadschi.

149 Etwa auch wie die antike *Investitur.*

150 El Burda = der Mantel; er wurde später vom ersten Kalifen der Omaiyaden gekauft und dann von Kalif zu Kalif weitergegeben, bis er vom letzten Osmanen in Istanbul an das dortige Museum überging, wo er heute zu sehen ist.

151 *Banat Suʿad, ist verschwunden;* französische Übersetzung und Kommentar von R. Basset, Algier 1910. – Italienische Übersetzung von F. Gabrieli, *Al Burdatan, ouvero i due poemi arabi del Mantello in lode di Maometto,* 2. Aufl., Rom 1972.

152 H. Boubakeur, *Shurafu-d Din Al Rusiri, ALBURDA (le manteau),* Paris 1980, S. 7.

153 Eine Originalausgabe mit persischer, türkischer und deutscher Übersetzung schuf C. A. Ralfs, *Die Burda,* Wien 1860. – Französische Übersetzung von R. Basset, *La Bordah du Cheikh alʿBousiri,* Paris 1894, sowie die der vorigen Anm. – Italienische Übersetzung von F. Gabrieli (s. Anm. 150). – Die erste Übersetzung ins Lateinische, von dem Orientalisten Uri, erschien in Leiden 1761. Gleichzeitig mit der französischen Übersetzung von Sylvestre de Saci (Paris 1822) erschien eine deutsche, in Band I von De Hammers *Konstantinopel und der Bosporus* (Budapest 1822). Bald darauf erschien die noch

immer beachtete Übertragung von Vincenz von Rosenzweig-Schwannau mit dem genauen Titel der Burda: *Funkelnde Wandelsterne zum Lobe des Besten der Geschöpfe* (Wien 1824).

154 Die von mir benützte gedruckte marokkanische Ausgabe weicht an einigen Stellen – meist unwesentlich – von ägyptischen Drucken ab, die Vorlage für die modernste Übersetzung (s. Anm. 152) gewesen sind. Da einige Verse nicht ohne weiteres verständlich sind, bringe ich im folgenden einige Erklärungen (die vorangestellte Zahl bezieht sich auf die Vers-Nummer).

1 Wie in arabischen Gedichten aus vorislamischer Zeit beginnt auch dieses mit einer wehmütigen Erinnerung an die Orte, die mit der oder dem Geliebten verbunden sind; die Ortsnamen, die ich nur stellenweise übersetzt habe, beziehen sich auf die Gegend um Mekka und Medina, sie sind also mit dem Leben des Propheten verknüpft.

5 In diesem Sinne sind »Muskatweide« (ein Baum) und »Wegweiser« ebenfalls Ortsnamen.

7 weiße Blüten wie Narzissen, die für das bleiche Gesicht stehen, das vor Trauer blutleer wurde; und rote Beeren eines Strauches, ebenfalls die Gesichtsfarbe anzeigend, wenn die Wangen vor Leidenschaft erglühen.

9 Keusche Leidenschaft: die uzritische Liebe (so benannt nach einem arabischen Stamm, wo sie besonders gepflegt wurde), bezeichnete eine idealisierte Form der Liebe, die sehr wohl in Versen ihren Ausdruck fand, jedoch nicht in körperliche Beziehung umgesetzt wurde. Sie war das Vorbild für die sufische Verehrung, die dem Propheten oder dem Meister entgegengebracht wird.

14 Der ungebetene Gast ist das Alter, das sich in den weißen Haupthaaren kundtut.

21 Der Dichter drückt hier nur aus, daß das Fett, also das allzu reichliche Wohlleben, einen Keim zum Verderben enthalten kann.

29 Vom Propheten wird überliefert, daß er nächtlich so lange betete, bis seine Füße geschwollen waren.

30 Um sich wachzuhalten, banden sich der Prophet und seine Gefährten Steine zwischen Gürtel und Leib bei der Schlacht des »Grabens« (April 626).

34 Wie die Griechen und andere Völker der Antike unterschieden auch die Araber nur zwischen arabisch- und nicht arabischsprechenden Völkern. Der Rassebegriff war ihnen fremd.

43 Der »Prophet« der Christen ist natürlich Jesus, der im Islam nur als Mensch verehrt wird. Angedichtet: daß er ein Gott sei.

50 Die Anschauung, daß die Menschen nur schlafen oder träumen, statt zur wahren Wirklichkeit zu erwachen, ist Kennzeichen aller Mystik, der germanischen wie der indischen u. a.

59f Die Ereignisse zur Geburt des Propheten, von denen hier die Rede ist – besonders aus persischer Überlieferung – sind eher legendär, wenngleich ein gewisser Kern als historische Parallele anzusehen ist. Chosroes war Herrscher Persiens, auch Sawa liegt in Persien; das Feuer ist das der Zoroastrier; die »Geister« sind die Genien, aus Feuer erschaffen und frei wie die Menschen.

67f Eine Art Götterdämmerung, die die persischen Magos geweissagt hatten.

70 Symbolische Geste des Propheten gegen die koraischitischen Truppen bei der Schlacht von Badr (624).

72–74 Dieses »Wunder« gilt nicht als authentisch, ist aber im Volke sehr beliebt.

75 Das »Durchschneiden« des Mondes bezieht sich auf einen Koranvers (Sure 54, Vers 1–3), dieses »Durchschneiden« symbolisiert ein zukünftiges Ereignis.

76–79 Begebenheit aus den ersten Jahren der Verkündung des Islam, als der Prophet auf der Flucht nach Medina war.

155 Sie erschienen gedruckt 1910 in Algier in der Ausgabe von Ghobrini, *ʿUnwan edDiraya;* französische Übersetzung: Dermenghem, *Les plus beaux textes arabes,* Paris 1951.

156 Zwei Generationen später hat Meister Eckehart diese Sätze fast wörtlich gepredigt.

157 E. Dermenghem, *Les plus beaux textes arabes,* 1951, S. 285.

158 E. Dermenghem, *Les plus beaux textes arabes,* S. 285f.

159 Abu Naṣr Muḥammad ibn Muḥammad ibn Tarchan ibn Uzalagh genannt elFarabi, geboren in Transoxanien 872, gest. in Damaskus 950. S. a. Anm. 28.

160 Schihab udDin Yahya Suhrawardi, Meister der Erleuchtung, geboren 1155 in Medien (Iran) und getötet 1191 in der Festung von Aleppo (Syrien).

161 Schudhi elIschbili elHalwi, über den ich vorhin schrieb.

162 *Dschawahir elḤisan*

163 Kitab el*ʿUlum elFachirat, Buch der außergewöhnlichen Wissenschaften.*

164 Eine ähnliche Schrift gibt es von ʿAbd erRaḥim ben Aḥmad elQaḍi, *Daqa'iq elAchbar fi Dhikr elDschinnat we-nNar,* deutsch: *Das Totenbuch des Islam,* Bern/München 1981.

165 Übersetzt von G. Laurès ins Französische nach der Kairoter Ausgabe von 1899.

166 *Baḥr etTaṣawwuf,* mit vollem Namen Tadsch udDin Abu Faḍl Aḥmad ibn ʿAta'ullah elIskandari, gest. 1309 in Alexandria.

167 Z. B. durch V. Danner, siehe A. Schimmel, *Die Gärten der Erkenntnis,* Köln 1982, S. 162f., und P. Nwiya, Beirut 1972. – Von den Schriften ʿAta-ullahs wird in Marokko vor allem die *Kunst des Überquerens,*

Kaifat esSuluk viel gelesen, ferner sein Hauptwerk, *Lata'if elIman,* Weisheit des Glaubens, meist *Ḥikam* genannt.

168 Mündliche Mitteilung von B. M. Weischer, 1983.

169 *Un precursor hispanomusulman de San Juan de la Cruz,* in Al-Andalus I; des weiteren seine ausführliche Abhandlung *Šaḏilies y Alumbrados* in Al-Andalus, besonders Bd. IX, 1946, Teil 3.

170 *Scharḥ elḤikam el'Ata'iya.*

171 Yusuf ibn elHusain erRazi.

172 Abu l-Qasim ibn Muḥammad ibn elDschunaid elChazzaz aus Nehavand in Persien, gest. 909 in Baghdad, war einer der größten Sufis des Orients.

173 Abu Muḥammad 'Ali ibn Ḥazm aus Cordoba, *Tawqat elHamama,* zuerst übersetzt von A. R. Nykl ins Englische, 1931; deutsche Übersetzung von M. Weisweiler, 1941; beachtenswert die neue spanische Übersetzung von E. García Gómez, 1952.

174 Die ersten, die die sufischen Gedanken im christlichen Abendland verbreiteten, waren ebenfalls Mystiker, allen voran Raimundus Lullus aus Mallorca und Meister Eckehart.

175 Y. Marquet, *La philosophie des Ikhwan elSafa,* Algier 1976.

176 Daher z. B. der Name der Hauptstadt Marokkos, Rabat: *erRibaṭ elFatḥ = Festung des Sieges.* In Andalusien weisen noch zahlreiche Ortsnamen auf ehemalige *Ribat*-Anlagen hin, aus denen oft später Klöster wurden: Arrábida, Rapita usw.

177 *Riḥla;* siehe hierzu auch Trimingham, *The Sufi Orders in Islam,* S. 170.

178 Ausführlich darüber Susanne Diwald, *Arabische Philosophie und Wissenschaft in der Enzyklopädie Kitab Ihwan as-Safa,* Wiesbaden 1975, und Franz Taeschner, *Zünfte und Bruderschaften im Islam. Texte zur Geschichte der Futuwwa,* Zürich/München 1979.

179 Dazu besonders A. Schimmel, *Und Muḥammad ist sein Prophet,* München ^{2}1989, Kap. IV; ferner C. E. Padwick, *Muslim Devotions,* London 1960.

180 *Inkar elKasb;* siehe Hudschwiri, *Kaschf,* und Suhrawardi, *'Awarif,* später auch Ibn el'Arabi, *Futuhat elMakkiya.*

181 *Heilige und Sufis am Atlantik,* in Vorbereitung.

182 *Dala'il elChairat,* heute überall in guten Drucken erhältlich.

183 70 Jahre ist eine traditionell runde Zahl, das genaue Datum sei 1529 gewesen.

184 Siehe hierzu auch Trimingham, *The Sufi Orders in Islam,* London 1971, S. 85.

185 Vergleichbar den christlichen Gebeten des Kopten Schenutes, die in ähnlicher Weise Lobesformeln und Bibelverse hintereinanderreihen. E. Brunner-Traut, *Die Kopten,* Köln 1982.

186 Ausschnitt aus dem 1. Kapitel, das mit einer zehnfachen Grußformel

an den Propheten Mohammed und an Abraham, den *Freund Gottes,* beginnt, die in wenigen Abwandlungen stereotyp wiederholt werden.

187 Zwei andere Kostproben bringt A. Schimmel, *Und Muhammad ist sein Prophet,* München ²1989, S. 71 und 72.

188 Näheres darüber bei J. S. Trimingham, *Sufi Orders in Islam,* S. 89–90. – Die Lebenswege von Ibn Maimum und seinem Schüler Ibn ʿArraq beschreibt Ibn elʿImad in seinem Werk *Schadharat edDhahab, Goldstücke.*

189 Der arabische Terminus *ʿIsawiya* wird in Marokko *ʿAissauwa* ausgesprochen. Beschreibungen dieses Ordens gibt es schon seit mehr als hundert Jahren, auch von deutschen Reisenden: Von Meltzan, *Drei Jahre im Nordwesten von Afrika,* Leipzig 1868, Bd. III, S. 264–280. – Quedenfeld, *Aberglaube und halbreligiöse Bruderschaften bei den Marokkanern,* in: Zeitschrift für Ethnologie, V, 1886. – Siehe auch Van Gennep, Masqueray, Doutté, Michaux-Bellaire, Rinn und besonders Brunel, *Essai sur la confrérie religieuse des ʿAissaoua au Maroc,* Paris 1926, dem ich viele Angaben und Texte entnahm.

190 Nach folgendem Plan: 7 – 4 – 7 – 4/7 – 7 – 7/4 – 4 – 4/7 – 7 – 7/7 – 4 – 7/ Übersetzung nach dem Text bei Brunel.

191 In den zwanziger Jahren sollen um fünfzigtausend Derwische alljährlich zum Fest gekommen sein; heutige Besucherzahlen sind nicht zu erhalten, aber nach eigener Anschauung immer noch enorm hoch. Eine Beschreibung davon bringt P. Shinar, *Traditional and Reformist maulid celebrations in the Maghrib,* in: Rosen-Ayalon (Hrsg.): *Studies in memory of Gaston Wiet,* Jerusalem 1977.

192 *ElQawl elMa'thor min Kalam Sidi ʿAbd erRaḥman elMadschdhub,* ohne Angabe von Herausgeber oder Druckort. Die erste europäische Sammlung stammt von H. de Castries, *Gnômes de Sidi Medjdoub,* 1896; auf dieser sowie auf einer neueren Zusammenstellung von Scheich Nuraddin aus Algier basiert die hervorragende und textkritische Sammlung von Frau Scelles-Millie, die in Zusammenarbeit mit Boukhari in Algerien 339 Sprüche vorlegt: *Les quatrains de Mejdoub le sarcastique, poète maghrebin du XVIe siècle,* Paris 1966. Als Grundlage für dic Echtheit benützte sie ferner Scheich M. ibn ʿAzzuz Haqim, *Pensamientos y maximas de Sidi Abdurrahmen al Maxdub,* IDEA, Madrid 1955, der ein Manuskript von Sidi ʿAbd erRaḥman ibn ʿAbd elQadir aus Fes (1896) benützte, in dem die Aufzeichnungen des ersten Biographen des Madschdhub, seines direkten Schülers Sidi Zian aus Tolga (gest. 1639) verarbeitet sind.
Die von mir zitierten Sprüche habe ich der Ausgabe von Scelles-Millie entnommen, deren Numerierung ich jeweils am Strophenende angebe.
Man beachte auch die beiden neuen Untersuchungen (mit zahlreichen Varianten) von A.-L. de Prémare, *Sîdî ʿAbd-er-Raḥmân el-Mejdûb,*

mysticisme populaire et pouvoir au Maroc au 16è siècle, Paris/Rabat 1985 und *La tradition orale du Mejdûb,* Aix-en-Provence 1986.

193 Der Ortsname *Tit* ist berberisch und bedeutet Quelle.

194 Es hieß Mazagan und war 240 Jahre lang portugiesisch.

195 Durch die Gruppe Nas elGhiwan unter dem Titel *elChaduna* (1975).

196 (1966), S. 71.

197 Märkte, auf denen nur Frauen kauften und verkauften, gehörten zum festen Bestandteil der Berberzivilisation; noch heute gibt es einige im Rif sowie Jahrmärkte der Frauen im Süden.

198 Siehe z.B. in meiner Sammlung *Märchen der Berber,* Köln 1986, Nr. 32, 35 und 39, und im Nachwort.

199 Die beiden Meere sind Inbegriff der beiden Weisen, die Welt zu erfassen, wie in Koran, Sure 25, Vers 53; ferner Sure 55, Verse 19 und 20 zusammen mit dem Begriff *barzach* (ebenso in Sure 35, Vers 12), und in Zusammenhang mit dem Chaḍir in Sure 18, Vers 60.

200 A.-L. de Prémare (1986) bringt sieben Sprüche, die sich auf die Endzeit beziehen.

201 Eine soziologische Untersuchung bringt D. F. Eickelman, *Moroccan Islam,* 1942/University of Texas 1976.

202 Er findet am ersten Donnerstag nach dem 15. August des julianischen Kalenders statt, am zweiten Donnerstag findet die Wallfahrt der Frauen statt. 1981 trafen sich dort mehr als 70000 Besucher. Paul Pacson, *La maison d'Iligh et l'histoire sociale du Tazerwalt,* Rabat 1984.

203 Vor der Islamisierung war Tazerwalt ein christliches Königreich. – Über Tazerwalt und Sidi Aḥmad u Musa schrieb auch L. Justinard in Hesperis V, 1925 VI, 1926 und eine Monographie, Paris 1954.

204 H. Stumme, *Dichtkunst und Gedichte der Schluh,* Leipzig 1895, S. 62–65, I, L, M und O.

205 Berque (1978) schreibt, er stamme aus dem Fazaz, dem Gebiet der heutigen Qasba Tadla.

206 Nach der französ. Übers. von J. Berque, *Al Yousi, problèmes de la culture Marocaine au XVIIeme siècle,* Paris/Den Haag, 1958.

207 *El Qanun.* Diese beiden Bücher würdigte Berque in seinem gerade zitierten Buch.

208 *El Muḥaḍarat.*

209 Die *Sieben Männer der Schiadma* waren, der Legende zufolge, im 7. Jahrhundert nach Mekka gereist, um den Tröster selbst zu sehen und zu hören. Sie nahmen sogleich den Islam an und verkündeten ihn nach ihrer Rückkehr im Maghreb. Die erste von ihnen gegründete Moschee, Retnana am Tensift, gilt als die Keimzelle des Islam in Marokko. Die Wallfahrt zu den Sieben Männern der Regrega ist die längste und größte Marokkos, sie dauert 40 Tage und findet jeden Frühling statt.

210 G. Drague (d. i. General Spillmann) in *Esquisse d'histoire religieuse du Maroc,* Paris 1951.

211 Die Erforschung der Ahanṣala ist die bewundernswerte Arbeit von M. Morsy *Les Ahansala,* Den Haag 1972. Sie teilt folgende Legende mit, die in knappen Strichen das ganze Problem erfaßt: Sidi Ahanṣal wanderte nach Fes und als er ans Stadttor kam, sah er dort eine Schlange, vor der die Leute sich fürchteten. Doch er ergriff sie beherzt mit der Hand und sogleich wurde sie zu einem Buch, *Damyatiya* genannt, mit dem man die Geister beherrschen kann. Doch in der Zawiya Ahanṣal, wo das Buch aufbewahrt wird, kann es niemand lesen.

212 Über Barnusis Tätigkeit in Ägypten berichtet Trimingham, *The Sufi Orders in Islam,* S. 87.

213 ʿA. Gannun, *Mschahir ridschal el Maghrib,* Heft 23, Tetuan.

214 E. Dermenghem, *Le culte des saints dans l'Islam maghrebin,* S. 223 f., wo auch der weitere Lebensweg und die heutige Bedeutung von Aḥmad ibn Yusuf beschrieben werden.

215 Sein Hauptwerk, *Ratgeber eines Lernenden auf dem Wege der Entsagung* genannt, oder auch unter dem folgenden Titel zitiert: *Die schönen Edelsteine der Bedeutung der Freundschaft (mit Gott)* – denn kostbare Werke der Meister erhielten später auch entsprechend kostbare Titel – allgemein aber als *Weisheitssprüche* bekannt, ist ein 368 Seiten starkes Manuskript im Versammlungshaus in Fes und bisher unveröffentlicht. Siehe Michon, op. cit.

216 Die *Risa'il* des Darqawi wurden auszugsweise übersetzt von T. Burckhardt, französisch in: *Etudes traditionelles* Paris 1966 und 1967, englisch in: *Studies in comparative religion,* London 1967.

217 J.-L. Michon, *L'Autobiographie (Fahrasa) du soufi marocain Ahmad Ibn ʿAgiba (1747–1809),* in: Arabica 15 und 16, Leiden 1969, Fahrasa Kap. 17.

218 Nach T. Burckhardt, *Letters of a Sufi Master. The Shaikh al ʿArabi ad Darqawi,* London 1969.

219 Koran Sure 57, Vers 3.

220 Alle vier Zitate nach der *Fahrasa* der Ausgabe von Michon.

221 Koran, Sure 33, Vers 35.

222 Laut G. Drague, *Esquisse d'histoire religieuse du Maroc,* Paris 1951.

223 J.-L- Michon, in: *L'Autobiographie ...,* a.a.O., im Kommentar zur *Fahrasa.*

224 *Fahrasa;* J.-L. Michon, *L'Autobiographie ...,* a.a.O., Kap. 7.

225 *Kitab elMabaḥith elAṣliya;* Ibn elBanna starb 1419 in Fes.

226 Aus Fes, gestorben 1612.

227 Gestorben 1243.

228 *Anwar esSara'ir weSara'ir elAnwar.*

229 Koran, Sure 3, Vers 73.

230 *Ma'aridsch etTaschauwuf ila Haqa'iq etTaṣauwwuf*, J.-L. Michon (Dissertation), Paris 1966, nach dem Druck von Damaskus 1937.

231 Er starb 1896.

232 Seine Abstammungslinie verbindet ihn durch 32 Generationen mit dem Propheten Mohammed, er war also ein *Sidi.*

233 *Bughiyat elMuschtaq;* elWardighi starb 1896 in Ägypten.

234 *L'Intérieur du Maghreb au XVe–XIXe siècle,* Paris 1978.

235 *EschScharq fi Mirat elGharb*, gedruckt Tunis 1983, S. 51f.

236 *Fihrist* = Verzeichnis.

237 *Diwan elḤarraq* des Sidi Muḥammad ben Muḥammad elḤarraq elḤasani, laufende Drucke.

238 *Histoire du Maghreb,* Paris 1975, Bd. I, S. 201.

239 Moutet erwähnt die Haddawiya (1900); G. Salomon beschrieb sie, besonders dann E. Michaux-Bellaire, *Essai sur l'histoire des confréries marocaines,* Paris 1921 und *Les confréries religieuse au Maroc,* Rabat 1923. – Moulieras widmete ihnen ein Buch, z. Zt. mir nicht greifbar. René Brunel verfaßte eine Monographie über sie: *Le monachisme errant dans l'Islam,* Paris 1955.

240 Nach dem französ. Text von R. Brunel, s. Anm. 238.

241 Die arabisierte Form lautet *Ḥamādischa.*

242 Das historische Vorbild war möglicherweise dessen Nachfolger, Sultan Isma'il (1672–1727). Man vergleiche J. Herber, *Les Hamadcha et les Dghoughiyyin,* in: Hesperis III, 1923, und Vincent Crapanzano, *The Hamadsha. A Study in Moroccan Ethnopsychiatry,* University of California 1973; letzteres erschien auch in deutscher Übersetzung, *Die Ḥamadša. Eine ethnopsychiatrische Untersuchung in Marokko,* Stuttgart 1981, ist allerdings reichlich naiv.

243 In: Hesperis III, 1923.

244 J. Berque, *L'Intérieur du Maghreb au XVIe siècle de J. C.,* Paris 1978.

245 Abu l-Ḥa'asan 'Ali elHarazimi, *Dschawahir elMa'ani we bulugh elAmani fi faid eschSchaich etTidschani,* zuerst in Fes gedruckt 1798–1800, heute laufend in Casablanca, Kairo etc. verlegt.

246 C. Padwick bringt einige Beispiele in *Muslim Devotions,* London 1960.

247 Über die Ausbreitungsformen und die heute vorherrschenden Zweige siehe Trimingham, *The Sufi Orders in Islam,* a.a.O., S. 109f.; ferner speziell J. M. Abun-Nasr, *The Tijaniyya: A Sufi Order in the Modern World,* London 1965.

248 Mit Ausnahme der *Lettre aux Français* (Brief an die Franzosen) ist keines seiner Werke in Europa bekannt. Neben seiner politischen Rolle ist seine Bedeutung als moderner Sufi kaum je gewürdigt worden. J. Berque bespricht ein *Magawis* (= Stellungnahme) in *L'Intérieur du Maghreb …,* 1978; kürzlich erschien M. Chodkiewicz, *Emir Abd el Kader, Écrits spriritue1s,* Paris 1982.

Worterklärungen

ʿaar	Gelübde, Schwur
ʿabd	Diener, Sklave; einer, der sich Gott bedingungslos unterworfen hat
achdh	Annahme des Ordensweges
āchira	Jenseits, die letzten Dinge; Endzeit
adhān	Gebetsruf (durch den Muezzin vom Minaret)
aḥadiya	Einheit; die Einzigkeit Gottes
ʿahd	Vertrag, Abmachung; Gelübde
ʿain	Auge, Quelle; Urgrund, das Wesentliche, Essenz, Archetyp
ʿālam	»Welt«, im Plural: Kosmos
ʿālim	Gelehrter, Wissenschaftler
amr	Befehl, Gebot
ʿaql	Verstand, Intellekt
ʿārif	Wissender, Eingeweihter
asl	Ursprung
ʿatasch	Durst; Verlangen nach Erleichterung, nach Gott
aya	Zeichen, Wunder; Koranvers
azal	das Vorherige, vor der jetzigen Welt; das Anfangslose
baqā	Bleiben, Verharren (im Zustand der Zeitlosigkeit)
baraka	Segen, Gnade, Gotteskraft
barzach	»Zwischenreich«, Zustand zwischen Tod und Gericht
basṭ	Weite des Geistes, Freude in Gott (Gegensatz: Qabḍ)
bâṭin	das Verborgene; esoterisch, mystisch
bidaya	Anfang (der Einweihung), sich auf den Weg machen
burhān	Beweis; auch im Sinne von »Wunder«
Chaḍir, Chiḍr	der »Grüne«; geistiger Führer, Unsterblicher
chalīfa	Nachfolger
chulwa	Zelle, Heiligtum
chirqa	Flickenmantel des Derwischs
ḍalāl	Verirrung
daradscha	Grad, Stufe; geistiger Zustand
daura	Rundreise, zum Almosensammeln
ḍarīḥ	Grabmal
darwīsch (Derwisch)	Armer; Anhänger eines Ordensmeisters, = faqīr
dhāt	das Wesentliche, Essenz; Selbst
dhikr	Erinnerung, Wiederholung; Anrufung Gottes, Litanei

dimagh	Gehirn
dīn	Gesetz; Religion
dīwān	Gedichtsammlung
dschadhb	Erhebung, Ekstase
dschalāl	Erhabenheit, Majestät (Gottes)
dschidhba	Trance, Verzückung
faḍl	Gunst (Gottes)
fanā'	Selbstaufgabe, Auslöschung des Ich, Aufgehen in Gott
faqīh	Theologe
faqīr	Armer; dasselbe wie Derwisch; Sufi
fātiḥa	Eröffnungs-Sure des Koran
fikr	das Denken
futuwwa	Bruderschaft, Genossenschaft, Pakt
ghaib	das Verborgene, Okkulte; Abwesenheit (Gottes)
ghauth	Herr der Heiligen
ghinā'	Reichtum, auch geistiger Art
ḥadīth	Ausspruch (des Propheten Mohammed); Überlieferung vom Leben und Worten Mohammeds
ḥaḍra	Anwesenheit, Audienz; Gegenwart Gottes; Ekstase
ḥadsch	Pilgerfahrt (nach Mekka)
ḥaiba	Ehrfurcht
ḥaiy	der Lebendige, Gott
ḥāl	Zustand, Befinden; geistiges Erlebnis, ekstatischer Tanz
ḥalaqa	Kreis, Gruppe
ḥaqq	Wahrheit, Gott; die Wirklichkeit des Seins
ḥausch	Bauernhaus; Gebäude, Heiligtum; Einfriedung *(ẓarība)*
ḥawiṭa	ovales Steinhaus; Zelle des Einsiedlers
ḥidschāb	Schleier, der das Absolute verhüllt
ḥikma	Weisheit (beim Urteilen)
ḥizb	Gebet (außerhalb der Pflichtgebete); Gesang
ḥurm	Heiligtum; »verboten« (= Ḥaram); der Zutritt ist Volksfremden verboten
ichlāṣ	Einfachheit, Gelöstheit
'ilm	Wissen, Wissenschaft
Imam	Gebetsführer, Vorbild
imān	Glaube, Vertrauen
intisāb	Zugehörigkeit (zu einer Schule, einem Orden, ...)
ischrāq	Erleuchtung, Fähigkeit zur Unterscheidung

ism	Name (Gottes)
isnād	Kette der Weitergabe (der Einweihung oder Überlieferung)
istighfār	Buße, Bitte um Vergebung
Kaaba	Zentrum des Heiligtums in Mekka
kalām	Wort (Gottes)
kibr	Überheblichkeit, Hybris
kufr	Unglaube; speziell Ablehnung des Propheten Mohammed
kursi	Stuhl; Thron Gottes, die äußerste Form Seiner Macht
kuwa	Nische für Lampen in der Wand, kleines Heiligtum
lauḥa	Brett, Schultafel; das Holz, auf dem das Schicksal der Welt geschrieben steht
luṭf	Güte, Gnade (Gottes)
malak	Engel
maqām	Wohnung; geistiger Bereich
Marabuṭ	»Heiliger«, auch sein Grabmahl; von murabiṭ = an Gott Gebundener
mausim (mussm)	jährliches Fest eines Heiligtums
mazār	Ort des Besuches, Heiligtum
mi'at	Versprechen, Gelübde
minbar	Kanzel in der Moschee
mi'radsch	Himmelsreise (des Propheten Mohammed)
mathal	Bildnis, Vergleich; Gleichnis, Analogie
mudschāhid	Glaubenskämpfer
muḥibb	»Liebender«, Mitläufer ohne Bindung an den Orden
muqaddim	Voranschreitender, Vorsteher einer zawiya, Leiter einer Gruppe
muraqqa'a	Flickenhemd des Derwischs
murīd	Schüler
murschid	Lehrer, Glaubensführer
nabī	Prophet
nafs	Selbst; »Seele«, Psyche
naẓar	das Schauen
niya	Absicht; Beginn einer Übung oder eines Gebetes
nūr	Licht (des Glaubens)
qabḍ	Enge (des Herzens), Leid, Druck; (Gegensatz: Basṭ)
qaṣīda	langes Gedicht, Lied, Hymne
qibla	Gebetsrichtung (nach Mekka zur Ka'ba)

qubba	Kuppelbau; Grabmahl, Heiligtum
qudsi	heilig, göttlich
quṭb	Pol, Achse; geistiger Führer
rabb	Herrgott
rasūl	Gesandter; Prophet (Mohammed)
ribāṭ	Grenzfestung; Sufi-Kloster, Versammlungshaus
riḥla	Gottsucher Reise
rūḥ	Geist
ru'ya	Vision
sabr	Geduld, Ausharren
ṣadaqa	Almosen, Zeremonie mit Haḍra und Mahlzeit
ṣadīq	Heiliger, Gerechter
salām	Frieden, Ergebung
ṣalāt	Gebet, das tägliche fünf-fache Pflichtgebet
samā'	geistliches Konzert, musikalisches Dhikr
schahāda	Bekenntnis (zu Gott); die Sinneswelt
schāhid	Zeuge, Märtyrer; Grabstein
schaich	Alter; Meister, Ordensführer
scharī'a	Gesetzesreligion
sidi	s. sayyid
silsila	Kette (der Weitergabe eines Hadith oder der Einweihung)
ṣirāṭ	Weg, Lebenslauf
sirr	Geheimnis
sayyid	Heiliger, auch dessen Grab (= Sidi)
sukr	Rausch, Trunkenheit
sunna	rechtgläubige Überlieferung, Nachahmung des Propheten Mohammed, »Sitte«, Vorschrift
tadschalli	Erscheinen Gottes, Theophanie
ṭā'ifa	Gruppe von Derwischen; Sekte
ṭālib	»Verlangender«, Schüler; hier: Lehrer
tamthīl	Sinnbild
ṭarīqa	Weg, Richtung; Orden, Glaubensbruderschaft
taṣawwuf	Sufismus, Mystik
taslīm	völlige Unterwerfung (unter Gottes Willen)
tauba	Reue, Vergebung; Reife, Heiligkeit
ṭauḥīd	Einzigkeit Gottes
tilmīdh	Schüler
wadschd	Erhebung, Ekstase
waḥy	Eingebung, Inspiration

walī	Vertrauter (Gottes), Heiliger
wird	Spruch, Einweihungslosung; besonderes Gebet eines Schülers für seinen Meister; persönliches Wort
yaqīn	Gewißheit
ẓāhir	das Äußere, Scheinende; exoterisch (Gegensatz: Baṭin)
ẓarība	Dornenhecke um ein Heiligtum; Gruppe
zawiya	Versammlungshaus eines Meisters oder seines Ordens
ziyāra	Besuch (am Heiligengrab)
zuhd	Askese, Enthaltsamkeit

Literaturverzeichnis

Abun-Nasr, J. M.: *The Tijaniyya: a sufi order in the modern world,* London 1965.

Abu Zakariya: *Bücher der Beni Mzab,* Chronik; französische Übersetzung von E. Masqueray, Algier 1878. – Neue französische Übersetzung von R. le Tourneau und R. Idris, Paris 1960.

Asín Palacios, M.: *Obras escogidas,* 2 Bde., Madrid 1946.

ders.: *El Islam cristianizado,* Madrid 1931.

ders.: *Vidas de santones andaluces,* Madrid 1935.

ders.: *Šaḏilies y alumbrados,* in: Al-Andalus IX, X und XI, 1944–46.

Austin, R. W. J.: *Sufis of Andalusia,* London 1971.

Basset, H.: *Le culte des grottes au Maroc,* Algier 1920.

Bekri, *Beschreibung von Nordafrika* (1068); Neuauflage Algier 1913.

Bel, A.: *Coup d'œil sur l'Islam en Berbèrie,* Paris 1920.

ders.: *La religion musulmane en Berbèrie,* Paris 1938.

Berque, J.: *Al Yousi, problèmes de la culture Marocaine au XVIIème siècle,* Paris/Den Haag 1958.

ders.: *L'Intérieur du Maghreb au XVe–XIXe siècle,* Paris 1978.

Blachère, R.: *Histoire de la litterature arabe des origines à la fin du XVe siècle de J. C.,* 3 Bde., Paris 1952–66.

Brunel, R.: *Essai sur la confrérie religieuse des Aissaoua au Maroc,* Paris 1926.

ders.: *Le monachisme errant dans l'Islam: Siddi Heddi et les Heddawa,* Paris 1955.

Burckhardt, T.: *La sagesse des Prophètes* (*Fusus elḤikam* von Ibn elʿArabi), Paris 1974.

ders.: *Vom Sufitum,* O. W. Barth, 1953.

ders.: *Clés de l'astrologie musulmane,* Paris 1982.

Castries, H. de: *Les sept patrons de Marrakech* in: Hesperis IV, Teil 3, Paris 1924.

Chodkiewicz, M.: *Emir Abd el Kader, Écrits spirituels,* Paris 1982.

Coppolani, X.: *Les confréries religieuse musulmanes,* Paris 1897.

Corbin, H.: *L'Imagination créatrice dans le soufisme dʿIbn ʿArabi,* Paris 1958.

ders.: mit Hossein Nasr, S. und O. Yahya: *Histoire de la philosophie islamique,* Bd. I, Paris 1964.

Crapanzano, V.: *The Hamadsha. A Study in Moroccan Ethnopsychiatry,* University of California 1973.

Deladrière, R.: *Ibn ʿArabi, La professin de la foi,* Paris 1978.

Dermenghem, E.: *Le culte des saints dans l'Islam maghrébin,* Paris 1954.

ders.: *Vies des saints musulmans,* Algier 1932.

ders.: *Les plus beaux textes Arabes,* Paris 1951.

Diwald, S.: *Arabische Philosophie und Wissenschaft in der Enzyklopädie Kitab Ihwan as-Safa,* Wiesbaden 1975.
Drague, G. (d.i. General Spillmann): *Esquisse d'histoire religieuse du Maroc,* Paris 1951.
Doutté, E: *En Tribu,* Paris 1914.
ders.: *Magie et religion dans l'Afrique du Nord,* Algier 1909.
Eberhardt, I.: *Sandmeere,* Sämtliche Werke, 2 Bde., Berlin 1981.
Eickelman, D. F.: *Moroccan Islam,* 1942/University of Texas 1976.
Garcia Gomez, E.: *Ibn Hazm de Córdoba, El collar de la paloma,* Madrid 1952.
Gautier, E.-F.: *Le passé de l'Afrique du Nord,* Neuauflage Paris 1952.
Geertz, C.: *Islam observed. Religious development in Morocco and Indonesia,* Yale University Press, USA 1968.
ders.: (Hrsg.): *Meaning and Order in Moroccan Society,* Cambridge 1979.
Gellner, E.: *Saints of the Atlas,* Chicago Univ. Press 1969.
Gibb, H. A. R.: *La structure de la pensée religieuse de l'Islam,* Übersetzung aus dem Englischen, in: IHEM, Paris 1950.
Gloton, M.: *Ibn ʿArabi, Traité de l'amour,* Paris 1986.
Goichon, A.-M.: *Le récit de Ḥayy ibn Yaqẓan commenté par des textes d'Avicenne,* Paris 1959.
Hagerty, M.-J.: *Ajimez, Antología de la lírica andalusí,* Granada 1985.
Hammer-Purgstall, J. v.: *Literaturgeschichte der Araber bis zum Ende des 12. Jahrhunderts der Hidschret,* Wien 1850–56.
Herber, J.: *Les Hamadcha et les Dghoughiyyin,* in: Hesperis 3, 1923.
Hogga, M.: *Abu Hamid al Ghazali, Le critère décisif de distinction entre l'Islam et le Manichéisme,* Casablanca 1983.
Hunke, S.: *Allahs Sonne über dem Abendland,* Stuttgart 1960.
Ibn Chaldun: *Berberchronik,* französische Übersetzung von Baron de Slane, 4 Bde., Algier 1852–56.
ders.: *El Muqaddima, Vorwort zum Kitab elʿIbar,* neue französische Übersetzung von V. Monteil, Beyruth 1967–68.
Ibn Idhari: *El Bayan ulMoghreb* (Ende 13. Jahrh.) französische Übersetzung von E. Fagnan, Algier 1904.
Ibn Saghir: *Chronik,* ins Französische übersetzt von Motilinski, 1908.
Kremer, A. von: *Geschichte der herrschenden Ideen des Islam. Der Gottesbegriff, die Prophetie und die Staatsidee.* Leipzig 1868.
Kofler, H.: *Das Buch der Siegelringsteine der Weisheitssprüche,* Graz 1970.
Lahbabi, M.-A.: *Ibn Chaldoun,* Paris 1968.
Laoust, E.: *Contes Berbères du Maroc,* in: IHEM I, Paris 1949.
Laoust, H.: *Les schismes dans l'Islam,* Paris 1965/1977.
Laroui, A.: *L'Histoire du Maghreb,* 2 Bde., Paris 1975.
Levi-Provençal, E.: *Les historiens des Chorfa,* Paris 1922.
Lings, M.: *A Moslem Saint of the 20th Century,* 2. verbesserte Auflage, London 1973.

ders.: *What is Sufism?*, London 1975; deutsch: *Was ist Sufitum?*, Freiburg 1987.
Marquet, Y.: *La philosophie des Ikhwan elSafa'*, Algier 1976.
Meltzan, von: *Drei Jahre im Nordwesten von Afrika*, Leipzig 1868.
Michaux-Bellaire, E.: *Essai sur l'histoire des confréries marocaines*, Paris 1921.
ders.: *Les confréries religieuse au Maroc*, Rabat 1923.
Michon, J.-L.: *L'Autobiographie (Fahrasa) du soufi marocain Ahmad Ibn 'Aǧiba (1747–1809)*, in: Arabica 15 und 16, Leiden 1969.
Moutet, E. L.: *Le culte des saints musulmans dans l'Afrique du Nord et plus spécialment au Maroc*, Genf 1909.
Morsy, M.: *Les ahansala. exmen du rôle historique d'une famille maraboutique de l'Atlas Marocain*, Den Haag 1972.
Munk, S.: *Mélanges de philosophie juive et arabe*, Paris 1859.
Nasr, S. H.: *Sufi Essays*, London 1972.
Nicholson, R.: *The Mystics of Islam*, London 1914.
ders.: *Studies in Islamic Mysticism*, London 1921.
Nwiya, P.: *Exegese coranique et langage mystique*, Beirut 1970.
Pascon, P.: *La Maison d'Iligh et l'histoire sociale du Tazerwalt*, Rabat 1984.
Prémare, A.-L. de: *Sîdî 'Abd er-Raḥmân El Mejdûb*, Paris 1985.
ders.: *La tradition orale du Mejdûb*, Aix-en-Provence, 1986.
Qadi, 'Abd er- Raḥim ibn Ahmad: *Dhikr elDschinnat we-nNar*, Dar ulFikr, Beirut, lfd.; deutsch: *Das Totenbuch des Islam*, Bern und München 1981.
Quedenfeld: *Aberglaube und halbreligiöse Bruderschaften bei den Marokkanern*, in: Zeitschr. f. Ethnologie V, 1886.
Rinn: *Marabouts et Khouan: Etude sur l'Islam en Algérie*, Algier 1884.
Scelles-Millie, J.: *Les quatrains de Mejdoub le sarcastique, poète maghrébin du XVIe siècle*, Paris 1966.
Schimmel, A.: *Mystische Dimensionen des Islam*, Aalen 1979/Köln 1985.
dies.: *Und Muḥammad ist Sein Prophet*, München ²1989.
dies.: *Gärten der Erkenntnis*, Köln 1982.
Schreiner, M.: *Beiträge zur Geschichte der theologischen Bewegungen im Islam*, in: ZDMG Bd. III, 1898.
Stumme, H.: *Dichtkunst und Gedichte der Schluh*, Leipzig 1895.
Taeschner, F.: *Zünfte und Bruderschaften im Islam*, Zürich 1979.
Voinot, L.: *Pélerinages judéo-musulmanes du Maroc*, in: IHEM IV, 1948.
Weischer, B. M.: *EschScharq fi Mirat elGharb*, Tunis 1983.
Weiss, L. (Muhammad Asad): *Der Weg nach Mekka*, 1976.
Westermarck, E. A.: *Ritual and Belief in Morocco*, 2 Bde., London 1926.
ders.: *Survivances paiennes dans la civilisation mahométane*, Paris 1935.
Wüstenfeld, H. F.: *Die Übersetzungen arabischer Werke in das Lateinische seit dem 11. Jahrhundert*, Göttingen 1877.

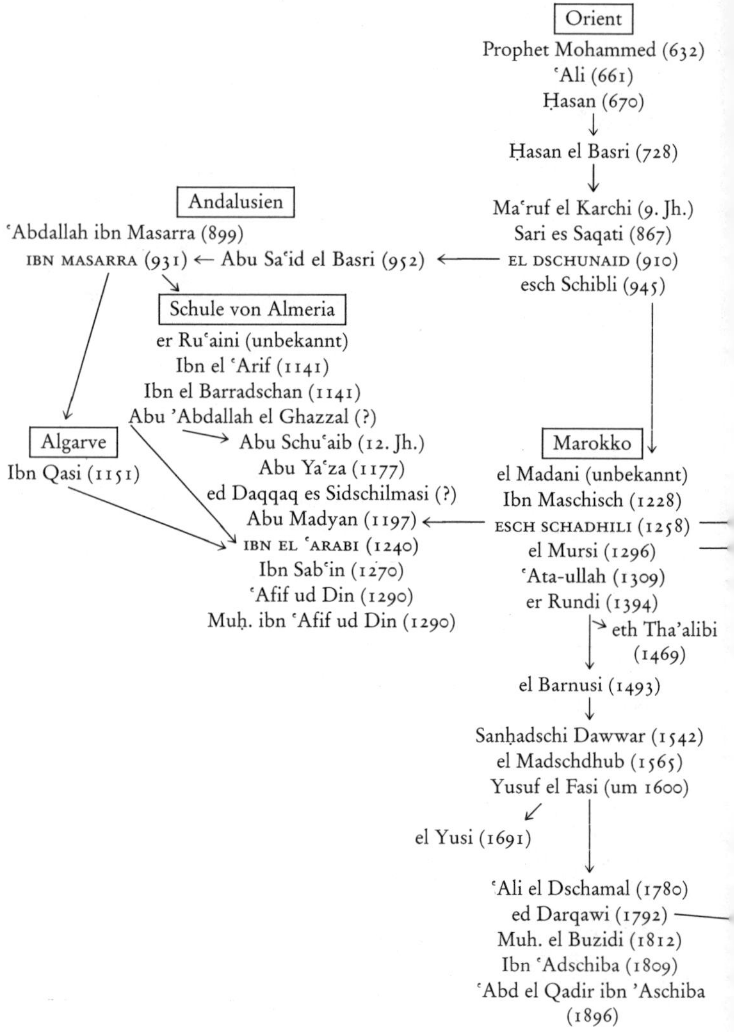

Die Jahreszahlen geben die Sterbedaten an.
Die Namen der wichtigsten Sufis sind in Kapitälchen gesetzt.

Die Kette der Weitergabe

ʿAbdallah el Maghrabi (13. Jh.)
Muḥ. el Buṣiri (1295)

Scharif Amghari (unbekannt)
EL DCHAZULI (1465)
esch Schiʿli 1512) el Harithi (1508)
Ibn ʿIsa (1526) eṭ Ṭubba (1508)

ʿAli ibn Hamdusch (1725
Aḥmad ed Daghughi (nach 1725)

Sidi Haddi (1806)

Muḥ. el Ḥarraq (1845)

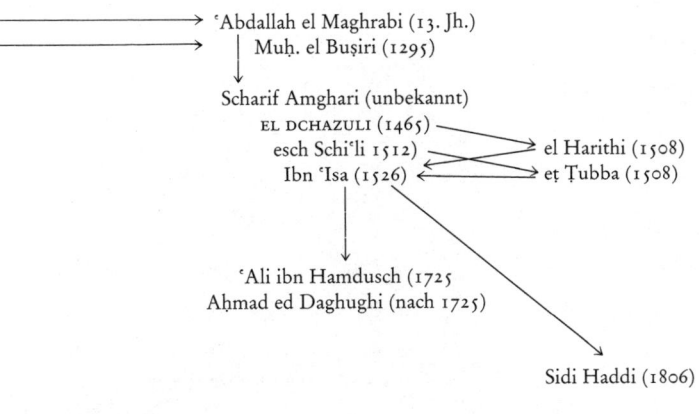

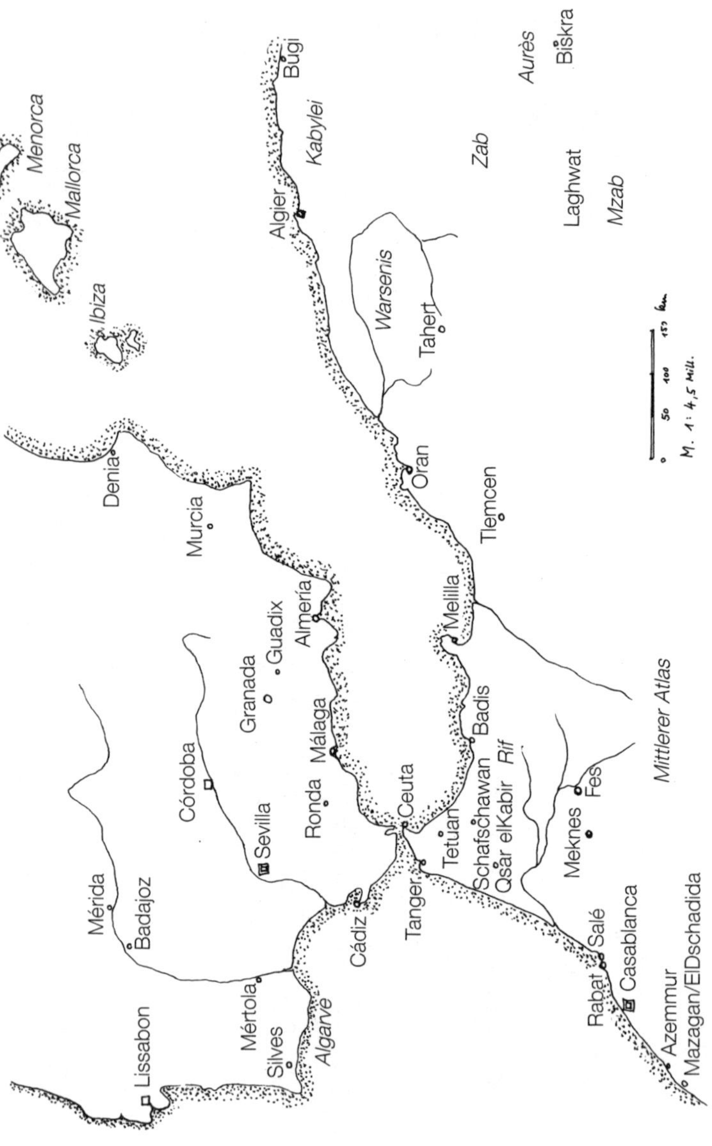
Menorca
Mallorca
Ibiza
Bugi
Biskra
Aurès
Kabylei
Zab
Laghwat
Mzab
Algier
Warsenis
Tahert
Denia
Murcia
Oran
Tlemcen
Almería
Guadix
Granada
Melilla
Málaga
Badis
Córdoba
Ronda
Ceuta
Schafschawan
Rif
Fes
Mittlerer Atlas
Sevilla
Tetuan
Qsar elKabir
Meknes
Mérida
Badajoz
Tanger
Cádiz
Salé
Casablanca
Rabat
Mértola
Lissabon
Silves
Algarve
Azemmur
Mazagan/ElDschadida
0 50 100 150 km
M. 1: 4,5 Mill.

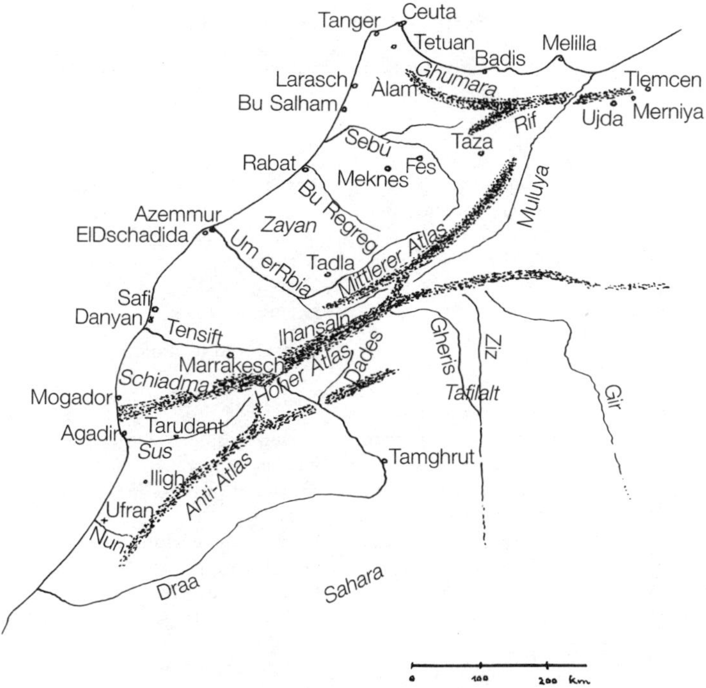
Tanger
Ceuta
Tetuan
Badis
Melilla
Larasch
Àlam
Ghumara
Tlemcen
Bu Salham
Ujda
Merniya
Rif
Sebú
Taza
Rabat
Fes
Meknes
Bu Regreg
Muluya
Azemmur
ElDschadida
Zayan
Um erRbia
Tadla
Mittlerer Atlas
Safi
Danyan
Tensift
Ihansaln
Gheris
Ziz
Marrakesch
Hoher Atlas
Dades
Schiadma
Mogador
Tafilalt
Gir
Tarudant
Agadir
Sus
Tamghrut
Iligh
Anti-Atlas
Ufran
Nun
Draa
Sahara
0
100
200 km

Register der Eigennamen

(Es sind nur Sufis oder ihnen nahestehende Personen aufgeführt, die Zunamen ohne Artikel).

ʿAbd elQadir, Emir 164
ʿAbd elQadir elDschilani siehe Dschilani
ʿAbd elWahhab 120
Aben Arabi siehe Ibn elʿArabi
Abu Huraira 138
Abu lʿAbbas elMursi 86, 123ff., 193, 193, 210
Abu lʿAbbas esSabti 51ff., 54
Abu l-Channas elQurtubi 18
Abu Madyan 42ff., 48, 50, 70ff., 83, 117, 138, 153
ʿAfif udDin etTilimsani 100, 266
Amghari, Abu ʿAbdallah 151
ʿAta-ullah Iskandari 142, 205, 209f.
Auḥad udDin Kirmani 218
Avempace siehe Ibn Badscha
Averroes siehe Ibn Ruschd

Baidarani, Musa 72f.
Bel ʿAbbas siehe Abu lʿAbbas
Ben ʿAisa siehe Ibn ʿIsa
Barnusi, Aḥmad Zarruq 138, 195
Bu ʿAzza (= Abu Yaʿza) 40ff., 44, 184
Bu Medyan siehe Abu Mady
Bu Schaib aus Azemmur 41
Bu Salham, Abu Saʿid 16, 197
Buṣiri, Muḥammad 124f., 148
Buzidi, Aḥmad 200, 202f., 206, 210

Chaḍir oder Chiḍr 67ff., 81, 97, 209

Daghughi, Aḥmad 233
Daqqaq, Abu ʿAbdallah 44, 87
Darqawi, elʿArabi 197f., 200, 202, 204, 209f.
Dschamal, ʿAli 197, 207, 268
Dschazuli esSamlali 151ff., 155, 184, 195, 202, 231
Dschilani, ʿAbd elQadir 45, 172, 206, 239
Dschili, ʿAbd elKarim 86
Dschunaid 143

Ghazali, Abu Ḥamid 114ff., 138, 190, 218
Ghazwani, ʿAbdullah 191

Haddi, Sidi 61, 228ff.
Ḥaidar 152, 228
Ḥalladsch Ḥusin elManṣur 48, 50, 53, 97
Ḥalwi siehe Schudhi
Ḥamdusch, ʿAli 231
Ḥammu, Sidi 187
Hanṣal, Yusuf 192
Harithi, Aḥmad 155
Hirrali etTadschibi 132f.
Hudschwiri 14

Ibn ʿAbbad erRundi 86, 142f., 201f.
Ibn ʿAdschiba, Aḥmad 200ff., 205ff., 209, 217f., 266
Ibn ʿArabi siehe Ibn elʿArabi
Ibn ʿArraq 154
Ibn ʿAta-ullah von Alexandrien siehe Ata-ullah Iskandari
Ibn Badscha, Abu Bakr 33, 38f.
Ibn Barradschan 33
Ibn Chaldun 27, 53f., 117ff., 135
Ibn Chamis 50, 135
Ibn elʿArabi, Muḥi-udDin 9, 21, 25, 33, 43, 45, 50, 63ff., 70ff., 75f., 78f., 81, 83ff., 87, 97f., 119, 149, 173, 210, 239, 266

Ibn el'Arif, Abu 'Abbas 32, 71, 76, 82
Ibn elFarid, 'Umar 119, 208
Ibn elMuṭṭanna, Faṭima bint 75
Ibn esSid elBatalyusi 33ff.
Ibn Gabirol, Salomon 26
Ibn Ḥazm aus Cordoba 21, 144
Ibn Imran, Musa, aus Mertola 71
Ibn 'Isa, elKamil 61, 152, 154ff., 162, 164f., 195, 266
Ibn Mara' aus Malaga 49
Ibn Masarra 19ff., 23, 26, 32, 71, 76
Ibn Maschisch, 'Abd esSalam 56, 59, 152, 184f., 197, 204, 225f.
Ibn Naṣir edDar'i 180, 184
Ibn Paquda, Bahya 26
Ibn Qasi, Abu l-Qasim 9, 33, 79, 119, 146
Ibn Ruschd (Averroes) 34, 50, 76, 101, 113f., 117
Ibn Rustam, 'Abd erRaḥman 30
Ibn Rustam, Bint 79
Ibn Rustam, Ẓahir 30
Ibn Sab'in 50, 99f., 119, 262
Ibn Sina 39, 50
Ibn Taimiya 97
Ibn Taschfin, Sidi Yusuf 32, 113
Ibn Tibbon, Joseph 26
Ibn Tibbon, Moses 34
Ibn Ṭufail 34, 39, 50, 100ff., 107, 111ff., 119
Ibn Ṭumart 41
Ibn Yoschua, Mosche, aus Narbonne 101
Ichwan eṣṢafa' 144, 186
'Isa ben Dinar aus Toledo 18
'Iyad, Qadi 191

Kusch, Lalla Zahra bint 23

Madani, 'Abd erRaḥman ezZitay 56
Madschdhub, 'Abd erRaḥman 168, 173, 175, 177ff.
Maghniya, Lalla 23
Maghrabi, 'Abdallah Ahmad 15
Maghrabi, Abu 'Abdallah 151
Malamati 115
Marabuṭ 121, 181, 183, 185f.
Mimuna, Lalla 43
Muḥasibi, elḤarit ibn Asad, aus Basra 71
Murabiṭun 33
Muridun 9, 33
Musa, Sidi Aḥmad u Musa 184

Quschairi 16, 26

Rifa'i 44
Ru'aini, Isma'il 22, 266
Rumi, Dschalal udDin 86
Rundi, Ibn 'Abbad siehe Ibn 'Abbad

Sabti, siehe Abu l'Abbas
Ṣadr udDin 82
Ṣalih' el'Adawi 74
Ṣaliḥ ibn Ṭarif 29
Sanusi 239
Saqati, Sari 116
Sayaf 152
Schadhili, Abu l-Ḥasan 59, 86, 123, 142, 145, 151, 182, 209, 219
Scharqi, Muḥammad 184, 231
Schibli 50
Schi'li, eṣṢaghir 151, 155, 266
Schudhi elHalwi 48ff.
Schuschtari, Abu l-Hasan 50, 59f., 210
Suhaili, Abu Qasim 191
Suhrawardi, Schihab udDin 23, 50

Tha'alibi 137f., 195
Tidschani 234, 236f.
Ṭubba, 'Abd el'Aziz 152, 155

Uryani, Abu Dscha'far 73
Uryani, Abu l'Abbas 67

Yasmina, aus Marchena de los Olivos 75
Yusi, Haṣan 183, 188ff.

Ortsregister

(Schreibweise wie in deutschen Atlanten; indirekte Erwähnung eines Ortes in Klammern).

Alexandria 79, 123, 126
Algier 137, 170
Almeria 32
Anti-Atlas 184
Azemmur 40, 168

Ceuta 51, 135, 208
Cordoba 18f., 20f., 44, 76, 113f.

Damaskus 84, 97, 154, 200
Damietta 61, 193
Draa (Fluß) 182, 188, 193

Fes 49f., 76ff., 87, 189, 192, 197, 201f., 217, 235f.

Granada 33, 101
Gharb 16, 155, 183, (207)

Hoher Atlas 29, 41, 113, 188, 192ff.

Kairo 79, 137, 146, 154, 236

Marrakesch 51f., 54, 76, 78, 114, 132, 151f., 155, 188, 190, 192, 194, 226
Mekka 55, 66, 74, 79, 83, 137, 154, 156, 169, 185f., 196, 235f., 239
Meknes 60, 155, 165, 169, 189, 194
Mertola 71
Mittlerer Atlas 179, 183f., 188
Murcia 49, 63, 126, 173

Rabat 145, 208, 217
Ronda 142

Safi 152
Saragossa 17, 33
Sevilla 44, 48, 63, 72, 74f., 113
Sidschilmasa 29, 44, 192
Silves 33

Tadla 184, 193
Tazerwelt 184, 186
Tetuan 51, 192, 201ff., 206, 217, 219
Tit 151, 168f.
Timbuktu (40), 182, 186
Tlemcen 40, 44, 48ff., 64, 72, 100, 135, 236
Tunis 30, 40, 66, 68, 79, 137, 168, 236